Dr. Ulrike Stelzl

HALLO, DOC!

Anekdoten aus der Sprechstunde

GOLDEGG
VERLAG

Der Goldegg Verlag achtet bei seinen Büchern und Magazinen auf nachhaltiges Produzieren. Goldegg Bücher sind umweltfreundlich produziert und orientieren sich in Materialien, Herstellungsorten, Arbeitsbedingungen und Produktionsformen an den Bedürfnissen von Gesellschaft und Umwelt.

 Gedruckt nach der Richtlinie des Österreichischen Umweltzeichens „Druckerzeugnisse", Druckerei Theiss GmbH, Nr. 869

 MIX
Papier aus verantwor-
tungsvollen Quellen
FSC® C012536

ISBN Print: : 978-3-902903-77-8
ISBN E-Book: 978-3-902903-98-3

© 2014 Goldegg Verlag GmbH
Friedrichstraße 191 • D-10117 Berlin
Telefon: +49 800 505 43 76-0

Goldegg Verlag GmbH, Österreich
Mommsengasse 4/2 • A-1040 Wien
Telefon: +43 1 505 43 76-0

E-Mail: office@goldegg-verlag.com
www.goldegg-verlag.com

Layout, Satz und Herstellung: Goldegg Verlag GmbH, Wien
Druck und Bindung: Theiss GmbH

Inhaltsverzeichnis

Vorwort

Jeder von uns war schon einmal krank. Und egal, wie wirksam Omas Kräuterteemischungen auch sein können: Irgendwann müssen wir alle mal zum Doktor. (Oder noch schlimmer: Zum Zahnarzt.) Nun kennen wir ja aus dem Fernsehen diese in weiße, flatternde Mäntel gehüllten Wesen, die mit Stethoskop, Spritze und einem ständig freundlichen Lächeln alles wieder gut machen. Oder die immer unter Stress stehenden Kollegen und Kolleginnen im babyblauen OP-Gewand mit dem schicken Häubchen, die ununterbrochen und ohne Schlaf zu benötigen, Heldentaten vollbringen und Leben retten. Dabei verwenden Sie Gerätschaften, die jeden Science Fiction Film alt aussehen lassen.

Helden in Blau oder Götter in Weiß, gemeinsam ist ihnen, dass sie rund um die Uhr im Einsatz sind, niemals an ihrer Berufung zweifeln, selten ein Privatleben haben und dass am Ende der Sendung immer alles gut ausgeht, auch wenn dazwischen zwei Herztransplantationen und eine strafrechtliche Verfolgung zu überstehen waren.

Wenn Sie aber wissen wollen, wie der Medizineralltag wirklich ist und was in so einer Praxis alles abläuft, dann kommen Sie zu mir und schauen Sie mir ein bisschen bei meiner Arbeit über die Schulter. Sie werden in jeder Hinsicht erstaunliche Menschen kennenlernen, Sie werden sich wundern über die Blüten, die die Bürokratie so treibt. Sie werden mit mir lachen und vielleicht auch über mich lachen und manchmal eventuell auch ein bisschen weinen müssen. Und dabei werden Sie feststellen: Es gibt keine Helden in Blau und keine Götter in Weiß. Ihr Hausarzt ist auch nur ein Mensch.

Was Sie über mich als Mensch wissen sollten:

Ich bin jetzt schon ein bisschen über vierzig, habe eine Praxis als Allgemeinmedizinerin in Graz, bin verheiratet und habe einen Hang dazu, verletzte, kranke oder sonst irgendwie laut schreiende Katzen zu adoptieren. Medizin habe ich aus Überzeugung studiert, es während des Studiums auch immer wieder bereut, wenn meine Freunde Freizeit hatten und ich stattdessen tausendseitige Bücher gewälzt habe. Trotzdem könnte ich mir nichts Tolleres für mein Leben vorstellen. Ich liebe meinen Beruf, und wenn seine

9

Schattenseiten wieder einmal zu sehr an mir nagen, setze ich mich hin und schreibe.

An dieser Stelle möchte ich mich bedanken. Bei meinem Mann, meiner Familie, meinen Freunden und Mitarbeiterinnen für ihre Unterstützung. Bei meinen Patienten, die mir jeden Tag spannende Arbeit, Freundlichkeit, interessante Kommunikation und zwischenmenschliche Kontakte bieten. Sie geben meinem Arbeiten einen Sinn. Bedanken möchte ich mich auch bei den Patientinnen und Patienten, die mich regelmäßig auf die Palme oder den Tränen nahe bringen. Denn sie zeigen mir meine Grenzen und sie liefern endlos Stoff für neue Geschichten. Mein Dank geht auch an Politiker und Krankenkassen. Dafür, dass ich in einem guten medizinischen System arbeiten kann. Und noch mehr dafür, dass ich mich täglich ärgern kann und an Veränderung denken und auf Verbesserungen hoffen darf.

Nehmen Sie also nun gemütlich Platz in meinem Wartezimmer und beobachten Sie das Geschehen!

Ich wünsche Ihnen viel Freude beim Lesen, amüsante Stunden und hoffentlich auch neue Erkenntnisse über meinen geliebten Beruf.

Ihre Dr. *Ulrike Stelzl*

Ein guter Grund, um Ärztin zu werden

Ich bin mit einem wunderbaren Ausspruch meines Großvaters, der übrigens ein begnadeter Landarzt war, aufgewachsen: „Der Stuhl des Patienten ist das tägliche Brot des praktischen Arztes." Bis ich alt genug war, diese Metapher zu verstehen, stand ich dem Mittagessen immer etwas prüfend gegenüber. Außerdem scheinen sowohl meine wichtigsten Kindheitserlebnisse als auch die meines kleinen Bruders am Topf stattgefunden zu haben. Zumindest wenn man sich die großelterlichen Fotoalben durchsieht: Auf einer Unmenge an Fotos sieht man uns eingewickelt in Plüschdecken und umgeben von Büchern oder Spielsachen auf unseren Plastiktöpfchen thronen – ganz reizend, der ganze Stolz unserer Großeltern. Möglicherweise wurde damals der Grundstein für mein berufliches Interesse an Magen-Darmerkrankungen gelegt?

Und Opa hatte recht. Mit dem „Geschäft" ist offensichtlich wirklich gutes Geschäft zu machen. Drogeriemärkte, Reformhäuser und Apotheken sind voll von fragwürdigen bis ausgezeichneten Heilmitteln gegen eine Vielzahl von Bäuchen. Auch in der Fernsehwerbung schwärmen sanfte Frauenstimmen von wohlschmeckenden Produkten aus heimischen Kühlregalen. Man trinke Produkt X oder Y, und schon springt der Bauch, der vorher die runde Form eines Bierfasses hatte, wieder zurück zum bretthaten Sixpack.

In direktem Zusammenhang damit steht ein Thema, das viele Menschen im Verborgenen quält – und bei genauerer Überlegung eigentlich auch dort belassen werden sollte –, nämlich Blähungen. Aber selbst wenn das Übel selbst nicht ans Tageslicht gezerrt werden muss (zumindest nicht in Gesellschaft) ist es doch dringend wichtig es anzusprechen. Was die meisten Menschen auch ausgiebig tun. Wenigstens schlagen nur ganz wenige vor, mir ihr Leiden auch gleich live zu demonstrieren.

Ich kann mittlerweile meinen Großvater wirklich gut verstehen. An manchen Tagen scheint sich wirklich alles um „das eine" zu drehen. Und wenn alle Körner, Tropfen und Tinkturen nicht geholfen haben, gibt es nur noch eine Möglichkeit: Eine Allergie oder Intoleranz muss es sein. Was ja prinzipiell durchaus möglich ist. Aber mich beschleicht das Gefühl, dass man heute, um „dazuzugehören", einfach auch gegen irgendetwas allergisch sein muss. Es macht sich scheinbar nicht so gut zu sagen: „Na ja, eigentlich war ich mit einem ‚Saumagen' ausgerüstet, aber nach jahrelangem, Auf-einem-Bein-stehenden-in-mich-Hineinschlingen von halbzerkauten Junkfoodpartikeln, mit dem Handy an einem Ohr und der Maus unter einem Finger, rebelliert mein Magen und die Galle kommt mir hoch." Zu schwer ist es zu glauben, dass unser Lebensstil schuld sein könnte und noch schwerer scheint es, diesen zu ändern. Also muss eine Unverträglichkeit als Schuldige her.

Und wenn man in der Früh nach dem Nachrichtenhören mit gleichzeitigem Zeitunglesen, den Rasierer in der Linken und die Zahnbürste in der Rechten unter der Dusche einfach keinen gesegneten Stuhlgang hat, kann das natürlich auch nur eine Nahrungsmittelintoleranz sein. Hektik und schlechte Organisation? Niemals!

Also lassen wir testen, was die Krankenkassen zahlen, und darüber hinaus, was sich manche Labors noch so ausdenken. Wenn das auch nicht hilft, dann kann man die bösen Allergien vielleicht auspendeln und anschließend ausleiten ...

Mein Großvater riet in solchen Fällen immer zu Zeit (und vielleicht Zeitung) am Örtchen. Na ja, und wenns wirklich sehr lange dauert, können Sie ja auch eine Plüschdecke mitnehmen.

Die neuen Leiden der jungen Ordinationsgründerin

Ich gehöre zu den ganz wenigen Ärzten, die schon Monate vor dem geplanten Eröffnungstermin ihrer Kassenordination von ihrem Glück wussten. Grund dafür war die wohl durchdachte, vorausgeplante Vertragsniederlegung meiner Vorgängerin. Ich weiß, dass es nicht jedem so geht. Normalerweise erfahren die Kolleginnen und Kollegen Mitte Mai, dass sie ab ersten April ihre Ordination eröffnen hätten sollen. Dann beginnt das hektische Suchen nach Räumlichkeiten, und nach Findung derselben der Umbau. Entweder man hat Glück und ergattert Räumlichkeiten in einem Ärztezentrum, wo man mit Mieten konfrontiert wird, die von einem Zivilingenieur oder Unternehmensberater niemals verlangt würden. Aber man ist schließlich Arzt. Und als solcher hat man bekannterweise ja haufenweise Kohle. Oder man sucht sich etwas, das man adaptieren kann. In meinem Fall sind wir, mein Mann und ich, aus unserer Wohnung ausgezogen, denn nirgendwo sonst im Bezirk hatte ich etwas gefunden, das als Gewerbeobjekt gewidmet und in der fraglichen Zeit zu haben war, Lift und Rampe aufweist und auch sonst das Potenzial hat, relativ viele Normen und Bestimmungen zu erfüllen. Ich bin gerade dabei, viel Geld zu investieren, damit in Zukunft per Rollstuhl anreisende Patienten gemütlich aufs Klo gehen können, die Ordinationshilfen es in den Pausen schön haben, die alten Leute alle Schilder gut sehen können und die Kinder genug Spielzeug im Wartezimmer haben. (Über welches die alten Leute stolpern werden, wenn Kinder und Mütter das Zeug weiterhin nach Gebrauch herumliegen lassen.) Den Desinfektionsplan habe ich auswendig gelernt, die Putzfrau fortgebildet und ich werde Vögelchen auf die Fenster kleben, damit keiner in die Glasscheiben läuft. Ich bin mittlerweile zum Großunternehmer geworden, zumindest was die von mir in Auftrag gegebenen Arbeiten anbelangt. Alle zwei Wochen krieche ich in meiner Bank zu Kreuze, um meinen Kredit wieder mal nachbessern zu lassen, da sich wieder irgendeine absurd hohe, nicht voraussehbare Ausgabe gefunden hat.

Eine Freundin, ordinationsgründende Zahnärztin, hat mir

letztens vorgeschlagen, ihrer Baugeschädigten-Selbsthilfegruppe beizutreten. Sie schlug vor, sich einmal in der Woche zu treffen und auf einen Sandsack in Form eines Baumeisters/Elektrikers/Installateurs – je nach persönlichem Dachschaden – einzuschlagen. Anfangs kam mir diese Maßnahme schon etwas barbarisch vor, mittlerweile wird das immer attraktiver. Gerade habe ich nämlich das Anbot des Elektrikers für die Verlegung der Computernetzwerkkabel erhalten. Zur Erklärung: Es geht um etwa zwölf Meter Kabel, die bodennahe über Putz verlegt werden, dabei sind drei Löcher durch Wände zu machen. Der Kostenvoranschlag sah 20 Arbeitsstunden für zwei Handwerker zu insgesamt 2.000 Euro (ohne Materialkosten) vor. Jetzt bin ich so weit, ich will auch einen Sandsack! Ich meine, wenn ich mich da alleine und ohne Hilfe mit der Nagelschere durchgrabe, benötige ich keine zwanzig Stunden und habe dazwischen noch Zeit für eine Kaffeepause! Zum Glück brauche ich das jetzt doch nicht zu machen, denn zufällig saß ein Elektrotechniker als Patient in meiner alten, kleinen Privatordination, als ich mit hysterischer Falsettstimme den Vertreter der Firma am anderen Ende des Telefons angebrüllt habe. Jetzt machen wir das gemütlich in einem Vormittag. Als ich mich bei der EDV-Firma über die kooperierende Elektrofirma beklagte, hörte ich, dass sie gerne mit denen zusammenarbeitet und schon viel bei Ärzten installiert hätten. Glaub ich aufs Wort! Und wahrscheinlich waren die Kollegen so beschäftigt und so unter Zeitdruck, dass keiner Lust hatte, ein Anbot zu hinterfragen.

Bald bin ich fertig mit der Errichtung meiner neuen Ordination. Und rückblickend weiß ich, dass ich verloren gewesen wäre, ohne meinen Patienten, den Elektrotechniker, dessen Diabetes ich endlich gut eingestellt habe oder auch ohne meinen Patienten, den Tischler, den ich von seinem Kreuzschmerz befreien konnte, und auch ohne den Installateur, der da mal dieses kleine Problem hatte usw. Hätten sie nicht alle gute Arbeit geleistet und ehrliche Kostenvoranschläge erstellt, wäre ich schon bankrott gegangen bevor noch der erste Patient zur Tür hereinsteigt oder -rollt. Na ja, und manches muss man halt trotzdem ertragen. Morgen zum Beispiel kommt einer, der den Türknauf an der Sicherheitstür gegen eine Türschnalle tauscht. Kostenpunkt: 400 Euro. Als ich nach Luft geschnappt habe, hat er nur gemeint: „Woll'n Sie's lieber selber machen?"

Gibt es ein Baumarkt-Syndrom?

Endlich haben wir die erste Baustelle so einigermaßen fertig. Wir könnten tatsächlich schon fast in der Ordination arbeiten, und das Leben wäre beinahe bewältigbar, wäre da nicht unser Zuhause, die zweite Baustelle – ein nacktes Dachgeschoss, in dem Wände, Steckdosen und Wasseranschlüsse an den falschen Stellen sind. Aber das Dach ist immerhin dicht und der Ausblick von der Terrasse atemberaubend. – Unsere Vision von einem zukünftigen Nest, die im Moment jede von sonstiger Arbeit freie Minute beansprucht. Insgesamt geht's mir gut, denn wir sind einigermaßen im Zeitplan und die Dinge sind großteils so geworden, wie wir uns das vorgestellt hatten. Es sind auch fast alle Handwerker dann gekommen, wann sie gesagt hatten. Und fast alle haben genau das getan, was sie hätten tun sollen. Und sie waren nicht einmal soooo viel teurer als vorher veranschlagt. Außerdem waren sie tendenziell pünktlich und haben nach der Arbeit den Großteil ihres Drecks wieder weggeräumt. Durch das Gespräch mit Freunden weiß ich jetzt, dass das ein fast unvorstellbarer Glücksfall ist. Alle anderen wollen ihre Handwerker am liebsten anschreien, schlagen, erstechen und ich könnte meine knuddeln.

Ein neuer Fixbestandteil meines Lebens sind die Touren durch diverse Baumärkte. It's Tool Time! Ich kenne sie jetzt alle, und bei manchen grüßt man mich immerhin schon mit Namen. Im Moment bin ich wesentlich besser informiert darüber, wo man die schönsten Parkettböden zu den besten Lieferbedingungen bekommt, oder wer gerade welches Schraubensortiment im Angebot hat als über die Symptome der Schweinegrippe. Ich habe mir nie gedacht, dass ich jemals so viel Zeit im Baumarkt verbringen könnte, wesentlich mehr, als ich jemals in Schuhgeschäften verbracht habe. Mein Liebster ist auch ganz glücklich damit, denn er hat die Baumärkte schon immer den Schuhgeschäften vorgezogen. Und er kann dort noch mehr Zeit verbringen als ich. Im Gegensatz zu mir bringt er es nämlich nur schwer übers Herz, danach zu fragen, in welchem Gang man welches Teil finden könnte. So spult er suchend einfach noch mehr Kilometer runter. Aber nach dem Weg oder um Hilfe zu fragen ist wahrscheinlich unmännlich. Andererseits sind wir draufgekommen, dass wir trotz zeitmangelbedingter Sportpause eine ziemlich gute Kondition haben. Wahrscheinlich gibt Baumaxmarathon plus Siedelkistenschleppen plus Überkopfbohrarbeiten durchaus ein ausgewogenes Kraft- und Ausdauertraining für fast alle Körperpartien. Wer braucht denn noch ein Fitnessstudio, wenn er isometrische und isotonische Übungen machen kann und hie und da sogar mit dem Hammer wirft?

Also bin ich weiter fröhlich und guter Dinge, auch nachdem ich festgestellt habe, dass der Maler meinen Ordinationsvorraum in der Farbe für die Küche daheim gestrichen hat, die Gegensprechanlage so niemals funktionieren kann und mir die Spedition 59 Einzelpakete zum Selberbauen an Büromöbeln von diesem großen schwedischen Einrichtungshaus in den Gang ge- kippt hat. Es sind übrigens leider nur 58. Was fehlt, wissen wir derzeit noch nicht. Ich unterdrücke den Wunsch, einfach zu ver- schwinden. Verreist auf Nimmerwiedersehen. Stattdessen fahre ich zum Baumarkt wegen neuer Farbe. Ich würde die schon blind finden können. Dort treffe ich einen lieben Freund. Er hat in den letzten drei Jahren Haus gebaut. Viel selber gemacht. Viel Ärger gehabt. Auf die Frage nach seinem Wohlbefinden meint er, es ginge ganz gut. Baumärkte würde er wieder vertragen, aber jedes Mal, wenn er ins Möbelhaus müsste, bekäme er dabei depressive Schübe und Fressattacken auf Süßes. Armer Kerl, denn zu all dem ist er auch noch Diabetiker. Aber er ist schon der Zweite, der mir so etwas berichtet. Eine andere liebe Freundin von mir (Status: post Häusl- und Ordinationsbau) hat mir erzählt, dass es Zeiten ge- geben hat, in denen sie täglich zu Ikea musste und ganz alleine an die fünf Tonnen Zeug nach Hause geschleppt hätte. Danach hätte sie circa ein Jahr lang schon beim Betreten des Möbelhauses Schweißausbrüche, Herzklopfen und Panikattacken bekommen.

Arme Schweine, denke ich mir. Ich bin übermüdet und habe Gelenkschmerzen wie eine alte Rheumatikerin. Aber ansons- ten geht's mir gut zwischen all den Schrauben und Platten und Einzelteilen. Da fällt mein Blick auf einen Stapel Siedelkisten. Und plötzlich wird mir ganz heiß, der Raum beginnt sich um mich zu drehen und mir wird schlecht. Ich muss sofort raus, hänge meinen Kopf über einen riesigen Blumentopf und atme frische, grüne Luft. Also, nun hat es mich auch erwischt und ich bin mir nun sicher, dass es ein Baustellen-Baumarkt-Siedelsyndrom gibt.

Ich bin total im Eimer

Es ist Montag, so zwischen acht und neun, das Wochenende war ziemlich intensiv. Nein, ich habe nicht gefeiert. Ich bin in meiner Eigenschaft als Möbelpackerin und Ordi-Einrichterin unterwegs gewesen. Zusätzlich habe ich noch so irgendeinen abartigen Virusinfekt.

Ich sitze also in meinem Sprechzimmer und bemühe mich, nicht vom Sessel zu kippen. Vor mir sitzt der Gegenstand meines Hauptinteresses, nämlich eine Patientin, die mir gerade berichtet, wie sie von ihrer Arbeit überfordert ist, und wie sie am Samstag, als alle Kunden gleichzeitig auf sie zukamen und etwas gebraucht haben, plötzlich flüchten musste. Mein Telefon beginnt zu klingeln, ich ignoriere es, das Handy gesellt sich dazu. An der Tür klopft es und ein Patient hält mir strahlend seinen übervollen Harnbecher entgegen. Ich bitte den Gegenstand des Hauptinteresses um etwas Geduld, tauche einen Harnstreifen ins warme, gelbe Nass, klemme das Telefon unters rechte Ohr und das Headset des Handys ins linke. Dann überlege ich kurz, ob ich mit der großen Zehe noch den Drucker bedienen könnte oder doch lieber nach der Maus angeln sollte. Die Stimme an meinem rechten Ohr findet es unerhört, dass ich sonntags keine Hausbesuche mehr mache. Die an meinem linken möchte Auskunft über das Denguefieber. Der Harn ist positiv mit allem Möglichen. Die Patientin vor mir beginnt zu hyperventilieren und ist auf dem besten Weg zur Panikattacke. Meine Telefone läuten wieder. An der Tür klopft es. Ich überlege, ob gemeinsames Hyperventilieren zu einem spirituellen Erlebnis führen könnte?

Im Hinterkopf plagen mich noch dringende unbeantwortete E-Mails und vom Handydisplay leuchtet der Name meines Installateurs. Der Mann mit dem Badeentchen hat Schwierigkeiten mit meinem zukünftigen Behindertenklo. Da ich jetzt schon kurz vorm Durchdrehen, bin fällt mir noch ein, dass ich dringend die Bewerbungsgespräche für eine Ordinationsgehilfin beginnen muss und mir irgendetwas für die nächste Geschichte einfallen lassen muss. Kreativität auf Befehl. Klappt natürlich irrsinnig gut.

Irgendwie habe ich manchmal das Gefühl, dass ich einen Seiltanz am Rande der Überforderung aufführe. Dabei arbeite ich eigentlich gar nicht so viel und schon gar nicht schwer. Wenn ich da an meinen Großvater als Landarzt vor vierzig oder fünfzig Jahren denke: Das war schon eine andere Geschichte. Opa ist zu jeder Tages- und Nachtzeit und bei Regen, Schnee und Nebel ausgerückt, wenn jemand ihn gebraucht hat. Er hat Kinder und bei Bedarf auch Kälber auf die Welt gebracht und war durch nichts aus der Ruhe zu bringen. Bin ich ein solches Weichei dagegen?

Aber wenn ich ganz ehrlich bin, glaube ich, dass mein Großvater es doch leichter hatte als wir jetzt. Die Arbeit war zwar schwerer, vielleicht hat sie auch mehr Stunden verschlungen und vielleicht hat er in vielen Dingen viel weniger ausrichten können als wir mit all unserer modernen Technologie und Notfallmedizin. Doch stünde er jetzt in meiner Ordination und würde das ganze Geklingel und Geklopfe hören und das Flimmern am Bildschirm sehen, würde er nur den Kopf schütteln, den Raum verlassen und in Ruhe einen Kaffee trinken gehen.

Vielleicht ist der Schlüssel zu langem und glücklichem Berufsleben nicht darin zu finden, wie schwer die Arbeit ist oder wie viele Stunden sie verschlingt. Wir alle erleichtern und verkürzen uns das Berufsleben ja immer weiter. Alle diese Erleichterungen verschlingen unser Geld und unsere Aufmerksamkeit und irgendwie im Endeffekt manchmal auch uns selbst mit Haut und Haar. Um mir meine EDV leisten zu können, muss ich soundso viel mehr arbeiten. Wenn ich sie habe, muss ich immer online sein und alles sofort beantworten. Wenn ich ein Handy habe, muss ich es auch immer und überall benutzen. Wenn jemand etwas von mir will, muss ich ihm gleich antworten. Und da alles gleichzeitig läutet und piepst und flimmert, versucht man sich auszudehnen und aufzuspalten so gut es geht. Am Heimweg dann Stau auf den Straßen, blöde Meldungen aus dem Radio und Drohgebärden von den anderen. Ein kurzer Abstecher in den Supermarkt und dabei irgendwelchen Werbeslogans und ohrenbetäubender Musik ausgeliefert sein. Daheim ankommen, zwischen Radiogedüddel, Fernseher und dem, was die Kinder Musik nennen, wählen müssen. Und währenddessen hat das Handy nicht aufgehört, SMS zu melden oder Anrufe zu piepsen. Zum Entspannen gäbe es dann Wellnesswochenenden. Da gibt es jetzt schon beschleunigte Erholung und ultraintensivschnelle Treatments und bestimmt gibt es auch schon saunataugliche Handys.

Rindviecher

Mein Leben ist im Augenblick wieder mal sehr spannend. Die erste Baustelle strebt der Endphase zu. Außer dass mich der Fliesenleger versetzt hat, und an dem Tag, als Pergola und Terrassenüberdachung gebaut werden sollten, die Sintflut über Graz hereinbrach, geht alles nach Plan. Ich selbst habe längst Xylocain gegen Xyladecor getauscht. Ich weiß immer noch nichts über Silikonimplantate, aber beim Fliesenfugen bin ich mittlerweile Expertin. Als letzte Woche dann noch der beste aller Ehemänner ins Krankenhaus musste, begannen meine Nerven doch zu bröseln. Die Krönung erfuhr die Woche am Freitag zu Mittag, als ein großer BMW im Retourgang in meinen kleinen BMW fuhr. Mein Kleiner hat ihn zwar kräftig in den A… gebissen, was mir ein schwacher Trost und eine gewisse Befriedigung war, aber ich kann jetzt den zu erledigenden Dingen noch einen Werkstattbesuch hinzufügen. Die Rollen mit meinen To-do-Listen sind mittlerweile schon fast so lang wie das alte Testament: Bewerbungsgespräche für Personal, die neue EDV, Lohnverrechnung und Steuerberatung, Folder, Homepageänderungen, Abrechnungskurse, Schilder, Behindertenverband, Ummeldungen, Hilfeeeeee!!!

Innerlich vor die Wahl gestellt entweder auszuzucken oder mich auszuklinken, verließ ich meine unfertigen Baustellen, packte den etwas angeknacksten Mann ins ramponierte Auto und ritt für zwei Tage auf die Alm in unsere Wochenendhütte. Zwei Tage Stille und stundenlange Spaziergänge ohne Handy, Fernseher oder Internet. Und die einzige Arbeit besteht darin, die schnell wachsende Katzenpopulation, die mittlerweile unter unserem Giebel haust und mit Sonnenaufgang maunzend auf der Matte steht zu füttern.

Ich habe auch Freundschaft mit einem Rindvieh geschlossen. Wenn man Zeit hat, erkennt man nämlich, dass diese Tiere nicht nur Milch, Steaks und stinkende Fladen produzieren, sondern dass sie unheimlich schöne Augen haben. Und dass wir auch so einiges gemeinsam haben. Ich meine damit nicht, wie meine Oma immer kritisierte, dass unser Kauen von Kaugummis dem Wiederkäuen ähnlich wäre. Wo früher den Rindviechern Hörner wuchsen, sind jetzt nur mehr kleine Knubbel zu sehen. Dadurch können sie weder einander noch den Bauern irgendeinen Schaden zufügen. Statt freier Weiden gibt es kleine Wiesen, umzäunt mit E- Zäunen wie ein Hochsicherheitsgefängnis. Viele haben ja nicht einmal das Glück eine kleine Wiese zu sehen. Sie verlassen ihre Milchfabriken nur am Tag der Schlachtung. Und jeder hat ein Schild im Ohr und eine Glocke um den Hals, um Tag und Nacht überwachbar zu sein.

Wir würden doch am liebsten allem und jedem in unserem Leben die Hörner entfernen. Helme und Schutzausrüstung für jede Sportart, so fest und dick, dass sie ein natürliches Bewegen unmöglich machen. Versicherungspolizzen und Versicherungen für den Fall des Ausfalls von Versicherungen, Glassturz und Käseglocken für alle. Das Leben hat kaum mehr Ecken und Kanten und wir haben immer mehr Sorgen und Angst. Wir verbringen auch brav unsere Tage und teilweise Nächte in unseren Büros und Firmen. Ein Ausbruch aus dem Trott der Herde scheint unmöglich. Nicht mehr Können oder nicht mehr Wollen zieht ärztliche Behandlung und Bemitleidung sowie soziale Missachtung hinter sich her. Also machen wir weiter, brav Tag für Tag. Erst wenn uns der Notarzt zum Akut-Herzkatheter bringt, gibt's mal früher Feierabend. Wir haben auch jeder unsere Kuhglocke. Bei uns heißt sie halt Handy oder Blackberry. Aber wir sind jederzeit und überall erreichbar, zu orten und zu hören. Wir haben zwar kein Schild im Ohr, aber einen neuen Pass mit einem Foto, tauglich für Gesichtserkennungsprogramme, mit Chip und Fingerabdrücken. Und wir wollen noch weiter gehen. Wir möchten Bürgerkarten, die unsere Gesundheitsdaten, Kontostand und Einkaufsverhalten zusammenfassen und leichter einsehbar machen. Wir möchten ELGA und die komplette elektronische Vernetzung. Wir möchten unseren Hochsicherheitstrakt weiter ausbauen. Und da sagt man immer, dass die Rindviecher die blöden wären!

Der Herr Doktor

Der Herr Doktor ist männlich, so wie der Herr Pfarrer und der Herr Bischof. Das ist so und offensichtlich hat es auch so zu bleiben. Amen. Das erleben wir in unserer neuen Ordination gerade wieder. Ich habe nämlich, abgesehen von einer wunderbaren Ordinationsassistentin, auch meinen Mann für ein paar Tage pro Woche angestellt. Dieser hat einstmals lieber seinen eigenen Magister gemacht, als am Standesamt zu promovieren. Ihm reicht es auch völlig, wenn er der Herr Magister bleiben darf und ich die Frau Doktor. Das war jedoch schon zu Zeiten unseres Immobilienkaufes und unserer Baustellen ein relativ schwieriges Unterfangen.

Wir tun alles Wichtige gemeinsam, Bauverhandlungen, Bankverhandlungen, Handwerkerverhandlungen etc. Eigentlich haben wir es so gemacht, dass ich nach gemeinsamer Planung verhandelt und auch bezahlt habe. Trotzdem haben diverse Anwälte, Notare und Handwerker immer nur mit ihm geredet. Wir haben uns mit der Zeit an die Dreieckskommunikation gewöhnt. Ich erteile zum Beispiel einen Auftrag über viele Tausend Euro an einen Menschen, der mich ignoriert und sich dafür bei meinem Mann bedankt. Zum Abschied sagt er auch noch: „Auf Wiedersehen. Frau Stelzl, auf Wiedersehen, Herr Doktor!" Intern haben wir das dann gut gelöst. Nachdem alles ausverhandelt war und meine Seele endgültig an die Bank verhökert war, habe ich mich zurückgezogen und das Organisieren und Scheuchen der diversen Handwerker dem neuernannten Herrn Doktor überlassen. Und alle waren glücklich darüber.

Prinzipiell waren meine langjährigen Patienten schon an den Anblick eines nichtärztlichen Mannes in meiner alten Praxis gewöhnt und fanden das skurril bis sympathisch. Beim Großteil meiner neuen Patienten verursacht die Tatsache, einen männlichen Assistenten zu haben, auch keine Probleme. Ganz im Gegenteil, er hat schon eine kleine Fangemeinde. Die Ladies, die ihn besonders sonnig anstrahlen, sind jedoch alle über siebzig, also brauche ich mir derzeit keine Sorgen zu machen. Gestern ist mir jedoch Folgendes passiert: Vorausschicken muss ich noch, dass meine Vorgängerin in diesem Bezirk eine Frau war, auf meinem Praxisschild deutlich mein Name zu lesen ist, und im Vorzimmer Bilder von unserem Ordinationsteam hängen. Mit Namen und jeweiliger Funktion. Da saß also eine ältere Dame vor mir und beharrte darauf, dass der Herr Doktor etwas anderes gesagt hätte. Als ich nachfragte, welcher Herr Doktor, war es natürlich der, mit dem sie vorgestern bei uns telefoniert hatte. Ich brauchte zehn Minuten, um ihr zu erklären, dass nicht jeder Mann in einer Ordination automatisch der Doktor wäre, und dass im Zweifelsfall nicht das gilt, was der Herr-Nicht-Doktor am Telefon sagt, sondern was ich ihr jetzt sage. An ihrem Gesicht sah ich, dass sie mir das nie glauben wird. Also werde ich dafür sorgen, dass mein Herr-(Nicht!)-Doktor und ich wirklich immer das Gleiche behaupten.

Mein Mann arbeitet gern mit mir. Er arbeitet auch noch nebenbei als Jurist, Trainer und Mediator, aber eben auch viel in der Ordination. Wir sehen sie als Familienbetrieb und sind glücklich damit. So wie ganz viele andere Ärztepaare auch. Nur sind wir eben andersrum. Und das, was sonst selbstverständlich ist, dass die Gattin im Betrieb des Mannes mitwirkt, ist bei uns halt umgekehrt. Niemand würde eine „Arztgattin" bemitleiden für ihre Tätigkeit. Warum wird mein Ärztinnengatte von vielen so mitleidig angeschaut? Manchmal würde ich dann gerne sagen: „Wir leben im 21. Jahrhundert, warum gibt es immer noch die Krise, wenn man das klassische Familienideal der 1950er nicht erfüllt? Und noch etwas: Der Mann ist kein Weichei und kein Versager, er hat einen Job bzw. mehrere, die er absolut gern macht und in denen er gut ist.

Kürzlich waren wir in der Stadt und ich bin in eine kleine Boutique eingefallen und habe sehr lange gegrübelt, ob ich es mir wert sein sollte, eine Tasche und ein Paar Schuhe zu erwerben. Worauf der Besitzer mir die Entscheidung erleichtern wollte und zu meinem Mann sagte: „Erweisen Sie sich großzügig, erlauben Sie ihr beides!" Da konnte ich mich nicht zurückhalten und habe geantwortet: „Wissen Sie, eigentlich verdiene ich die Kohle und er ist bei mir angestellt, aber wenn Sie meinen, er sollte großzügig sein, dann kann ich ihm die Tasche ja vom Gehalt abziehen."

Nachtdienst ist was Schönes!

Wir niedergelassenen Ärztinnen und Ärzte können den Kollegen und Kolleginnen im Krankenhaus ihren Frust über unmögliche Arbeitszeiten und Belastungen meist recht gut nachfühlen. Dunkel und mit Schaudern erinnern wir uns noch an niemals enden wollende Wochenenddienste von Freitagmorgen bis Montagabend, an Weihnachten ohne Christkind, Silvester mit Pizza und Fusel im Pappbecher und versäumte Osterhasen.

Meine Lieblingsanekdote aus der Nachtdienstzeit ist Folgende: Eines Sonntagnachts, Dienst seit zwei Tagen, ich war gerade dabei, endlich mal eine Stunde an der Matratze zu horchen, als mich der Pfleger aus den Federkernen holte: „Komm rüber in die Ambulanz, aber reg dich nicht auf!" Also schlurfte ich hinüber. Es war ein Uhr. Da stand eine Patientin und erklärte, sie habe ein Wimmerl am Allerwertesten. Völlig entgeistert ob der Banalität der Diagnose fragte ich, warum sie ausgerechnet jetzt kommen würde. Ja, jetzt hätte sie Zeit. Ich murmelte etwas davon, dass ich seit über 60 Stunden im Dienst sei. Da meinte sie: „Seien Sie nicht blöd, kein Mensch arbeitet so lang!" Ich begann innerlich zu brodeln und spürte die schwere Tatze des Pflegers auf meiner Schulter. Also inspizierte ich den Pickel und den A…, eröffnete ihn (den Pickel) und schickte sie mit Salbenverband wieder heim. Zum Abschied erklärte sie noch: „Bei dem, was sie verdienen, können Sie ruhig mal in der Nacht aufstehen." Ich spürte beide Tatzen und circa 100 kg Pfleger auf meinen Schultern, die mich daran hinderten, der Lady an die Gurgel zu gehen. Den Rest der Nacht konnte ich aus einer Mischung aus Übermüdung, unterdrückter Wut und Verzweiflung erst recht nicht schlafen. Ich bin mir fast sicher, dass alle von uns ähnliche Gustostückerln aus Chirurgie-Zeiten berichten können. Wir alle wissen also, dass im Krankenhaus zu arbeiten mühevoll und stundenreich ist.

Umgekehrt kann man natürlich von keinem Spitalsarzt erwarten, dass er die versteckte Botschaft hinter den Aufschriften unserer Ordinationsschilder lesen kann. Wenn man nämlich als Außenstehender die Schilder liest, kann man tatsächlich auf die Idee kommen, dass wir Niedergelassenen einen gut bezahlten Halbtagsjob unser Eigen nennen. Bei mir steht zum Beispiel

„Montag: 8.00–13.00 Uhr". Gestern war so ein typischer Montag. Ich fange mindestens eine halbe Stunde, oft eine ganze Stunde früher an. Um 14.30 Uhr war der letzte Patient draußen. Danach habe ich die Befunde durchgesehen, jene Patienten zurückgerufen, die telefonische Konsultationen verlangt haben und dann bin ich auf Hausbesuch gefahren. Um fünf Uhr war ich dann daheim zum Mittagessen. Fazit: Von 7.00 Uhr bis 17.00 Uhr durchgearbeitet, drei Mal pinkeln, ein Kaffee und ein Glas Wasser.

Dabei weiß ich, dass es Kollegen gibt, die noch um einiges mehr arbeiten als ich. Wie erklärt es sich dann, dass die Krankenhausambulanzen mit hausarztlosen Patienten übergehen?

Nun, erstens gibt es ja wirkliche Notfälle. Patienten, die im niedergelassenen Bereich nicht betreut werden können. Wir haben einfach keinen Röntgenblick, kein Akutlabor und kein Heer von Hilfskräften zu unserer Verfügung. Aber zweitens gibt es jene, die einer Behandlung eigentlich nicht so dringend bedürften. Diese Patienten sagen natürlich im Krankenhaus auch immer, dass sie keinen Niedergelassenen erreicht haben. Geht gar nicht anders, denn mit „Mein Hausarzt hat eh eine Vertretung, aber ich komm trotzdem in die Notaufnahme" macht man sich keine Freunde dort. Doch das sind nicht bösartige Störenfriede, die uns nur ärgern wollen, sondern meist Besorgte und Verängstigte. Mir kommt außerdem vor, dass der gesunde Menschenverstand abnimmt und immer mehr die Panik regiert. Junge Leute mit Halsweh kommen nicht auf die Idee, sich einen Tee zu kochen und ein Aspirin zu schlucken. Stattdessen geht es in der Nacht auf die HNO-Ambulanz. Denn nach einer kurzen Internetrecherche kriegt einfaches Kopfweh tödliche Dimensionen und mit Blaulicht geht es in die Notaufnahme.

Ein bisschen sind wir Mediziner mitschuld an dieser Entwicklung. Denn mit Aussagen wie „Jeder Kreuzschmerz gehört zum Orthopäden, jede Akne zum Dermatologen, die Schilddrüse nur auf die Spezialambulanz" provozieren wir, dass die Patienten sich am Hausarzt oder der Hausärztin vorbei gleich selbst zu den Spezialisten überweisen. Und dort werden sie auch nur zu oft gern wiederbestellt. Einige Male habe ich schon gehört, wie mir Eltern erzählt haben, dass es auf der Kinderabteilung geheißen hat: „Gehen Sie mit Ihrem Kind ja nicht zum praktischen Arzt!" Ein Klinikurologe hat einer meiner Patientinnen gesagt, dass der Hausarzt gar keinen Harnweginfekt behandeln kann und die Dermatologin, dass ich keine Borrelien behandeln darf. Dann darf sich aber bitte niemand darüber wundern, wenn die Patienten gleich auf der Ambulanz erscheinen.

Ärgernis Internet

Und wieder ist ein anstrengender Arbeitstag vorüber. Voll freudiger Erwartung öffne ich mein E-Mailprogramm. Ich erhoffe und erwarte E-Mails von lieben Freunden und interessanten Bekannten, von gestressten Kollegen, die ich leider nur selten sehe, und gelegentlich auch eines von meinen Verwandten im Ausland. 15 E-Mails werden in der Inbox angezeigt und meine Augen kleben erwartungsvoll am Bildschirm. Die ersten fünf wollen mir Viagra verkaufen. Wozu brauch ich Viagra? Und außerdem noch so viel davon und um gleich 70% reduziert? Vielleicht für die kontaktfreudigen Russinnen, von denen die drei nächsten E-Mails schwärmen? Wer bitte ist so blöd, sich blaue Pillen unbekannter Genese und Komposition übers Internet zu bestellen? Und das alles bei diesem Preis für die interessanten blonden Russinnen? Die gibt's nämlich so gar nicht reduziert. Die nächsten zwei E-Mails könnten bei diesem Dilemma Abhilfe schaffen. Und zwar durch Transaktionen mit irgendwelchen Banken in Nigeria. Man bräuchte nur anfangs eine klitzekleine Investition tätigen und etwas Startkapital, dann stünden einem die Pforten der nigerianischen Nationalbank weit offen. Ich kenne die wirtschaftliche Situation des Landes nicht genau, aber es scheint mir irgendwie ein Land zu sein, wo man in eine Bank eher was hinein, als heraustragen kann. Bei den letzten fünf E-Mails handelte es sich um zwei Lesebestätigungen, einen Irrläufer und die Anfrage eines dubiosen Systemadministrators in gebrochenem Deutsch, der gleich mal alle meine Daten und Passwörter erfahren möchte. Ach ja, und gewonnen hab ich auch. Hunderttausend Euro. Freilich müsste ich dafür nur einen unbedeutenden Betrag vorher einzahlen …

Wozu bitte habe ich all diese offensichtlich nutzlosen Spamfilter und wozu schicken die Leute all dieses kranke Zeug? Mich nervt es jedenfalls gewaltig. Erstens bin ich furchtbar enttäuscht und gefrustet. Ich hätte heute ein wenig interessante und liebevolle Kommunikation gebraucht. Irgendwie fühle ich mich wie ein Kind, dem ein Eis versprochen wurde und das dann doch keines gekriegt hat. Und zweitens ärgert mich all die gestohlene Lebenszeit, die durch das Sichten und Löschen des ganzen Blödsinns entsteht. Wenigstens sind Spams am Computer lautlos und wenn sie nicht gerade mit Viren, Würmern oder Trojanern versehen sind, gratis. Aber auf meinem Handy landen in letzter Zeit immer mehr dubiose Angebote, die mit lautem Piepen des Geräts auf sich aufmerksam machen möchten. So etwas passiert dann am besten in stillen Räumen oder bei komplizierten Patientengesprächen. Richtig teuer wird's dann jedoch, wenn mein Fax immer mehr und mehr bedruckte Zettel ausspuckt. Kettensägen, Plastikchristbäume und Tschechinnen werden angeboten. Oft mehrseitig mit dicker Schrift und großen Bildern (die Christbäume, nicht die Tschechinnen). Das Ergebnis ist eine ständig leere Druckerpatrone. Eins dieser unnützen Ärgernisse braucht glaube ich die Tinte von 100 geschriebenen Überweisungsscheinen. Ich frage mich, ob all diese aggressiven Werbestrategien überhaupt aufgehen. Vielleicht gibt es irgendwo Menschen, die die Plastikchristbäume kaufen und gleich zehn Stück davon, nur damit das Fax endlich zu rattern aufhört. Ich bin's sicher nicht. Ich muss jetzt glücklicherweise wenigstens keine Schreikrämpfe mehr am Telefon kriegen, wenn mich mitten in einer Behandlung wieder mal eine anonyme Stimme anruft und mir was weiß ich verkaufen möchte. Mittlerweile erklärt Beate, die beste aller Ordinationshilfen in wesentlich freundlicherem Ton, dass wir bereits ein Klo haben, kein Bedarf an 200 Liter Bodenpolitur besteht, ein selbstreinigendes Kochgeschirr ein Gerücht oder Scherz sein muss, und überhaupt der Anrufer die Leitung für unsere Patienten blockiert. Und tschüss.

Ich würde übrigens auf der Stelle aufhören ein Produkt zu kaufen, sobald dessen Vertreiber mich per Telefon, Fax oder E-Mail ungefragt belästigt. Ich versuche mich auch um Produkte zu drücken, die auf Hochglanzpapier beworben werden (und noch schlimmer, wenn selbiges in Plastik gepackt ist). Leider kann ich mich im Supermarkt nicht um die akustische Berieselung drücken. Einkaufen mit Oropax macht sich dann doch nicht so gut. Aber ich möchte einfach nicht mehr berieselt, bedrängt und belästigt werden. Ich will nichts und ich brauche nichts. Und der Einzige, den ich bezahle, damit er aufhört mich zu nerven, ist ein alter, schwerhöriger Geiger, der in unserer Innenstadt sein Instrument würgt. Dem gebe ich immer Geld und sage ihm, er soll bis 200 zählen bevor er wieder anfängt, damit ich in Ruhe und genussvoll die Herrengasse entlang spazieren kann.

Migräne

Seit drei Tagen sitze ich nun in der Ordination mit einer großen, schwarzen Sonnenbrille mitten im Gesicht. Erinnern Sie sich noch an die Biene Maja und diese Stubenfliege namens Puck? Das Wesen mit den großen, schwarzen, glupschigen sonnenbrillenartigen Augen? Mein Liebster nennt mich nur noch Puck. Sehr schmeichelhaft. Ich könnte ihn ja auch an Grace Kelly oder die Schönheit aus der Chanel-Sonnenbrillenwerbung erinnern, aber leider nein. Die Akzeptanz von Seiten der Patienten ist erstaunlich gut. Die meisten erkundigen sich in geradezu rührender Sorge bei meiner Assistentin über mein Wohlbefinden. Und ich werde gefragt, welche Augenkrankheiten ich wohl hätte und ob ich ansteckend sei. Bei Migräne sind dann alle ganz erleichtert. Die habe ich und die bleibt mir. Keine Chance, sie irgendwem anzuhängen. Nur eine paranoide Psychotikerin fragt mich ziemlich direkt, ob ich wohl ganz zurechnungsfähig sei und mir eh keine Fehler in ihrer Behandlung unterlaufen würden. Es geht nix über Ehrlichkeit. Ich versichere ihr, dass ich so zurechnungsfähig wie nur irgend möglich bin. Sie fragt mich noch dreimal, ob ich gelegentlich unter Blackouts leiden würde, denn es sei schon wichtig, dass der Doktor „sie alle beisammen" hätte.

Das allerdings ist eine gute Frage: Hab ich sie noch alle? Ich könnte nämlich genauso gut daheim im abgedunkelten Zimmer liegen oder bei der Lymphdrainage. Notfalls könnte ich mir sogar ein paar Akupunkturnadeln in besonders schmerzhafte Punkte rammen (sogar von liebevollen Kolleginnen rammen lassen). Aber stattdessen hocke ich bei zugezogenen Vorhängen mit schwarzer Brille in der Ordi und flehe die Leute an, mit mir zu flüstern. Glücklicherweise habe ich nie Probleme beim Blutabnehmen, ich kann blind und bei Nacht bei Dunkelhäutigen die Venen treffen, was mir jetzt ziemlich hilft. Und ich muss meinen Patientinnen und Patienten zu Gute halten, dass keiner vor einer schwarzbebrillten Doktorin im finsteren Zimmer, mit einer Nadel in zittrigen Händen Reißaus genommen hat. Es geht halt nichts über eine gute Arzt-Patientenbeziehung. Ich habe ja das unheimliche Glück, mit Migräne meist arbeitsfähig zu sein. Ich übergebe mich nämlich normalerweise nicht. Gefühlsmäßig trage ich den Magen zwar im oberen Teil des Schlundes, aber höher kommt er nie. Übrigens ist die akustische Folter, die einem vor allem schwerhörige Patienten in einer solchen Situation angedeihen lassen, harmlos gegen die olfaktorische Qual. Nun bin ich sowieso schon mit einem viel zu feinen Näschen ausgestattet. Wobei Näschen nicht ganz das richtige Wort ist. Mein „Pfrnak" würde es problemlos in eine dieser TV-„Wir operieren Sie schön und glücklich"-Sendungen schaffen. Während andere bei Radtouren gelegentlich eine Mücke schnupfen, passt in meine Nüstern ein Bienenschwarm inklusive Königin. Eigentlich hätte ich mich mit diesem Riechorgan eher der Parfumherstellung widmen sollen als der Medizin, aber bitte. Normalerweise geht's ja, aber mit Migräne wird es geruchstechnisch unerträglich. Manchmal überlege ich, ob es wohl sehr schlecht aussähe, wenn ich mich doch quer über den Patienten übergebe?

Was den Kopfschmerz angeht, so bin ich heute schon richtig gut drauf. Das Gefühl, dass mir jemand mit einem Kartoffelschäler das rechte Auge aus der Höhle pult, hat sich Gott sei Dank gegeben. Die Baustelle in meinen Schläfen kommt über immer längere Zeiten ohne Pressluftbohrer aus, aber in meinen Stirnhöhlen geben AC/DC gerade ein Livekonzert. Dafür haben Metallica und Megadeath endlich aus meiner Schädelbasis ausgecheckt.

Also im Grunde hält mich nur der Stolz darüber, dass ich noch aufrecht sitzen kann, überhaupt aufrecht. Der und ein furchtbar krankes Pflichtbewusstsein. Eines, das mir einhämmert, dass ich meine Patienten nicht hängen lassen kann und dass ich immer da sein muss, weil ich gerade erst die Kassenordination eröffnet habe, und dass ich meine Angestellten zahlen muss, und meine Kreditraten, und überhaupt, dass ich ja gar nicht krank bin. Es hat mich allerdings nachdenklich gestimmt, dass ich in diesen Tagen einige Leute krankgeschrieben habe, mit denen ich sofort und gern die Krankheit getauscht hätte. Wir Ärzte sind ja angeblich nicht gerade die gesundheitsbewussteste und gesündeste Berufsgruppe. Und ohne nachzudenken, trag ich ganz selbstverständlich auch meinen Teil dazu bei.

Das Ende des Wochenendes

Sechs Tage sollst du arbeiten, den siebten sollst du ruhen! – so oder ähnlich sprach Gott zu Moses und der zu seinen Leuten. Ob es jetzt wirklich Gott selber war, der diese kluge Aussage getätigt hat, ob Moses Halluzinationen hatte, oder nur einfach dringend bessere PR gebraucht hat, völlig egal. Tatsache ist: Wer auch immer es war, sprach ein großes Wort gelassen aus. Das Ganze war übrigens nicht so gemeint: „Ruh dich aus, wenn du Lust dazu hast und dir nix Besseres einfällt." Sondern dieser Ruhetag schaffte es sogar in die „Top Ten" der Lebensanleitungen. Sprich, eines der zehn Gebote besagt, dass dieser Tag gefälligst heilig zu halten ist. Punkt.

Und nicht nur jeder siebte Tag muss ruhig angegangen werden. Nein, auch im siebten Jahr sollte man die Felder in Ruhe lassen, statt ihnen mit Kunstdünger noch ein paar letzte Hutzelrüben abzutrotzen und man sollte auch die Sklaven entlassen. Allerdings war damit nicht gemeint, sie schutzlos auf den grausamen Arbeitsmarkt zu werfen. Wir haben nun dieses große Glück – bei aller Diskussion um die Auslagerung von Religion aus der Organisation unserer Lebens-, Arbeits- und Schulbereiche –, dass wir einen tief in unserer Tradition verwurzelten Ruhetag haben. Wenn wir ihn doch bloß schätzen und ehren könnten!

Jeder jammert, dass er zu überlastet wäre, keine Freiräume hätte, zu wenig Urlaub, gerne ein Sabbatical beantragen würde und überhaupt mehr Zeit bräuchte. Dieselben Menschen erklären mir dann aber im nächsten Satz, dass sie gerne am Sonntag ins Büro gehen, weil da das Telefon nicht die ganze Zeit scheppert. Oder dass sie die Kundenbetreuung teilweise aufs Wochenende ausgelagert hätten, weil sowohl sie als auch die Kunden da konzentrierter arbeiten könnten. Wenn man selbst sieben Tage die Woche gleich vor sich hin lebt, kann man natürlich auch nicht einsehen, dass der Supermarkt am Sonntag Pause macht, oder dass statt dem Hausarzt nur ein Notdienst zur Verfügung steht. Supermarktketten wie Sozialversicherungen überlegen, ob sie das Angebot nicht doch erweitern sollten. Zugang zur Dienstleistung sieben Tage die Woche und auf jeden Fall mehr als sieben Stunden am Tag.

Niemandem kommt der Gedanke, dass vielleicht zum Glücklichsein, zur Entschleunigung, zur Erleichterung und Verbesserung des Gesundheitszustandes nicht eine Erweiterung der Angebote nötig wäre, sondern ein Zurückschalten. Früher war der Sonntag ein echter Sonntag: Da war alles zu. Man konnte ins Kino oder ins Wirtshaus. Oder man traf sich mit Freunden, manchmal redete man sogar mit ihnen. Aber das wars dann schon. Der Sonntag hatte auch noch so einen kleinen Vorsonntag zum Üben. Der hieß Samstag. Spätestens ab Mittag hatten alle Läden dicht. Unvorstellbar heute. Lange Arbeitszeiten zwingen uns, mit unseren Erledigungen auf Samstag auszuweichen. Immer mehr lange Arbeitende und auch samstags Arbeitende schreien nach dem offenen Sonntag. Das wird wiederum noch mehr und noch länger Arbeitende nach sich ziehen, die dann wonach schreien? Nach dem achten Wochentag, oder nur nach Öffnungszeiten bis Mitternacht? Oder können wir dann eh schon alles in Echtzeit im Netz erledigen. Wo es nicht mehr auffällt, dass sonntags um Mitternacht auf der anderen Seite ein anderer todmüder und ausgebrannter Dienstleister sitzt.

Je mehr Dienstleistungen wir fordern und auch bereit sind zu erbringen, desto öfter schießen wir uns ein Eigentor. Und nicht nur uns selbst. Wir ziehen andere mit hinein. Denn längst ist es nicht mehr nur medizinisches Personal, Busfahrer, Piloten und Gastwirte, die den Sonntag opfern müssen. Mittlerweile trifft es schon fast jeden. Vielleicht macht der Ausverkauf des Wochenendes noch Halt vor ein paar Lehrern und Beamten. Aber alle anderen verfolgen weiter eifrig für sich und ihre Umgebung das Motto: „Sechs Tage sollst du schuften und am siebten sollst du auch was tun."

Der Doktor und das liebe Vieh

Viehdoktor hätte ich werden sollen!" Diesen Ausspruch habe ich in der Vergangenheit öfter leichtfertig getätigt. Aber nicht nur ich. Auch viele Kollegen raunzen gerne über Kassenhonorare, Bereitschaftsdienste, lästige Patienten und zu geringe Einkünfte. Meistens wird dann geseufzt: „Zahnarzt hätte ich werden sollen, oder noch besser Tierarzt!"

Das habe ich auch immer geglaubt. Bis zum letzten Jahreswechsel. Ein Tierarzt war für mich davor immer so ein in Idylle und Naturverbundenheit lebendes Wesen, das ich mit geringer Anstrengung und hohen Rechnungen assoziiert habe. Ich wurde eines Besseren belehrt. Mein Kater Nikolaus, ein entzückendes Vieh, jedoch offensichtlich nicht der Allerhellste, ließ sich von meiner Katze aufs Dach unserer Wochenendhütte jagen. Während sie mit Eleganz und Bravour den Abstieg meisterte, blieb Niki den ganzen Tag am Dachgiebel sitzen und plärrte. Er blieb auch noch bei minus zehn Grad über Nacht darauf hocken und miaute sich die Seele aus dem Leib. Am nächsten Vormittag plärrte er nicht mehr, sondern krächzte. Also riskierten wir unser Leben und fingen das Vieh vom rutschigen Dach.

Vorher schon verschnupft, erwischte der Kater eine bombige bakterielle Superinfektion. Zu Silvester war er so apathisch, dass er sich an Ohren und Schwanz aus dem Kuschelnest zerren ließ, und dabei nicht einmal versuchte, mich zu beißen. Das konnte nichts Gutes bedeuten. Also war es an der Zeit für professionelle Hilfe. Mein Mann und ich brachten Niki in die Tierklinik.

Dort empfing uns ein blasser, gehetzter Viehdoktor. Es war bereits Abend und er hatte den ganzen Tag noch nichts gegessen, das Telefon hörte nicht auf zu klingeln und im OP hatten die Mitarbeiter gerade einen Hund aufgelegt. Wir stellten den Kater auf den Heizkörper und warteten. Irgendwann kam der Doc aus dem OP und sah fast so fertig aus wie der Kater. Trotzdem nahm er sich viel Zeit mit der Untersuchung, redete liebevoll auf Niki ein und war nett zu uns, den hysterischen Angehörigen. Für mich war es spannend zu sehen, dass es noch Ärzte gab, die ohne Labor und Bildgebung einfach mit Fremdanamnese und eingehender körperlicher Untersuchung arbeiten konnten. Tasten, hören, riechen, beobachten – alles in der Humanmedizin schon ziemlich an den Rand gedrängte Tätigkeiten.

Schließlich mussten wir Niki dort lassen, damit er seine Spritzen und Infusionen bekommen konnte. Wir wünschten dem armen Doc noch einen ruhigen Dienst. Der Wunsch wurde mit einem gequälten Lächeln quittiert. Auch Tierärzte haben offensichtlich Dienste, bei denen man schon zu Beginn spürt, dass sie nur mehr katastrophal weitergehen können. Zwei Tage später wollte ich Nikolaus abholen. Und dabei den Tierarzt sofort und akut behandeln. Nach zwei Tagen und zwei Nächten sah der nämlich kränker und blasser aus als alle seine Patienten. Also auch Tierärzte werken weiter – wenn sie krank sind. Das ist offensichtlich doch kein Privileg der Humanmediziner. Ich wollte ihm sofort eine Spritze geben. Wir entschieden dann aber doch, nur den Kater zu verarzten, und statt dem Doc den Kater auf der Krankenstation zu belassen.

Am Tag nach dem Wochenende kam ich wieder. Diesmal mit vier Jungkatzen. Die hatten bis zu 41,5 Grad Fieber. Der Doc sah nur eine Nuance gesünder aus. Er war noch immer im Dienst. Im Wartezimmer ein ganzer Zoo. Ungehaltenes Knurren und Fauchen der Patienten, untermalt vom Gemoser der Besitzer.

Der Doc begann meinen Patienten zu untersuchen und schlug dann die Behandlung vor. Dann entschuldigte er sich wegen der Kosten. Ich fragte ihn, ob er noch zu retten wäre. Er war vier Tage und Nächte dauererreichbar gewesen. Und er hatte einen nicht ungefährlichen Job. Mit einem resignierten Blick auf seine Hände bestätigte er: „Ja, alles will beißen." Und er hatte kommunikativ so einiges drauf, um das ihn die meisten Humanmediziner getrost beneiden dürften. „Ja, aber irgendwie habe ich immer das Gefühl, ich muss mich entschuldigen, dass meine Arbeit auch etwas wert ist und etwas kostet!", meinte er.

Das Gefühl wiederum war mir ein nur zu vertrautes. Nach acht Jahren Wahlarztdasein bin ich immer noch geschädigt von permanenten Diskussionen ums Geld. Und das Problem geht ja jetzt auch weiter, bei Impfgebühren, Privatleistungen und Selbstbehalten. Der Doktor darf offensichtlich arbeiten bis zum Umfallen, aber dabei nix kosten. Und das scheinbar nicht nur bei uns Menschen, sondern auch beim lieben Vieh!

Bitte nur ja keine starken Medikamente!

Vor mir sitzt eine ältere Dame und schildert mir in leuchtenden Farben, inklusive eindrucksvoller Mimik und Gestik, die mittlerweile unaushaltbare Dimension ihrer seit fast einer Woche bestehenden Rückenschmerzen. Gehen, sitzen, liegen, schlafen, ja sogar der Besuch der Toilette sei ihr mittlerweile schon fast unmöglich. Ich untersuche die Ärmste und frage sie dann, ob sie denn schon irgendein Schmerzmittel eingeworfen hätte. Ja, einmal. Ein Mexalen. Paracetamol in allen Ehren, aber das sei doch ein bisschen wenig, meinte ich. Ja, schon, aber sie wolle nicht so viele Tabletten nehmen.

Also versuche ich ihr klarzumachen, dass Schmerzen immer ausreichend therapiert werden müssten, da sonst zum Schmerz noch Verspannung und Immobilität hinzukämen und die Psyche auch äußerst unerfreut reagieren würde. Zusätzlich habe der Körper noch ein Schmerzgedächtnis, das bei den meisten besser funktionieren würde als jedes andere cerebrale Department für Erinnerungen. Ich beginne also der Guten die regelmäßige Einnahme von Diclofenac (hoch dosiert) inklusive Magenschutz schmackhaft zu machen und gebe noch eine kleine Vorschau auf die Angebotspalette an Opiaten, sollten wir mit der Anfangsmedikation nicht auskommen. Die Dame willigt ein, ich will mich schon verabschieden, als sie misstrauisch das Rezept betrachtend mich ansieht und fragt: „Sind das starke Tabletten?" „Natürlich", erwidere ich überzeugt von Kraft und Wirkung meiner Rezeptur. „Nein, Frau Doktor. Verschreiben Sie mir doch etwas anderes. Weil wissen Sie, ich will keine starken Medikamente nehmen!"

Also setzen wir uns in Ruhe noch mal hin. Da die Dame nicht die einzige ist, die mich mit dieser Aussage konfrontiert, versuche ich das für mich unergründliche Geheimnis der Abneigung gegen starke Medikamente zu lüften. Komischerweise sagt ja auch keiner zum Unfallchirurgen: „Aber, Sie nehmen eh nur den halben Marknagel, oder? Der ganze wäre mir nämlich zu lang." Oder zum Bauchchirurgen: „Na, den halben Blinddarm können Sie mir wegschneiden, aber einen Teil möchte ich schon noch behalten, und von meinen Gallensteinen können Sie sich auch zwei Drittel nehmen. Der Rest gehört mir!" Vielleicht wäre das ja sogar ganz lustig, man könnte auf diese Art ein und denselben Patienten mehrmals am Blinddarm oder an der Galle operieren? In Zeiten der leistungsorientierten Krankenhausfinanzierung wären dadurch bisher ungeahnte Leistungen möglich.

Ich frage die Dame also nach dem Grund ihrer Ängste und Abneigungen gegen starke Medikamente. Ich würde ja verstehen, wenn sie Angst vor allergischen Reaktionen hätte, sich um Funktion von Leber oder Niere sorgen würde, vor Durchfall oder Verstopfung, Wimmerln, Krätze oder Gaga-sein im Hirn. Sogar vor Wechselwirkungen, Persönlichkeitsveränderungen oder Einschränkung des Alkoholgenusses kann man mir das Fürchten plausibel einreden. Aber nichts da. Sie kann mir keine Auskunft geben, was denn so fürchterlich an starken Medikamenten sei. Aber ich spüre das tiefe und ehrliche Gefühl der Bedrohung, das von einer starken Medikation auszugehen scheint.

Vielleicht sollten wir unsere Medikamente anders bewerben und benennen? Zu einer Zeit, in der sogar die Butter „light" und fettreduziert sein muss, in der es Milch, Schinken, ja sogar Bier und Junk food „light" gibt, sollte man wahrscheinlich auch auf medizinische „Lightprodukte" umsteigen. Beispielsweise: „Diclolight", „Midazolam all you can eat", „Simvastatin ich will so bleiben wie ich bin", „Allopurinol du darfst!", „Propofol fettreduziert", „Citalopram 0,1%". Auf den Packungen sollte man dann lächelnde, schöne Menschen abbilden, die glücklich über grüne Wiesen schweben …

Da ich es nicht geschafft habe, die Bedenken meiner Patientin zu zerstreuen, biete ich ihr an, sie zu akupunktieren. Akupunktur ist bekanntlich eine wirkungsvolle und sanfte Heilmethode, frei von giftigen Nebenwirkungen (obwohl man auch so einiges verhauen kann, wenn man's nicht kann, so ist es ja nicht). Also hieve ich die Gute auf mein Therapiebett und beginne mit der Prozedur. Bereits bei der ersten Nadel schreit sie: „Aua, das tut ja sauweh!" „Ja, das ist richtig. Ist auch eine starke Therapie!".

10 Gebote für eine glückliche Arzt-Patienten-Beziehung

Angeblich sind die Patienten in der Arzt-Patientenbeziehung der schwächere Teil. Sie müssen geschützt und behütet werden. Oftmals vor sich selber. Ich stimme dieser Ansicht durchaus zu, vor allem wenn, es sich um alte Menschen, Schwerkranke, Kinder oder psychisch Kranke handelt.

Patienten haben ein Recht auf unsere Geduld, auf Behandlung nach bestem Wissen und Gewissen, auf möglichst gute Terminvergabe, Aufklärung und Erklärung und definitiv auf mehr Zeit, als der Arzt von der Krankenkasse honoriert bekommt. So weit, so gut.

Patienten haben aber auch das Recht, grantig oder ungehalten zu sein, den Doktor mit Fragen zu löchern, bis er aussieht wie ein Emmentaler und ihn so lange weichzukochen, bis er doch noch eine Magnetresonanztomografie herausrückt. Sie können den Hausarzt wechseln, wenn er ihnen nach einem Quartal nicht mehr zusagt, oder mit der E-Card gleich zum Facharzt gehen. Patienten haben das Recht, sich notfalls bei der Schlichtungsstelle über den Doktor zu beklagen. Und leider haben sie auch das Recht, sich über jeden Sch... im Internet zu informieren. Und sie haben das Recht, jede Eigenverantwortung kategorisch von sich zu weisen. (Ich bin übrigens absolut dafür, meinen Patienten alle nur erdenklichen Rechte zuzugestehen.)

Natürlich würde ich nie so weit hoffen, dass die gleichen Rechte auch für den Arzt gelten. Dass wir mit Recht und ohne schlechtes Gewissen granteln dürfen, den einen oder anderen Patienten einfach wegtauschen oder gleich bei der Schlichtungsstelle abgeben könnten oder einfach menschlich wären und uns irren dürften. Ganz zu schweigen von dem Wunsch nach dem Recht auf Freiheit von Dokumentationswahn und Papierkram. Da es all diese ersehnten Rechte für uns nicht geben wird und der Doktor nicht zu den schützenswerten Arten gehören wird, müssen wir einen anderen Weg finden, eine Balance herzustellen.

Wie wäre es daher mit Patientenpflichten für Patientenrechte? So etwas wie die Zehn Gebote für eine lange und glückliche Arzt-Patientenbeziehung.

1. Du sollst neben mir keine anderen Ärzte haben. Und wenn

doch, sollst du mir mitteilen, wo du schon warst, was man dir verschrieben hat, und welche Untersuchungen bereits durchgeführt worden sind!

2. Du sollst die Sprechstundenhilfe deines Arztes mit einem Lächeln beglücken und sollst deinen Arzt weder anschreien noch beschimpfen, damit er sich mit unerschütterlicher Liebe deinen Gesundheitsproblemen widmen kann und du lange lebst und gut behandelt wirst, trotz des mageren Honorars, das dein Doktor von der Kasse bekommt!

3. Du sollst dich waschen!

4. Du sollst dich öfter und gründlicher waschen! Und nicht nur dich, sondern auch deine Kleidung!

5. Du sollst nicht nach den kleinen grünen oder den großen roten Pillen fragen, sondern Schachteln und Blister mitbringen, wenn du dir schon ihre Namen nicht gemerkt hast!

6. Du sollst nicht nehmen die Kapseln, die dein Doktor eigentlich deiner Mitzitante verschrieben hat!

7. Du sollst nicht begehren alle möglichen und unmöglichen Untersuchungen, denn die Kasse kann es sich nicht mehr leisten!

8. Du sollst nicht zu viel lügen, wenn wir über Alkohol, Zigaretten und die diversen Pillen sprechen, die du in einem finsteren Hinterhof gegen Bargeld erworben hast!

9. Du sollst nie und nimmer deinen Doktor zu einem Hausbesuch holen wollen, nur weil du ein wenig Fieber oder Durchfall hast, sei sicher, deinem Doktor geht es nicht viel besser als dir!

10. Du sollst die Finger lassen von allen Internetseiten, nicht nur von den dubiosen. Weiters sollst du keine Ratgeber aus der Buchhandlung erwerben, damit dein Hirn frei und unbelastet den Worten deines Doktors lauschen kann, sie verstehen kann und ihnen Glauben schenken kann. Und du sollst wissen, dass du selbst für dich und dein Leben verantwortlich bist! Solltest du deine Finger nicht vom Internet lassen können, so bemüh dich trotzdem, dir nicht klüger vorzukommen als dein Arzt oder deine Ärztin. Gestehe ihm oder ihr die Möglichkeit zu, dass sie es doch noch besser weiß und ehre ihr Studium und ihre Erfahrung, indem du ihnen vertraust!

All das wirst du beachten und dein Doktor wird dich dafür lieben und bis zu seiner Pension hingebungsvoll behandeln. Beide werdet ihr glücklich sein und niemand muss euch voreinander schützen!

Ich liebe meine Patienten!

Pünktlich um die Mittagszeit am Freitag tat mein Hals wieder einmal so weh, dass ich nicht mehr ordentlich schlucken konnte. Ganz zu schweigen von vernünftig reden. Macht ja auch nix. Schließlich stand das Wochenende vor der Tür und wer will da schon reden (vielleicht mit Freunden?), auf beiden Ohren etwas hören (im Kino?) oder gar Geschmacksempfindungen genießen (Essen, Wein?)? Stolz darauf, die Arbeitswoche noch bewältigt zu haben, schleppte ich mich nach Hause, warf mir irgendein styroporartiges Fertiggericht mit zwei Entzündungshemmern aus der Ärztemusterlade ein, weinte ein bisschen über die Ungerechtigkeit des Schicksals und wuchtete mich ins Bett.

Später am Nachmittag bekam ich so ein seltsames Rühren im Gebälk. Zuerst dachte ich, dass ich nun gar nix mehr aushalten würde, auch nicht das kleinste Tablettchen, trotz Magenschutzmittel. Nach einer weiteren Stunde war ich dann besser informiert. Ich hatte nicht nur die in meiner Praxis kursierenden HNO-Keime, sondern auch noch gleich die aktuelle Darmgrippe mit nach Hause gebracht.

Vor einiger Zeit hatte ich sehnsüchtig erklärt, dass ich so gern mehr Zeit in meinem wunderschönen Bad verbringen würde: Fußbodenheizung und warme Terracottafliesen, Badewanne, Infrarotkabine. Na ja, was man sich so als Gegenpol zum Alltag alles vorstellt. De facto findet man mich nur immer im Eilzugstempo unter der Dusche oder beim Zähneputzen. (Die Tatsache, dass ich zu wenig Zeit im Bad verbringe heißt nicht, dass ich mich nicht wasche!) Jedenfalls hatte ich mir meine „Ich-will-in-meinem-Badezimmer-leben–Anfälle" nicht so vorgestellt. Eher mit Schaumbad und Kerzenlicht, als mit heruntergelassenen Jalousien am Boden eingerollt und den Kübel umklammernd. Wozu aufstehen, wenn es doch nur für wenige Minuten ist? Versuchen Sie mal stundenlang durch eine Halsentzündung hindurchzukotzen. Das war eine unheimlich bereichernde Erfahrung. Ich weiß jetzt, dass es immer noch schlimmer geht. Ach ja, und Output und Input korrelieren nicht immer miteinander. Manchmal, da ist der Output einfach viel größer ... okay, ich erspare Ihnen weitere Details.

Der langen Rede kurzer Unsinn: Alles, was einen nicht umbringt, hört irgendwann mal von selber wieder auf. Galt für den gastrointestinalen Teil der Sache. Der HNO-Bereich war sauer auf mich (wahrscheinlich wortwörtlich) und wurde noch schlechter. Also gab ich ihm ein Antibiotikum, sobald ich wieder feste Nahrung behalten konnte. Jetzt grummelt das auch noch im Gebälk. Aber es ist ja irgendwann auch egal, wovon einem schlecht ist.

Heute Montag wollte ich einfach nicht daheim bleiben. Abgesehen von Pflichtbewusstsein und Umsatzsorgen konnte ich mich daheim nicht mehr ausstehen. Also schlich ich mich in die Ordination. Meine Assistentin warnte alle meine Patienten, dass ich krank sei. Mit krächzend, hauchendem Stimmchen und gebückter Haltung schlurfte ich durch die Räumlichkeiten. Und wurde nicht enttäuscht von meinen Patienten. Die Leute waren superlieb und dankbar, dass ich überhaupt da war. Sie sprachen leise und in kurzen, verständlichen Sätzen. Sie brachten ihre Probleme rasch auf den Punkt und zitierten weder das Internet, noch versuchten sie sonst meine Weisheit infrage zu stellen. Ich war begeistert. Manche brachten sogar Blumen und Schokolade (welche ich hoffentlich irgendwann wieder essen können werde). Ich war noch begeisterter. Sogar richtig gerührt. Ursprünglich hatte ich ja nur die geplanten Blutabnahmen in der Früh erledigen wollen, damit die armen Bestellten nicht am Montagmorgen nüchtern und unverrichteter Dinge wieder nach Hause mussten. Aber dann gefiel es mir in der Ordination so gut, dass ich gar nicht mehr weg wollte. Ich genoss die Wärme, die Freundlichkeit, das Wunder der zwischenmenschlichen Kommunikation. Als ich eine Viertelstunde nach Ordinationszeitende immer noch durch die Gänge schlurfte, warf mich meine Assistentin mit den Worten „Leg dich endlich ins Bett" aus dem Laden. Seitdem bin ich daheim, aber mit Husten, Halsweh und Übelkeit ist das gar nicht lustig. Und das Fernsehprogramm ist nicht halb so nett wie meine Patienten!

Wohin wird das noch führen?

Gerade habe ich von einer ultraneuen und ultratollen Erfindung im Bereich der Fotografie gelesen. Sie soll eine echte Verbesserung für unsere Fotoqualität bringen. Und auch für unser Wohlbefinden, wenn wir uns die Bilder ansehen. Wie jeder bestätigen kann, der weniger als zehn Dioptrien sein Augenleiden nennt oder eine Brille trägt, ist die Begegnung mit dem eigenen Ich am Bildschirm oder am Fotoausdruck nicht immer angenehm. Oftmals kann sie einen sogar in tiefe Depressionen oder Selbstzweifel stürzen. Abgesehen davon, dass der Gesichtsausdruck selten den geglaubten IQ widerspiegelt, ist so ein Antlitz meist übersäht von größeren oder kleineren Unebenheiten. Oft schon ist die Frage nach der Grundfarbe schwer zu beantworten. Ist es das Augen umrundende Schwarz oder eher der violette Rotton der Spidernävi oder eher das Kaffeebraun der verschiedensten Pigmentflecken, vielleicht aber nur das dunkelblass, das zwischendurch als Grundierung durchbricht? Genauso schwierig sind die Reliefstrukturen oft zu unterscheiden: Pickel oder doch Furunkel? (Der ganz große in der Mitte entpuppt sich dann doch meist bei genauerem Hinsehen als Nase und damit als zum Gesicht gehörig). Zusammenfassend ist zu bemerken, dass die meisten Portraits eine Ansammlung optischer Katastrophen wiedergeben. „Unschön", wie meine beste Freundin kultiviert anzumerken pflegt.

Dann schlagen wir irgendeine Illustrierte auf und wissen zwar genau, dass weder Botox, noch Kollagen, Elasthan, Silikon oder schwarze Algen aus Demi Moores oder Sharon Stones alten Antlitzen die Fassaden von in Stein gemeißelten jungen Göttinnen zaubern. Auch nicht die Stuckschichten, die in mühevoller Kleinarbeit aufgebracht werden. Wir wissen, die Damen wurden computertechnisch verändert. Irgendwo in Fotolabors sitzt der Schöpfer, der aus schönen Gesichtern perfekte Halbgöttinnen schafft. Ich habe das am eigenen PC mit Fotoprogramm und Autokorrektur auch schon versucht. Hat nichts gebracht. Schöner bin ich nicht geworden, nur eigenartiger.

Aber damit soll ja jetzt Schluss sein. Eine neue Kamera trägt in sich schon die Software, um im Augenblick des Fotografierens alle Unzulänglichkeiten zu neutralisieren. Das kluge Ding kann zwischen Pickeln und Nase unterscheiden, kennt aus allen Regenbogenfarben, die so ein Gesicht nach einer durchsoffenen Nacht spiegeln kann, den perfekten Porzellanton heraus und macht uns rundherum schön. „Wow", möchte man sagen. Vor allem, wenn man sich so wie ich im schlecht beleuchteten Badezimmerspiegel eigentlich immer ganz hübsch findet, bei der Betrachtung von Fotos allerdings dann sich selbst und der Wahrheit ins Auge sieht. Mein offizielles Portraitfoto stammt von einem Profifotografen, der mich eineinhalb Stunden in die verschiedensten Positionen gequetscht hat. Erst als ich in einer Körperhaltung verharren konnte, die an einen spastischen Saurier mit tetanischer Pfötchenstellung erinnerte, war er zufrieden. Die Fotos wurden dann schön nachbearbeitet und man kann wirklich mit dem Ergebnis zufrieden sein. Die neu erfundene Kamera würde einem also den Saurier und den Fotografen sparen. Also: „Wow!"

Oder vielleicht doch nicht? Vielleicht sogar eher „Autsch"! Entweder sind wir solche Weicheier geworden, dass wir die Realität gar nicht mehr vertragen, oder solche Sklaven einer vorgeschriebenen Schönheit, dass die Wahrheit nicht mehr ans Licht darf. Stellen Sie sich mal vor, Sie haben keine Lachfalten mehr. Was sagt das über ein Gesicht aus? Und das Muttermal auf der Oberlippe macht unsereins noch nicht zu Cindy Crawford, aber es gibt eine persönliche Note. Ich gebe schon zu, dass der Pickel am Kinn am Hochzeitsfoto in alle Ewigkeit am Schreibtisch aufgestellt nicht so super ist. Aber andererseits hat der Partner schließlich an diesem Tag mit diesem Pickel Ja zu einem gesagt. Und das Schlimmste ist, dass eine Software entscheidet, was schön ist und was weggehört. Lauter glatte, gleichmäßige Gesichter, vom Computer als schön befunden. Irgendwie wird mir ganz gruselig dabei. Und sicher wäre es verlockend, ein perfektes Foto einer Bewerbung beizuheften oder auf eine Dating-Seite zu stellen. Allerdings, was ist, wenn ein persönliches Gespräch draus wird? Ich stelle es mir nicht lustig vor, wenn es dann heißt: „Wer sind Sie denn? Ich hab die Elfenkönigin erwartet und stattdessen schickt man mir den Glöckner von Notre Dame!"

No country for old men ...

Und auch kein Land für alte Frauen, überhaupt: kein Land für alte Menschen. Wir bauen zwar haufenweise Pflegeheime, errichten Rollstuhlrampen in jeder neuen Arztpraxis und haben tschechische Krankenschwestern so halbwegs legalisiert. Wir pflegen, besachwalten und bevormunden die Kranken, Dementen und die „gaga" gewordenen alten Mitbürger. Das ist ja auch wichtig so. Aber was ist mit den Gesunden, den Rüstigen und Selbstständigen? Die gibt es nämlich auch, und wenn man genauer hinsieht, sind das gar nicht so wenige. Aufgrund persönlicher und familiärer Erfahrung und sicher auch aus meinem Beruf heraus, denke ich beim Thema Alter nur an Pflegeheim, Decubitus, Alzheimer und Windeln. An Elend, Schwerhörigkeit, seltsamen Geruch, klorollenlange Medikamentenlisten und Depressionen.

In den letzten Jahren mache ich aber immer wieder die interessante Erfahrung, dass es doch nicht immer so sein muss. Und ich merke, dass da eine große Gruppe alter Leute der anderen Art existiert. Wir sprechen immer nur von Subkulturen der Jugend, aber gibt es möglicherweise da auch eine Subkultur der Alten? Nämlich eine der Achtzigjährigen mit Lebensfreude, Unternehmungsgeist, eigenem Auto und erhaltener Kontinenz. Meine Oldies kommen zwar fast alle vom Ruckerlberg oder aus Geidorf, also aus den wirklich guten Gegenden von Graz. Geld konserviert also auf jeden Fall, Bildung übrigens anscheinend auch. Und während manche Überlegungen sich darin erschöpfen: Tena midi oder maxi zu benutzen, haben die „anderen Alten" andere Sorgen. Frau J. (83) erklärte mir letztens stinkesauer, dass ich mit ihrem Mann sprechen sollte, um ihn zur Vernunft zu bringen. Der alte Esel sei nämlich schon wieder aufs Dach gestiegen, um die Dachrinne zu reinigen. Besagter Esel ist 90. Und besagter Esel ist auch der Auffassung, dass für ihn das Leben sowieso tödlich gefährlich sei, was stört da schon die Dachrinne? Was soll ich dazu sagen?

Heute sitzt Frau F. in meiner Praxis. Ich muss immer wieder auf ihr Geburtsdatum schauen, denn ich glaube es einfach nicht. Sie sieht aus wie eine rüstige, energiegeladene Mittsechzigerin. Sie ist aber schon 82. Frau F. sitzt wutschnaubend vor mir und verlangt etwas gegen ihre cholerischen Ausbrüche. Sie würde sich ja so viel und so leicht ärgern, meint sie. Und sie glaube, dass das halt in ihrem Alter nicht mehr so günstig fürs Herz wäre, wenn der Blutdruck so steigt. Ich frage sie, warum sie denn solche Anfälle hätte. Irgendwie habe ich immer den Eindruck gehabt, mit dem Alter kämen Weisheit und innere Ruhe oder zumindest Schwerhörigkeit und Gleichgültigkeit. Aber nein, man kann offensichtlich auch noch mit über 80 so richtig in Saft gehen. „Wissen Sie, Frau Doktor, es sind so viele Dinge, Sachen, wo man sich als alter Mensch einfach ärgern muss!" „Zum Beispiel?" „Gestern, da hab ich getobt, weil ich eine Rechnung ohne Erlagschein bekommen habe. Mein Sohn hat gesagt, es stehen eh die Daten unten drauf, ich kann das ja abschreiben oder telebanken. Das ist eine Frechheit von den Firmen. Die wissen ja gar nicht, was sie uns damit antun." Zuerst bin ich versucht zu antworten, dass ohne Erlagschein die Aussendungen einfach billiger wären und auch weniger Altpapier anfallen würde und ich das auch so machen würde, aber dann bin ich doch still. Was für mich ganz normal ist, bedeutet für Frau F. und viele andere eine unüberwindliche Hürde. Telebanken und Computer ist für die meisten Achzigjährigen halt doch nichts, und das Abschreiben von kleingedruckten Zahlen in kleine Felder kann auch trickreich sein.

So wird Frau F. gezwungen, nicht mehr selbstständig und eigenverantwortlich zur Bank zu gehen und ihre Geschäfte zu tätigen, sondern diese Aufgabe und damit ein Stück Autonomie abzugeben. Ein weiteres Stück, denn wenn der Fernseher kaputt ist, gibt es auch den kleinen Elektroladen ums Eck nicht mehr. Und zu Media Markt und Co traut sie sich nicht. Denn es mögen zwar die Zugänge behindertengerecht sein, der Lärm und die fehlende Betreuung sind aber definitiv nicht altengerecht. Sie kann außerdem die Betriebsanleitung nicht mehr lesen, zusammen mit der ihres Handys, das tausend Funktionen zu viel für sie hat. Der Herd hat Touchpad und Programmfunktionen, dabei wünscht sie sich nur einen Drehknopf. Den Supermarkt hasst sie ebenfalls, denn sie bräuchte kleine Portionen und keine Multipacks von Essen. Ihr Lieblingshotel ist auch nur mehr online gebucht wirklich günstig und Kreditkarte hat und will sie keine. Schon wird sie nicht mehr selber einkaufen, nicht mehr kochen, nicht mehr urlauben und auch nicht mehr telefonieren. Und während wir alle so weltweit vernetzt und so unheimlich flexibel und frei geworden sind, sitzt sie daheim und ihr soziales Leben ist zu früh zu Ende.

Das Wampl

War heute zur Vorsorgeuntersuchung in meiner Praxis. Vorbildlicherweise macht er dies, seitdem ich Vorsorgen durchführe, also seit etwa zehn Jahren. Heute wirkt er bedrückt, und nachdem ich ihm die EKG-Pads wieder abmontiert habe, meint er: „Siehst du da, ob ich infarktgefährdet bin?" „Na ja, ehrlicherweise mach ich das EKG eher wegen potenzieller Rhythmusstörungen, wenn ich mal im Ruhe-EKG Durchblutungsdefizite sehe, ist es eh schon höchste Zeit", meine ich, „Infarktgefährdung ist eher eine rechnerische Sache, die sich aus deiner Familiengeschichte, Rauchen, Fett, Zucker und Blutdruck zusammensetzt. Wieso eigentlich, hat es wen im Bekanntenkreis erwischt?" Erfahrungsgemäß werden Männer immer dann sehr nachdenklich und präventionswillig, wenn ein Kumpel seinen ersten Infarkt hatte. „Nein, nein. Alles bestens bei den Kollegen. Ich will nur vorsorgen. Immerhin habe ich jetzt das Alter und bin damit Risikopatient."

Was für ein verantwortungsvoller Mensch, was für ein guter Vater. Doch dann denk ich mir: Hoppala, eigentlich ist es ein bisschen pervers, dass sich die gesunden 44-Jährigen schon für Risikopatienten halten. Woher kommt das denn? Ich lese zwar ständig, dass unser Gesundheitsbewusstsein unter jeder Sau sei, aber im Praxisalltag hab ich andauernd Patienten, die mit sorgenzerfurchtem Gesicht und bangen Blicken auf ihre Risikoscores schielen. Menschen, die gesund und leistungsfähig sind, nur halt keine fünfundzwanzig mehr. Mittlerweile ist es in unserer Gesellschaft zwar so, dass Schönheit, Attraktivität und guter Sex jenseits der dreißig kaum mehr anzunehmen sind, aber gilt das jetzt auch schon für Gesundheit? Müssen wir uns jenseits der vierzig wirklich schon mit einem Fuß im Grab sehen?

Es heißt ja, dass wir Sport ab vierzig nur mehr mit unserem Kardiologen betreiben sollen. (Ich hab meinen immer noch nicht angerufen, ob er mit mir laufen geht.) Training nur mehr in fachärztlicher Begleitung, und am besten mit eingestecktem Defibrillator. Bei jedem bisschen Muskelziehen am Thorax und bei jeder Extrasystole sehen wir den Sensenmann hinterm nächsten Baum lauern. Sehr entspannend. Muss auch mörderisch gesund sein.

Unser Cholesterinspiegel soll auch immer niedriger werden und wird wie der Nüchternblutzucker weiter gesenkt. Noch habe ich tatsächlich Patienten, mich eingeschlossen, bei denen normale Werte zu erzielen sind. Ich habe sogar eine große Anzahl an normalen. Spätestens bei der nächsten oder übernächsten Fett- und Zuckersenkung wird sich aber auch das ändern und die Anzahl an potenziell therapiebedürftigen Risikopatienten wird noch weiter steigen. Den Blutdruck haben wir ja glücklicherweise schon so weit, dass alle außer den Hardcore-Effortiempfängern mittlerweile Blutdrucksenker nehmen. Ja, und dann die ewige Leier vom Gewicht und Körperbau. Ein unerschöpflicher Pool an Möglichkeiten, um die Menschheit zu knechten und zu verunsichern. Auf allen Ebenen. Alle, die sich bisher heroisch gegen das Diktat der Mode gewehrt und der Aufforderung zur Anorexie widerstanden haben, könnten jetzt doch noch die Gelegenheit zur Entwicklung einer Essstörung bekommen. Am Wochenende war ich nämlich auf einer Fortbildung und habe erfahren, dass jeder Mann, egal welcher Körpergröße, weniger als 94 Zentimeter Bauchumfang haben darf und jede Frau weniger als 80 Zentimeter. Bauch wohlgemerkt, d.h. unter dem Nabel und schon gar nicht die Taille messen! Beim Abendessen haben wir darüber diskutiert, worauf eine Kollegin erschrocken meinte: „Was, nicht die Taille? Unterm Nabel? Aber des geht ja nicht, da ist ja das Wampl!" Was für ein wunderschönes Wort! Man muss sich das mal auf der Zunge zergehen lassen. Schon beim Aussprechen sieht man es wabbelig und schwabbelig vorm geistigen Auge. Ja, da ist das Wampl, und das ist bei manchen klein und bei anderen beängstigend groß. Auf jeden Fall haben mein Mann und ich festgestellt: Wir sind per definitionem novum „obese" und wir kennen auch nur Fettsüchtige. Zumindest, wenn sie vierzig sind und oder schon mal ein Kind geboren haben. Außer einer Freundin. Sie ist das schlankeste Wesen, das wir kennen. Ich habe sie angerufen, vom Wampl erzählt und messen lassen. Immerhin liegt ihr BMI unter 18. Messung unterm Nabel: 79 Zentimeter. Am anderen Ende der Telefonleitung herrschte kurzes Schweigen, während sie sich im Profil im Spiegel betrachtete und meinte: „Na ja, wenn ich hinschaue, krieg ich doch so etwas wie einen Bauch!" „Nein, du nicht. Nicht heuer, aber spätestens bei der nächsten Anpassung der Normwerte!"

Das „Ja, aber"-Wesen

Wir alle kennen das „Ja, aber"-Männchen" (bzw. -Weibchen).
Es wohnt in uns allen und hindert die meisten von uns
daran, Nobelpreisträger, Olympiasieger, Mutter Theresa oder zumindest Klinikvorstand zu werden. Und das ist auch gut so. Ein
bisschen „Ja, aber" und der innere Schweinehund bewahren uns
vor permanenten Höchstleistungen. „Gerade komme ich aus dem
Nachtdienst, ich sollte eigentlich ins Fitnessstudio, aber die Couch
ist so kuschelig"; „Endlich habe ich mal einen freien Nachmittag,
ich sollte unbedingt die Urli im Heim besuchen, aber das Wetter
ist so schön"; „Die Lurche und Wollmäuse unterm Bett und in den
Zimmerecken haben Drachenausmaße angenommen, aber ich gehe
doch lieber Kaffee trinken", und so weiter und so fort. Im Grunde
genommen bewahrt uns das „Ja, aber"-Persönchen vor allzu viel
Perfektionismus und hilft, dass das Leben lebenswert bleibt. Es sei
denn, es reinkarniert in einem Menschen und wird zur einzigen,
alles bestimmenden Person. Dann wird es hantig. Und nicht nur
für den Betroffenen, auch die Umgebung kriegt dann so einiges
davon ab.

Ein personifiziertes, inkarniertes „Ja, aber" in Fleisch und Blut
erschien letzte Woche in der Praxis meiner Freundin M. M. ist
schon lange Ärztin und will immer noch das Beste für ihre Patienten
und Patientinnen und ihnen helfen. Was ich großartig finde, zumal
sie sich auf Diabetiker und Dicke (Verzeihung, am metabolischen
Syndrom leidende) spezialisiert hat. Und wie wir alle wissen, gehören beide Gruppen zu den absolut leicht zu therapierenden
Patienten mit wunderbarer Compliance, wo man als Arzt vor lauter Erfolgserlebnissen aus dem Jubeln nicht mehr herauskommt.
Jedenfalls nimmt M. sich derer mit viel Liebe und Geduld an und
versucht das Beste aus jedem von ihnen herauszuholen und dabei
ein paar Kilos auf der Strecke zu lassen. Vor ihr sitzt Frau Z. Seit
diesem Gespräch nur mehr die „Ja, aber-Frau" genannt. Frau Z.
hat viele Probleme und ist wirklich eine arme Haut. Zum einen ist
sie leicht depressiv und möchte glücklich sein. Zum anderen hat sie
eine Schilddrüsenunterfunktion, die sie loswerden will. Ferner leidet sie an Übergewicht, diversen Arthrosen und Spondylosen und
Diabetes steht auch schon vor der Tür. Man kann das jetzt positiv

sehen und finden, dass es ganz viele interessante Zugänge zu dieser Dame gibt. Man kann aber auch Großbaustelle dazu sagen. Na ja, andererseits ist sogar das AKH irgendwann fertig geworden.

Also beginnt M. zuerst mal mit dem Gewicht. „Wie sieht es denn aus mit dem Essen? Könnten Sie sich vorstellen, dass Sie da ein wenig reduzieren?" „Ja, ich habe eh schon so eingeschränkt, aber ich bin so deprimiert. Und immer wenn ich deprimiert bin, muss ich essen." Okay, erster Zugangsversuch gescheitert, wie es aussieht ist die Dame öfter deprimiert. Neues Spiel, neues Glück: „Wie wäre es denn, wenn wir Ihre Schilddrüsenunterfunktion behandeln würden? Dann täten Sie sich leichter mit dem Abnehmen und der Stimmung täte es wahrscheinlich auch gut." Ja, das wäre toll, aber Tabletten nehme ich sicher keine. Ich lasse mich doch nicht vergiften." 0 : 2. Nächster Versuch: „Und haben Sie es schon mal mit ein bisschen Bewegung versucht, ein bisschen spazieren gehen in der Sonne, Aquagymnastik in der Gruppe oder Turnen?" „Ja, das täte ich alles furchtbar gerne machen, aber da tun mir meine Gelenke viel zu viel weh dafür." Okay, langsam wird es eng mit Möglichkeiten. „Wenn Sie so viel Weh haben, wie wäre es dann mit einer Physiotherapie?" „Ja, das klingt schon interessant, aber dazu hab ich jetzt ganz sicher nicht die Zeit." Mittlerweile hat M. das dringende Bedürfnis in die Tischplatte zu beißen, um nicht zu schreien. Sie startet ihren letzten Versuch: „Ich spüre, dass es Ihnen nicht gut geht, sie oft deprimiert sind und Schmerzen haben. Und ich akzeptiere, dass Sie zumindest jetzt keine Tabletten nehmen wollen. Wie wäre es denn mit einer Psychotherapie, das würde Ihnen helfen, damit es Ihnen besser geht!" „Ja, besser gehen klingt schön, aber das empfinde ich jetzt doch als Beleidigung, ich bin ja nicht verrückt!" Schließlich gibt die beste aller Kolleginnen auf und meint: „Liebe Frau Z. Ich habe den Eindruck, Sie glauben, ich will Ihnen was tun. Des stimmt nicht, ich wollte Ihnen nur helfen!"

Mega XXXXL

Unsere Welt ist eine Welt der Extreme geworden. Man kann nicht einfach mehr ein normales Leben wollen. Man muss schon danach trachten ein Superstar zu werden oder megamäßig Spaß zu haben oder zumindest beim XXXLutz seine Möbel kaufen. Das Gepäck, das man mitschleppt, ist ultralight und die Events sind supergeil. Die Stimmungslage hat ultracool zu sein und für alles andere gibt's Tabletten. Die natürlich auch nur mehr superleichte Mittel sind und ultrakleine Wirkstoffdosen enthalten.

Selbst uns Menschen gibt es bald nur mehr in XXS und XXL. Wenn man Glück hat und zur ersteren Gruppe gehört, kann man sich in Kleider italienischer Designer schmiegen. Mann bzw. Frau kann seinen/ihren Luxuskörper von Kaschmir und Seide umschmeicheln lassen und in hauchzartes Kalbsleder hüllen. Farben, Stoffe und Materialien schmeicheln, kuscheln und halten warm und geborgen. Sollte man eine durchschnittliche Kleidergröße sein eigen nennen, kann man mit sehr viel Glück aus Versehen ein Stretch-Teil erbeuten, meist jedoch nur einen mitleidigen Blick aus dem botoxstarren Gesicht der Verkäuferin. „Leider keine Übergrößen." Und keiner fragt sich, wann Größe 38/40 plötzlich zur Übergröße geworden ist, und wieso eigentlich. Bei den Übergrößen sind dann wenigstens alle Menschen gleich. Von XL bis XXXXXXXXL findet sich kein Kaschmir (gibt angeblich nicht genug Ziegen, die die Produktion bewältigen würden) und schon gar keine Seide. Auch das hauchzarte Kalbsleder ist ganz schön erwachsen geworden und „a zaache Kuahhaut". Dafür umschmeichelt Viskose oder Polyirgendwas den nicht ganz schlanken Körper und der kerzengerade herabfallende Kaftanschnitt schluckt so die eine oder andere Speckrolle. Das Zeug ist brenn- und schmelzbar und fördert auch die charakteristische Körpergeruchsentwicklung. Dafür gibt es immer bunte Farben und meist großblumige Muster. So richtig fröhlich. Will das heißen: Dicke sind ach so lustige Menschen?

Wenn man einmal die XXS-Riege verlassen hat, gibt es praktisch keine Alternative mehr zum Clownskostüm. Ist es da nicht eh schon wurscht, ob man XL oder gleich XXXXL seinen Körperbau bezeichnet? Könnte es nicht sein, dass die steigende Anzahl der Dicken genau aus unserem XXS-Schönheitsideal erwächst? Mir scheint das logisch. Wenn schön, attraktiv, sexy und gut zu kleiden ausschließlich die Hungerhaken sein können, welchen Anreiz hat das Aussehen dann noch für die „Normalen"? Wenn ich sowieso hässlich bin und Übergrößen tragen muss, was macht denn dann schon ein X mehr oder weniger aus? Wozu hungern, sporteln und sich Lebensfreuden versagen, wenn das XXS doch niemals (mehr) erreicht werden kann!

In der Medizin läuft die Entwicklung genauso wie in der Mode. Kann es sein, dass wir Mediziner und Medizinerinnen auch unter Modeströmungen leiden oder dass vielleicht Kräfte im Hintergrund am Werken sind, gegen die die Imperien von Chanel und Cavalli wie Kinderspielplätze wirken? Der ideale westliche Mensch hat heutzutage einen Blutdruck unter 120/80 mmHg, sein LDL liegt zielmäßig unter 100 mg/dl, die Harnsäure unter 6 mg/dl, der Zucker unter 90 mg/dl und der Bauchumfang soll so gering sein, dass ein Hundehalsband einmal rundherum passt. Anderenfalls steigt das Risiko für alle möglichen grauslichen Gefäß- und Krebserkrankungen ins Astronomische. Und immer dann, wenn wir unsere Patienten motiviert haben, ihren Lifestyle zu verbessern und die neuen Zielwerte einzuhalten, kommt ein Umschwung und die Normwerte purzeln wieder ein schönes Stückchen tiefer. Wir und unsere Patienten sind frustriert und langsam wird eh alles egal. Da hat man dann ein hohes Risiko, ab einem Bauchumfang von 80 cm. Gleichgültig ob 80 oder 120. Da kann man ja doch gleich weiterfuttern, oder? Wenn es kein realistisches Ziel mehr gibt, wenn ein BMI von 27 schon so böse ist, ist es doch gleich egal wenn er 37 wird, wenn das Cholesterin doch nicht unter 200 runtergeht, kann es doch gleich 300 sein. An der Perfektion zu scheitern frustriert. Unerreichbare Ziele zu formulieren fördert Resignation. So wird alles XXXXL und XXXXegal, megawurscht und ultragleichgültig. Und nichts geht mehr. Weder ultraleicht noch superschwer. Glücklicherweise gibt es ja immer mehr und immer neuere Tabletten mit deren Hilfe man dann doch noch mal sein Glück versuchen kann.

Der Lurch unter den Medizinern

Wenn Mann oder Frau Allgemeinmediziner/in ist, weiß er oder sie, dass er/sie das untere Lurchstadium in der Medizinerschaft repräsentiert. Anfangs macht das noch zornig, man lehnt sich auf, will den Kollegen und den Patienten beweisen, wie toll man ist, doch das legt sich schnell. Man hört auf, nach kleinchirurgischen Eingriffen zu verlangen, aufs Ultraschallgerät zu schielen und findet sich mit seiner Wertigkeit ab. Welche sich in der Krankenkassenhonorierung ganz klar widerspiegelt. Irgendwann resigniert man und lächelt. Für all seine Fähigkeiten und Kenntnisse hat man kostenintensive Zusatzausbildungen gemacht, kein EKG ohne teuren Kurs, kein Wort über „Sie sind zu fett und zu süß" ohne entsprechendes kostspieliges Diplom. Vom Neurologen muss man sich aber sagen lassen, dass der Patient sein Cholesterin vom Internisten braucht. Keine Ahnung, warum meines nicht gut genug ist, zumal es ja der Laborarzt macht und nicht ich selbst im Hinterzimmer. Die Urologie ließ ausrichten, dass ein Praktiker keinen Harnwegsinfekt behandeln könne. Seitdem stelle ich mir jeden Tag vor, wie die Gesamtheit der akut Pissgestörten aus der ganzen Stadt vor der Uroklinik Schlange steht. Die würden ersaufen, wenn die Praktiker keinen Harnwegsinfekt mehr behandeln. Ach ja, die Hautärztin ließ wissen, dass der Allgemeinmediziner keine Borrelien diagnostizieren und behandeln darf. Na ja, gut zu wissen, wo man steht.

Übrigens wird nicht nur der Praktiker immer blöder, sondern auch die Ordinationshilfe. Dort, wo früher ungeschulte oder angeheiratete Wesen organisierten und oft auch ordinierten, sitzt jetzt die Ordinationshilfe mit Kurs. Noch wird das Fehlen des Kurses nicht geahndet, aber es ist nur eine Frage der Zeit. Auf meine Frage, warum mein Mann, der seit Jahren in meiner Praxis arbeitet, dazu einen Magister iuris hat und als Kommunikationstrainer arbeitet, denn diesen Kurs bräuchte, erklärte man mir, weil er sonst keinen Patienten angreifen darf. Das heißt er darf zum Beispiel nicht Blutdruck messen, was ja eh das deppensichere Gerät macht. Meine Mama darf aber schon beim Kaffeekränzchen die Blutdrücke der anwesenden Hausfrauen messen, das ist was anderes. Okay, was noch? Denn Blut abnehmen, spritzen, verbinden etc. tu eh ich. Und das darf ich hoffentlich noch, ohne zusätzliches Diplom? Ja, er darf auch keinen Harnstreifen anschauen oder Hämoccult befunden. Also schicke ich ihn ein halbes Jahr auf Kurs. Meines Erachtens wäre ein kurzer Besuch beim Augenarzt wichtiger. Eigentlich muss ich nur sicher sein, dass meine Assistenten leuchtendes Blau erkennen, lesen können, auf welcher Seite sie das Brieferl öffnen, und nicht zu sehr zittern, sodass sie mit dem Harnstreifen in den Pipi-Becher reintreffen. Aber gut, Vorschrift ist Vorschrift.

Als praktischer Arzt soll man zwar nichts tun und schon gar nichts verrechnen, dafür aber alles wissen und den Überblick behalten. Immer wieder kommen Patienten und wollen irgendwelche neuartigen OP-Techniken erklärt haben. „Der Chirurg hat ja keine Zeit, er hat gesagt, Sie machen das." Bei jedem Medikament sollte man Interaktionen prüfen, jeden Beipackzettel dem Patienten erklären und die Reaktionen dokumentieren. Und sich dann voller Angst und Sorge über die Konsequenzen doch durchringen, ein Rezept auszustellen. Da ist offensichtlich der Apotheker viel qualifizierter. Er oder sie kann beraten und einfach OTC (apothekenpflichtige, aber nicht verschreibungspflichtige Arzneimittel) verkaufen. Ohne Dokumentation und ohne Angst. Das würde ich ja noch verstehen, denn die haben ihren Job gelernt. Aber noch befähigter scheint der Patient selbst zu sein. Er braucht nämlich gar keine Ausbildung, um zu entscheiden, was er kauft und schluckt. (Wir sind da noch ziemlich restriktiv, aber in anderen europäischen Ländern sieht es bereits anders aus.) Während ich dem armen Wesen, das mit schwarzer Sonnenbrille sich übergebend mir gegenübersitzt und wartet, dass ihm gleich die Schädeldecke explodiert, leider nur ein Aspirin anbieten kann, dürfte es sich in Deutschland sein Triptan gern selber kaufen. Bei uns ist aber nur der Neurologe gescheit und befähigt genug dazu, selbiges zu verordnen. International auch der Patient. Wer offensichtlich immer zu blöd dafür ist, scheint der praktische Arzt zu sein. So auch bei apparativen Untersuchungen. Früher mussten wir alle erklären und argumentieren, warum eine Magnetresonanztomographie vonnöten erschien. Jetzt kriege ich zwar meist gnadenhalber die Bewilligung, wenn dem Patienten die Bandscheiben schon hinten aus dem Rücken springen, aber meist scheine ich zu blöd auch dafür zu sein. Um auf jeden Fall ein MR zu bekommen, hätte ich schon Sekretärin werden müssen. Diese verteilt nämlich im Vorzimmer des Orthopäden erst mal MR-Überweisungen. Damit der Doktor dann den Patienten gleich mal mit Bild und Befund vorgestellt bekommt.

Patienten ante portas

Ein Dauerbrenner in Medizin und Politik ist – und wird es, nehme ich an, auch in Zukunft sein – die Lenkung der Patientenströme. Wollen wir sie reinlassen oder machen wir die Ambulanztüren dicht und lassen sie extramural versorgen? Das wäre billiger, nur die Patienten machen dabei nicht mehr mit. Man kann sie sich sozusagen vor dem Krankenhaus lagernd vorstellen und beim ersten Morgengrauen mit Rammbock und Katapult auf die Ambulanzen losstürmen. Was ist dagegen wohl zu tun? Falls Sie jetzt eine Epiphanie erhoffen, wo ich den Verantwortlichen im Schlaf erscheine, und eine gangbare Lösung in ihre Hirne flüstere, so muss ich Sie enttäuschen. Ich fürchte nämlich, das Problem hat keine Lösung. Die Idee mit den Ambulanzgebühren war prinzipiell keine so schlechte. Wer wegen Halsweh und Hysterie auf die Notaufnahme fährt, zahlt auch dafür. Nur blöderweise war die Administration des Projekts so bescheiden, dass sie mehr gekostet hat, als die Gebühren gebracht haben. Überhaupt: Die Administration und ihre Kosten. Wir wissen eh alle, dass dort anzusetzen wäre. Aber bisher hat noch keiner die heilige Kuh geschlachtet und wie es aussieht, wird sich an diesem vegetarischen Lösungsansatz auch nicht viel verbessern.

Die Ärzte sollten am besten 24 Stunden am Tag ihre Praxen offen haben und blabla und so weiter. De facto tun wir das, denn es gibt überall Ärztenotdienste und Rufbereitschaft, nach Ende der Ordinationszeiten. Dass ein einsamer Internist im Sprengel zwar versuchen kann, 24/7 offen zu halten, um Labor, Endoskopie und Schall zu bieten, aber dass er dieses spätestens einstellen muss, wenn seine Assistentin wegen Schlafmangels eingeht, versteht sich von selbst.

Vielleicht wäre es eine Lösung, in größeren Orten eine Basisambulanz einzurichten. Mit Arzt, Pfleger, Notfalllabor, EKG und einem Knochenröntgen. Und der diensthabende Praktiker müsste um drei Uhr Früh nicht versuchen aus dem Kaffeesud zu lesen, ob der Patient einen Infarkt hat oder nicht. Allerdings müssten dabei auch die Patienten mitspielen, und dort liegt der ganz große Hund begraben. Internetgeschult und selbstbewusstseinsgestärkt wissen die Leute heutzutage vor allem in den Städten sehr genau, was sie brauchen. Nämlich eine Notaufnahme mit allem Schnickschnack zu jeder Tageszeit und für jedes Leiden. Ein sofort und auf der Stelle verfügbares MR, Intensivstation und Akut-OP. Auch wenn sie nur Haarspitzensausen oder Schlafstörungen haben. Das ist ja oft nicht einmal böse gemeint, viele sind einfach nur unsicher. Der gesunde Menschenverstand ist längst verstorben und die Ergebnisse der 24 Stunden am Tag dauernden Bauchnabelbeschau immer akut beängstigend. Kein auch noch so kleines Leiden kann warten, weil es ja, egal wie nichtig, das Potenzial des Tödlichen in sich trägt. Und zum Überleben reicht nicht mehr der Hausarzt, nicht einmal mehr der Internist, nur mehr die Uniklinik schafft Trost und Erleichterung.

Dort stöhnen zwar die Kollegen, schaffen sich jedoch zu den unvermeidlichen noch Hunderte von vermeidbaren Patienten. So auf einer Gynäkologie, wie ich feststellen musste. Der Zuckerbelastungstest für Schwangere von mir wurde nicht anerkannt. (Venöse Blutabnahme nach standardisierter Glucosemenge mit genau eingehaltenen Zeiten und Ausarbeitung in einem der modernsten Labors der Steiermark.) Nein, ein OGTT gilt nur, wenn sie ihn selber machen. Offensichtlich kann dort der Famulant oder die Schwester etwas, das wir nicht können. Auf der anderen Seite kriege ich dann oft sehr seltsame Fälle wieder zurück. Ein Freund von mir hat irgendsoeine Fehlbildung am Aortenbogen mit Abgangsstenose und Steal-Phänomen und Blutdruck-Differenzen und was weiß ich noch. Die Spezialambulanz cancelte seinen Termin mit den Worten: „Über die weitere Behandlung entscheidet der Hausarzt." Nun bin ich ja wirklich gut, aber ich bin nicht größenwahnsinnig. Keine Ahnung, was ich mit dem Kerl machen soll. Und der Zweite, mit dem wir viel gelacht haben, war ein Dreißigjähriger, der gelegentlich mal vorhofflimmert. Er kennt das schon, ist durch und durch abgeklärt und nimmt bei Bedarf seine Pocket-Pille. So auch diesmal. Das hat nichts genutzt, also ging er in die Notaufnahme. Dort wurde er allen Ernstes gefragt: „Was tun Sie denn hier, haben Sie keinen Hausarzt?" Gott sei Dank hat er sich nicht abwimmeln lassen und sie haben ihn gnadenhalber doch noch kardiovertiert (mit dem Defibrillator eins übergebraten). Das nächste Mal kommt er dann zu mir. Mal sehen, vielleicht kann ich ihn dann in den Toaster stopfen, vielleicht hilft es. Zumindest – weil knackig ist er schon – wird er dann noch knusprig.

Das liebe Vieh

Jeder, der mich kennt, weiß, dass ich Tiere wirklich gerne habe. Vorausgesetzt allerdings sie haben vier Pfoten und Fell. Mit Spinnen, Schlangen und so weiter habe ich es nicht so. Ich mag auch meinen Viehdoktor wirklich gern und unsere fächerübergreifenden Gespräche und Diskussionen sind ein echter Genuss für mich. Oft interessiert mich diese veterinär-humanmedizinische Mischfortbildung mehr als das, was sich bei uns Humanmedizinern so tut. Also zurück zum lieben Vieh. Prinzipiell liebe ich Vieh, außer in meiner Ordination. Dort gehört es einfach nicht hin. Und da kommt auch keines rein. Bis heute.

Denn heute kam Frau B. Sie „gehört" eigentlich einem Kollegen, nur der Ärmste ist im Krankenstand. Frau B. präsentiert sich mit Leine und daran hängendem Köter. Klein, wuschelig und massiv adipös (beide). Meine Ordinationshilfe ersucht die Dame höflich, den Hund vor der Türe warten zu lassen. Nein, tut sie nicht. Will sie nicht. Eine Diskussion entwickelt sich und der Geräuschpegel steigt. Nach fünf Minuten halte ich das Geplärre nicht mehr aus und schieße aus meinem Sprechzimmer. „Was ist los, wo kann ich helfen?" Beate, beste Ordinationshilfe von allen und Frau B. kläffen einander an, der Köter ist der einzig Ruhige. Ich ersuche die Dame höflich, das liebe Vieh bitte draußen im Gang zu lassen, da es aufgrund der Hygienevorschriften strengstens untersagt sei, Tiere in die Ordination mitzubringen. Außerdem habe ich Tierhaar-allergische Patienten und möchte nicht geklagt werden, nur weil mir einer von ihnen am Asthmaanfall erstickt. Die Lady denkt aber gar nicht daran, ihren Liebling aus der Ordination zu entfernen. Sie brüllt mich an: „Also erstens ist das hier nicht die Ordination, sondern der Warteraum!" Ich erwidere: „Genau genommen ist das der Vorraum und der gehört sehr wohl zur Ordination." Ich habe ja nichts gegen Ihren süßen Hund, es geht nur nicht." „Bei meinem Doktor P. darf er immer mit hinein, ich komme ja nur, weil ihr die Vertretung seid. Ich will meine Rezepte. Ich komme eh nie wieder, weil auf solche wie Sie bin ich nix neugierig und kann ich gern verzichten!" Da frag ich mich doch, warum sie nicht noch etwas länger verzichten konnte?

Natürlich haben wir ihre Rezepte geschrieben und waren

weiterhin sch…ön freundlich. Ich bekomme bei so was dann immer Herzrhythmusstörungen. Denn irgendwo will die Wut hin und heraus darf sie nicht. Eigentlich hätte ich den Drachen mit samt seinem Flohbeutel gerne vor die Tür gesetzt. Inklusive der Versicherung, dass, wenn sie schon auf mich verzichten kann, ich erst recht auf sie verzichten kann. Und überhaupt, dass ich mich nicht anbrüllen lassen will, dass in meiner Ordination meine Regeln gelten und dass, wer das nicht akzeptieren will, sich höflich bitte die Schuhe aufblasen oder ein Loch ins Knie bohren kann, oder ähnlich sinnvollen Tätigkeiten nachgehen. Auch mir den Buckl runterzurutschen steht zur Wahl oder in schlimmen Fällen siehe Götz von Berlichingen. Natürlich kann man all dies nicht zum verbalen Ausdruck bringen, schließlich will man ja nett sein. Aber ich sehe absolut nicht mehr ein, warum wir uns beschimpfen lassen sollen, weil sich irgendeiner einbildet, hier sei der Selbstbedienungsladen für all seine Wünsche. Und ich verstehe durchaus, dass man Wünsche, Beschwerden, Extrawürste möchten kann und auch danach fragt. Aber gleich auszucken, wenn es doch nicht geht? Immer wird den Jugendlichen von heute vorgeworfen, sie hätten kein Benehmen und keine Frustrationstoleranz. Dabei sind meine Kids und Jugendlichen großteils echt höflich. Zumindest wenn ich drohe, ihnen das Handy oder den MP3-Player wegzunehmen und einzustampfen, wenn sie mir nicht sofort ihre volle Aufmerksamkeit schenken würden. Nein, angepöbelt werde ich immer nur von denen, die ihre Großeltern sein könnten. Von jenen, die über alle anderen schimpfen und sich für so gut halten. Na ja, jetzt hat Frau B. den Besuch bei der bösen Doktorin überlebt und bestimmt geht sie jetzt mit ihrem Zeckenteppich ins benachbarte Kaffeehaus. Dort schieben sie sich dann zwei Sahnetörtchen rein, weil die Welt ja so schlecht ist. Ich werde meinen Viehdoktor mal fragen, was er mit seinen Stoffwechselpatienten macht.

Auch der Doktor muss zum Doktor

Auch als Arzt oder Ärztin kann man nicht alles selber machen, manchmal muss also auch der Doktor zum Doktor. So beschloss auch ich, nachdem ich bei aller Konzentration und Versenkung in mein Innerstes kein Bild von meiner Magenschleimhaut erhalten hatte, dass es Zeit für einen Besuch beim liebsten und besten aller Gastroenterologen war.

Ein Dienstag wurde dafür auserkoren, da ich da ja erst zu Mittag mit der Ordination beginne. „Bist du sicher, dass du danach arbeiten willst?", haben mich alle Gastroskopie-Erfahrenen gefragt. Klar doch, wir bestellen einfach nur ganz wenige Leute in die Praxis, dann wird es schon gehen. Und zur Untersuchung lasse ich mir nur einen Hauch Propofol geben und verzichte freiwillig auf meinen Schuss Dormicum. Damit verzichte ich auch aufs ganz große Glücklichsein. Das Zeug hat bei mir nämlich eine umwerfende, weltverändernde und überhaupt universumserschütternde Wirkung. Die wahrhaft glücklichsten Tage meines Lebens hab ich bei Endoskopien verbracht. Ist irgendwie unheimlich, nicht? Jedenfalls wollte ich meine Patienten weder anlallen noch sie alle umarmen noch ihnen strahlend meine Liebe erklären und habe auf die Glücksspritze verzichtet. Propofol, habe ich herausgefunden, macht mich auch gaga. Allerdings ohne Glückseligkeitseffekt.

Sollte es ein nächstes Mal geben, werde ich das Dormicum nehmen und auf das Arbeiten verzichten, das schwöre ich. Ein bisschen müde, geistig etwas verlangsamt und mich unheimlich tapfer fühlend, betrat ich zu Mittag die Ordination. Es war noch nicht einmal offizielle Ordinationszeit und der Vorraum war voll. Die Hälfte mit Patienten, der Rest mit den Teilen der Eingangstüre. Die Schnalle war kaputt geworden, der Schlüsseldienst war dagewesen, hatte das Schloss auseinandergenommen und dann noch gleich die ganze Tür. Und: Der Schlüsseldienst war jetzt nicht mehr da. Ursprünglich wollten die sogar das Schloss nur ausbauen und in den nächsten Tagen wiederkommen, wurde mir berichtet, aber dann haben sie doch eingesehen, dass man eine Ordination nicht über Nacht ohne Eingangstür sein lassen kann. Hä? Es lebe das Denkvermögen! Wer hat da noch das Narkotikum gekriegt?

Jedenfalls kam der Schlüsseldienst irgendwann wieder, um mit

Bohren, Hämmern und Klopfen meinen Arbeitsalltag abwechslungsreicher zu gestalten. Ich saß an meinem Schreibtisch und nahm mir vor, ganz besonders ruhig und lieb zu meinen Patienten zu sein, nicht zu schnell zu arbeiten und es schön langsam angehen zu lassen. Der langen Rede kurzer Sinn: Es wurde der bisher patientenreichste Dienstag in meinem gesamten Ordinationsleben. Irgendeine kosmisch-karmische Verknotung der fünften Art muss sie alle zusammengeführt haben. Als hätten sie darauf gewartet, dass ich mich schwächelnd an meinen Schreibtisch klammere. Angelockt wie ein Rudel Schakale oder Haie vom Blut ihres Opfers. Jedenfalls haben normalerweise circa 90 Prozent unserer Patienten einen Termin und nur ein verschwindend kleiner Teil steht einfach so in der Tür. Heute war es umgekehrt. Und wir hatten stundenlang nicht mal eine Tür, die wir ihnen vor der Nase zuschlagen hätten können! Vielleicht hätte ich sie mit etwas Dormicum leichter und lieber behandelt? „Herr K., Sie stinken so, dass sich mein Magen freiwillig nach außen stülpt, wenn ich sie im Nebenzimmer rieche, vielleicht nehme ich sie nächstes Mal zur Gastro mit? Erleichtert möglicherweise das Biopsieren. Das Leben ist schön!“ Es wäre doch toll gewesen, wirklich positiv denken zu können, oder einfach gar nicht zu denken. Na ja, aber ich war, glaube ich, trotzdem sehr lieb und nett bei all dem, was mir heute so geboten wurde. Die Patienten waren furchtbar wichtig, extrem dringlich, entsetzlich arm und von der Zumutung, einer Arbeit nachzugehen, darniedergedrückt. Highlights an Dringlichkeit waren sicher akut notwendige Befundbesprechungen: ein Knieröntgen von vor acht Monaten und ein Herzultraschall vom Monat darauf. Auch hyperakute Impfberatung für einen Urlaub in Südostasien in einem halben Jahr musste natürlich sein. Und obwohl Beate jeden bat, sich kurzzufassen, war heute Lebensgeschichteerzählen dran. Warum will mir jeder seine Biografie erzählen? Leute, geht doch in den Eigenverlag! Ich höre ja wirklich gerne zu und interessiere mich für meine Patienten und ihre Geschichten. Aber wenn diese schon anfängt mit: „Also, begonnen hat es 1963 im Frühsommer, nein vielleicht doch im September. Nein, warten Sie, es könnte auch 1964 …“ Was zu viel ist, ist zu viel! Aber was ich wirklich toll fand, waren meine Terminpatienten. Die Ärmsten mussten erstens unüblich lange warten und zweitens teilweise sogar dabei stehen. Ab 30 bis 40 Minuten Wartezeit entschuldige ich mich beim Patienten für die Unannehmlichkeiten, aber alle waren verständnisvoll. Einer hat sogar gesagt: „Wissen Sie, bei Ihnen ist es trotzdem noch besser als dort, wo ich sonst schon war. Eine Dreiviertelstunde ist echt okay, dafür haben Sie dann ja auch Zeit für mich." Ich war richtig gerührt. Das war nämlich kein Pensionist, sondern ein Typ, der einen Dreizehn-Stunden-Arbeitstag hat. Ich habe meine Patienten ja doch lieb. Auch ohne einen Schuss Dormicum.

Die ich rief, die Geister ...

Klingt es nicht schön, wenn man hört, dass alles sofort, auf der Stelle und schnellstens erledigt werden kann? Ein wahrer Traum, wenn man irgendetwas von einer Behörde braucht, oder im Postamt Schlange steht. Dann würde man so manchem Beamten gern ein Pfeffersuppositorium verabreichen, einfach damit sich irgendetwas bewegt. Der Geist von „schnellstens", „sofort" und „auf der Stelle" hat sich in diese heiligen Hallen definitiv noch nicht herabgelassen. Paradiesische Zustände oder doch die Hölle?, stellt sich da die Frage. Auf jeden Fall mindestens Dantes Inferno, wenn man Kunde oder Bittsteller ist, jedoch selbst aus der schnellen Welt kommt. In welcher alles um so vieles rascher erledigt werden kann und muss. In dieser Welt haben wir doch um so viel mehr Freizeit, sind um ein Vielfaches erholter und relaxter und überhaupt glückliche und entspannte Menschen. Oder habe ich da etwas falsch verstanden?

Ich will ja nicht behaupten, dass ich mich in eine Zeit wünschte, in der mir ein berittener Bote alle sechs Wochen einen Brief zustellt. (Wobei unsere Postler zwar mit dem Rad fahren, aber zwischendurch kann es auch ein wenig länger dauern, wenn sie wieder mal wichtige Korrespondenz verlegt haben oder falsch eingeordnet.) Jedenfalls sind die Zeiten der Postkutsche und sehnsüchtigen Erwartung endgültig vorbei. Heutzutage werden E-Mails verschickt, schon inklusive ihrer eigenen Lesebestätigung. Und wenn diese nicht in Windeseile am Schirm des Absenders eintrifft, entsteht Unruhe. Ein zweites Mail geht ein, und wenn sich die Antwort ein wenig verzögert, folgen umgehend ein SMS oder ein Anruf. Sofort will die Korrespondenz erledigt sein und wo früher einmal am Tag die Briefe aus dem Postkasten geholt wurden, macht jetzt der elektronische Postempfang 24 Stunden am Tag „Ping – Sie haben eine neue Nachricht". Schriftverkehr ist also zu einem 24 Stunden-Job geworden. Schnell und unbürokratisch geht alles sofort. Und deshalb lehnen wir uns dann ganz zufrieden und entspannt zurück? Ups! Falsche Annahme! Ganz im Gegenteil. Weil es ja so schnell geht, kann man gleich die nächste Aufgabe erledigen und die übernächste und wenn man ein ganz Hurtiger ist, noch eine dritte. Viel Zeit gespart, um noch mehr arbeiten zu dürfen. Das haben wir echt gut hingekriegt.

Das gute alte Telefon mit oder ohne Sekretärin oder Anrufbeantworter ist ein Auslaufmodel. Ein Handy macht uns allgegenwärtig, je nach Netzbetreiber zumindest in Großteilen des Landes. Schön, dass wir sogar auf unserer Hochzeit oder in der Christmette den vertrauten Klingelton hören können. Ich warte ja darauf, dass ich es bei irgendeiner Beerdigung noch aus dem Sarg läuten höre. Und man hebt sein Handy sofort ab, außer eventuell beim Sex. Da gibt es dann die Mailbox-Nachricht statt des Nachspiels. Gut, dass wir immer erreichbar sind und auch damit viel Zeit gespart haben. Die viele gesparte Zeit verwenden wir übrigens dafür, dass wir versuchen, unsere sich ständig ändernde Computersoftware sinnvoll anzuwenden oder das neue Smartphone ohne die Hilfe unserer Kinder richtig zu bedienen. Es kann einen Menschen ganz schön hernehmen, bis man so weit ist, dass man zumindest glaubt, die Funktionsweise durchschaut zu haben. Dafür gibt es dann haufenweise Apps, die alles ganz automatisch und viel einfacher und schneller machen, Straßenkarten, Wetter, Kochrezepte und Nachrichten. Wenn man will, kann man das Ding auch für sich lachen oder furzen lassen. Na bitte, schon wieder Zeit gespart!

Deshalb versuchen wir auch in unseren Praxen immer schneller zu werden. Am besten Patientenbehandlung in Echtzeit schon ab dem ersten Symptombeginn. Mit einem Schnupfen übers Wochenende warten und Teetrinken, ohne gleich in die Notaufnahme zu fahren, war gestern. Schon morgen werden wir nicht einmal mehr einen Anruf oder ein Mail mit dem Ersuchen um Termin erhalten. Wir werden alle mit unseren Patienten vernetzt sein. Und sobald der patienteneigene zustandsüberwachende Monitor ein Unwohlsein registriert, wird beim Hausarzt ein Alarm ausgelöst und der gute Doktor wird aktiviert. Am besten, man lagert uns Ärzte dann gleich in so einer Art Stasiskammer, aus der wir sofort und immer gleich in Aktion versetzt werden und reagieren können. Unser Service am Patienten wird 24 Stunden am Tag rasch, auf der Stelle und ohne Zeitverzögerung sein. Ein paradiesischer Zustand, oder vielleicht doch eher mein ganz persönliches Inferno?

Sterben verboten

Früher hatten Sterbenskranke die Angst, versehentlich lebendig begraben zu werden. Heutzutage plagt sie eher die Sorge, immer wieder ins Leben zurückgeholt zu werden. Denn Sterben ist eindeutig out. Dass es immer noch passiert, ein Affront – zu verdrängen in unserer Gesellschaft und zu verhindern in unserer ärztlichen Kunst. Wir flüstern nur über den Tod, finden es plötzlich und unerwartet, wenn Oma mit fünfundneunzig aus dem Leben scheidet und in manchen Ländern balsamiert der Bestatter die Leichen so schön ein, dass man sie auf jeder Geburtstagsparty als gern gesehene Gäste präsentieren könnte. Und trotzdem: Gestorben wird immer noch.

Aber wir sind ja auf dem besten Weg, das zu ändern. Und wer weiß, vielleicht zittern in ein paar Jahren nicht mehr wir Menschen vor dem Sensenmann, sondern er vor uns? Der hockt dann einsam und verlassen an einer Weggabelung, lauert vergeblich und bibbert in seinem viel zu großen Umhang vor sich hin. Damit das wahr werden kann, ist allerdings noch viel Arbeit zu leisten. Erst mal gehören alle Menschen gründlich medizinisch durchuntersucht. Dem Achtzigjährigen dann ordentlich die Leviten gelesen, weil sein Herzrisikoscore ein „sehr hoch" ergibt. Nach der Levitenlesung empfängt er dann eine klorollenlange Vorschreibung von Blutdruckmedikamenten, Zuckerpillen und – ganz wichtig: Blutfettsenkern. Nur Gesundes soll durch seine Adern fließen und ihn am besten schon zu Lebzeiten gut konservieren.

Wir bilden hoch motivierte Rettungskräfte aus, die wir auf jeden Fall zur Reanimation herbeizitieren und die sich in ihrem heroischen Tun auch nicht von ein paar Leichenflecken oder ein bisschen Gestank abhalten lassen. Sterben verboten, Todsein geht schon überhaupt nicht!

Das neue Dogma heißt: Es muss gelebt werden und Leben ist immer lebenswert! Nun war und ist es sehr problematisch und auch unethisch darüber zu entscheiden, ob Leben lebenswert ist oder nicht. Und glücklicherweise muss in unseren Breiten niemand mehr fürchten, dass seine Existenz nicht lebenswert oder erwünscht wäre. Aber ist das Problem damit schon gelöst? Wenn keiner mehr beschließt: „Du darfst nicht leben"? Ist deswegen der

Imperativ: „Du musst leben und zwar auf alle Fälle und egal, was du selber davon hältst" schon die Lösung?

Ich empfinde es als hochmütig und anmaßend, wenn gesunde, mitten im Leben stehende Menschen befinden, dass Leben immer gelebt werden muss. Natürlich können wir nicht einfach umgehen und jeden meucheln, der gerade einen schlechten Tag hat. Aber was ist mit denen, bei denen alle Möglichkeiten der Therapien ihrer seelischen und körperlichen Schmerzen ausgeschöpft sind? Oder mit denen, deren Krankheit keine Hoffnung lässt? Wenn sie sich nicht mehr helfen können, nicht mehr sprechen, nicht mehr atmen oder sich bewegen, welches Angebot haben wir Ärzte an sie? Nur die Aussage, dass sie ihr lebenswertes Leben gefälligst bis zum Ende durchhalten sollen? Und natürlich tun wir alles in unserer Macht stehende, um es ihnen so leicht wie möglich zu machen. Denn wer bin ich bzw. wer sind wir als Ärzte, dass wir entscheiden, dass ein Mensch weiterleben muss, auch wenn er das gar nicht will? Mir persönlich kommt das oft jämmerlich vor. Und falsch. Aber ethisch ist es so korrekt? Auf der anderen Seite frage ich mich oft, was es aus den Ärzten macht, dem Wunsch zu sterben nachzuhelfen. Macht es sie zu Mördern oder zu Heiligen, und was tut es mit ihren Seelen?

Ein kleiner Teil derer, die sterben wollen, kann sich selber helfen, nämlich die, deren Körper intakt sind und deren Psyche leidet. Wenn wir sie trotz aller Medikamente und Therapien zum dritten Mal von der Autobahnbrücke geholt haben, ihnen die Pulsadern wieder zugenäht und ihnen den Magen wiederholt gespült haben, sollten wir sie vielleicht doch gehen lassen? Wenn man gut katholisch ist, dann weiß man, dass Selbstmord eine Sünde ist. Wenn man sich länger damit beschäftigt, dämmert einem, dass Gott vielleicht Verständnis hat für eine gequälte Seele. Möglicherweise ist er/sie nicht so kleinlich und verzeiht? Gott schon, aber unsere Gesellschaft nicht, und schon gar nicht wir Ärzte. Ich glaube einfach, wir halten es nicht aus, wenn ein Mensch trotz unserer Hilfe, unserer Weisheit, unserer chemischen und pharmazeutischen Segnungen in seiner Hölle gefangen bleibt. Es zeigt uns nämlich, was wir nicht sind: Götter in Weiß.

Was wir unseren Patienten so zumuten

Folgsam sei der Patient, dankbar und bald gesund! Ist es nicht so, dass wir ihn uns so wünschen? Und oft sind wir dann unzufrieden, ja sogar ungehalten, wenn die Patienten diesem Anspruch nicht genügen. Dabei ist es ja gar nicht so schwer, oder?

Jedenfalls habe ich vor cirka vierzehn Tagen mit dem heroischen Selbstversuch Patient zu sein begonnen. Anfangs hatte ich bloß eine Bronchitis. Diese versuchte ich einfach wegzuignorieren. Das hat nicht besonders gut funktioniert und letzten Dienstag ging ich zum ersten Mal in meinem Praxisarbeitsleben krankheitshalber nicht arbeiten. Ich hatte Glück und fand eine Vertretung. Lieb, aber unerfahren, und an den Ansturm, der in einer Kassenpraxis so herrschen kann, nicht gewöhnt. Das war mir egal. Mir war nur zum Sterben. Meinetwegen hätte man meine Praxis auch davontragen oder dauerhaft schließen oder verkaufen können. Alles total egal. Nach Rücksprache mit meiner Lieblingskollegin und Freundin begann ich mich zu therapieren. Amoxicillin mit Clavulansäure, Fiebersenker, Hustenlöser, Hustenstopper, Nasenspray, Lovenox für alle Fälle und dann noch diverse probiotische Produkte gegen die Kollateralschäden der verordneten Pillen. Ach ja, und unbedingt noch einen Magenschutz. Auf meinem Küchentisch stand ein echter Medikamentenberg, der jeden geriatrischen Patienten vor Neid erblassen hätte lassen.

Zuerst versuchte ich zu überlegen, was man dabei weglassen könnte. Denn wir wissen ja, dass die Compliance ab drei Medikamenten in unerwünschte Tiefen abfällt. Aber wie bei den alten Leutchen, denen nie einer ein Medikament wegnimmt, sondern die immer nur noch ein rotes oder blaues Tabletterl dazubekommen, fiel mir auch für mich keine brauchbare Lösung zur Giftreduktion ein. Da meine Compliance sowieso unter jeder Kritik ist und alles über Azithromycin (1 x 1 für 3 Tage) mich mathematisch überfordert, begann ich mir einen Therapieplan zu schreiben: Früh – Mittag – Abend – Nacht. Wie im Altersheim. Fehlte nur noch, dass ich die Dinger ins Schachterl eingeordnet hätte.

Ich war folgsam. Ich habe das ganze Zeug genommen. Und ich bin im Bett geblieben. Am Dienstag war mir noch alles gleichgültig und ich wollte einfach nur nicht existieren. Am Mittwoch konnte ich noch immer nicht ohne Knieschlottern alleine aufs Klo gehen, hing aber schon den ganzen Vormittag am Handy, um Ordihilfe und Vertretung zu unterstützen (oder ihnen den letzten Nerv zu rauben?). Als zu Mittag noch nicht Schluss war, wollte ich schon hinübergehen und mithelfen. So viel zur verordneten Bettruhe. Die Ordihilfe erklärte mir allerdings einfach, sie würde mich nicht zur Tür hereinlassen. Also blieb ich im Bett und teletherapierte. Am Donnerstag schlurfte ich für zwei klitzekleine Stunden in die Ordi, bis mich die Patienten wieder nach Hause schickten. Aber immerhin. So viel brav Ruhe gegeben hatte ich vorher noch nie. Meine Medikamente nahm ich mit Pünktlichkeit. Vom Kombipenicillin bekam ich alle üblichen Kollateralschäden. Mein Lieblingszimmer wurde das Klo. Mein Mann drohte schon, selbst aufs Katzenkisterl zu gehen, wenn ich nicht wenigstens zwischendurch mal herauskäme. Der Kater mochte mich nicht, weil ich erstens komische bellende Laute von mir gab und zweitens offensichtlich seltsam roch. Immer wieder schnupperte sein kleines, nasses Näschen an mir und dann fing er an zu schreien und flüchtete mit großen, schreckgeweiteten Augen. Dafür konnte ich selbst gar nichts mehr riechen. Mein ansonsten übersensibles Parfumeursnäschen war tot. Ich fühlte mich irgendwie blind und taub auf einmal und überlegte, ob das nicht die ideale Gelegenheit wäre, die gesammelten Stinker zur Durchuntersuchung in die Praxis einzubestellen. Um der Sache noch etwas Positives abzugewinnen.

Hatte ich vor zwei Monaten in einem Anfall von Erschöpfung noch verlautbart, dass Essen und Trinken irgendwie so das Einzige wäre, das mich glücklich machen würde, so war es damit auch vorbei. Außer Schokolade und Zitronenjoghurt konnte ich nichts wahrnehmen. Jedes Getränk schmeckte nach Yak-Pisse (Woher ich das weiß? Keine Ahnung, aber ich bin sicher, dass sie so schmecken muss!) und jedes Essen nach Mörtel oder Katzenklumpstreu. Nur in Scotopect Hustensaft habe ich mich verliebt. Den könnte ich den ganzen Tag schlürfen. Meine Bauchdecke sieht aus wie ein blauer Punchingball vom Lovenox und meine Nasenschleimhaut ist durchlöchert vom Nasenspray. Trotzdem kriege ich noch keine Luft. Wenigstens versetzt mich das Codein in abendlichen Taumel, wenn es auch den Husten nicht wirklich stoppt. Folgsam bin ich (fast) gewesen. Zum Dankbarsein muss ich mich irgendwie noch besser motivieren und was das bald Gesundsein angeht, so bin ich auch eher ein Reinfall. Jetzt, Tage später, verbringe ich immer noch den größten Teil meiner wachen Freizeit am Örtchen, der Kater weigert sich immer noch mich zu kennen, mein Mann nennt mich Bello und droht, eine Hundehütte auf der Terrasse zu bauen und bei dem, was ich so heraufhuste, wünschte ich, mein Geschmacksinn wäre nicht wiedergekehrt. Jedenfalls hab ich mir geschworen, viel geduldiger mit meinen Patienten zu werden!

Pensionsreform

Ich liebe meinen Job. Wirklich. Ehrlich. Und von Herzen. Aber: Es gibt so Tage ... Wie heute zum Beispiel: Unmengen von Patienten, teilweise anspruchsvoll, schwierig und wichtig, sie mit ganzer Konzentration und Aufmerksamkeit zu behandeln. Trotz Kopfweh oder eigener Probleme. Und am Ende eines harten Tages erfolgen dann immer die Kontrolle der Tagesliste und auch der Blick auf die Tagesleistungen. (Heute hat mir schon meine Assistentin gesagt: „Pass auf, schau nicht, sonst musst du weinen!") Natürlich hab ich mich nicht daran gehalten und auf den Tagesumsatz geschielt. Geweint hab ich nicht, aber mir wäre danach zumute. Am Quartalsende gibt es halt einfach kaum mehr Kohle. Punkt. Wissen wir eh alle. Tut trotzdem manchmal weh, wenn man sich nach Belohnung für seine Arbeit sehnt. Und dann wird es zäh. Wenn der eigene Input und das, was man dafür herauskriegt, so gar nicht zusammenpassen wollen. Da vergeht sogar mir manchmal die Liebe zu meinem Job und ich überlege mir dann, wie schön es wäre, in Pension zu gehen. Ein Gedanke, der in meinem Alter nach der derzeitigen und vor allen zukünftigen Pensionsreformen geradezu lächerlich ist.

Ich weiß schon, dass ich aus heutiger Sicht bis siebzig arbeiten muss. Siebzig ist gerade meine Mama geworden. Sie ist eine tolle Frau, voller Unternehmungsgeist und mit vielen Freundinnen und viel sozialem Engagement. Aber bei dem Gedanken, noch im Labor zu stehen, tippt sie sich auch ans Hirn. Weil sie einen hektischen Acht- oder Zehn-Stunden-Tag nicht mehr so gut durchstehen würde, ganz gern ihr Mittagsschläferl hält, nicht mehr so toll hört, wenn alle durcheinanderreden und überhaupt nicht mehr so viel Toleranz für Stress entwickeln kann. Und das, obwohl sie eine gesunde und vitale Siebzigerin ist. Da sehen wir ganz andere in unseren Praxen! Ich kann mir beim besten Willen nicht vorstellen, dass ich mit siebzig (oder vielleicht sind es dann schon fünfundsiebzig?) noch so viel Lust aufs Arbeiten haben werde. Ich kann mir gut vorstellen, bis ins hohe Alter tätig zu sein, aber nur Teilzeit und nicht jeden Tag in der Woche, und natürlich mit verminderter Patientenfrequenz. Aber so der ganz normale Wahnsinn einer gutgehenden Kassenordination mit anschließenden Hausbesuchen in unserem wunderschönen Jugendstilbezirk (lauter beeindrucken-de Häuser mit mindestens vier oder fünf Stockwerken und ohne Lift, und die Kranken liegen immer in den obersten Wohnungen), das kann ich mir beim besten Willen nicht vorstellen. Ich glaube nicht, dass meine Konzentration noch reicht, um Fehler möglichst zu vermeiden, die Kondition fürs Stiegensteigen in der Grippezeit und die Sehschärfe, um alle möglichen Hautveränderungen richtig zu deuten. Ich hoffe, dass dann mein Herz den Stress noch aushält. Aber wenn nicht, kann man mich wenigstens gleich direkt aus der Praxis ins Leichenschauhaus tragen. Damit wäre dem Staat sicher am meisten gedient.

Heuer hat man beschlossen, dass es keine jungen Invaliden mehr zu geben hat, die die Pensionsstatistik belasten. Ich habe zum Beispiel eine Krankenpflegerin, die nimmt fünf Schmerzmittel, vier Neuroleptika und drei Antidepressiva und wird ganz sicher nie mehr in irgendeinen Job zurückkehren. Ich bin ja schon froh, wenn sie von der Ordination nach Hause findet. Ist dem Staat wirklich so viel gedient, wenn ihre Akte am Arbeitsamt gam-meln wird, statt in der Pensionsabteilung? Sie und die paar tau-send anderen, die zu schwach, zu krank und zu fertig zum Leben sind, sollen jetzt am Arbeitsmarkt bleiben. Dafür gehen nach wie vor Zehntausende im Alter +/-sechzig in Pension. Und nicht nur Schichtarbeiter, Maurer und Lokomotivführer. Letztens habe ich nach meiner Lieblingsverkäuferin in einer kleinen Boutique ge-fragt. Es hieß, sie wäre jetzt in Pension gegangen. Immerhin war sie ja auch schon 58. Sie hat ein Haus in Griechenland gekauft (gut, den Griechen gönne ich das Geld, die können es brauchen). Aber eigentlich finde ich das nicht okay. So wie sie werden in den nächsten Jahren noch viele die Flucht in die Pension antreten (was ich auch gut verstehen kann). Aber dass die einen heute gesund, munter und voll leistungsfähig pensioniert werden und dafür in zwanzig Jahren das Pensionssystem völlig kippt, kann doch auch nicht wahr sein. In unserem schönen Beruf gibt es gute, engagierte und dabei betagte Ärzte und Ärztinnen. Aber doch nicht serien-mäßig. Ich möchte jedenfalls nicht einem tatternden, halb blin-den Chirurgen begegnen, der sich während der Operation ein paar Mal hinsetzen muss, weil ihn die Herzinsuffizienz so außer Atem bringt.

Gesundheit über alles

Gesundheit wünscht man, wenn einer niest. Früher sagte man „Helf Gott!" (Diesen scheinen wir jedoch heutzutage nicht mehr zu brauchen.) Gesundheit ist das Wichtigste im Leben. Alles dreht sich in unserer Welt darum. Sie ist das höchste Ziel in unserem Dasein. Und längst geht es nicht mehr darum, gesund zu sein, weil man ja schließlich arbeiten können möchte, weil Schmerzen etwas Unschönes sind oder weil man als gesunder Mensch mehr mit seinen Freunden unternehmen und besser für seine Familie da sein kann. Nein, es geht um Gesundheit als Selbstzweck. Sie steht strahlend auf dem Altar unseres Lebens und wird angebetet. Blöderweise reicht aber anbeten alleine leider nicht aus. Gesundheit ist auch ein fordernder und grausamer Götze. Es muss ihm ausgiebigst geopfert werden.

Selbst wenn man kein Leben nach dem Tode anstrebt, gäbe es doch ein paar diesseitige Ziele, die es durchaus wert wären ebenso hochgehalten zu werden und mit einem ebensolchen Engagement verfolgt zu sein. Zum Beispiel: Liebe, Freundschaft, Beziehungsfähigkeit, Weisheit, soziale Kompetenz et cetera et altera. Aber nichts da. Nichts ist so wichtig wie die Gesundheit.

Wie jeder Gott in der Geschichte der Menschheit hat die Gesundheit auch Heerscharen von Priestern und Predigern. Selbige beherrschen die Kunst, die Gesundheit für den Menschen in greifbare Nähe zu rücken. Aber im letzten Augenblick entzieht sich diese dann ja doch dem Zugriff der Leute. Hat man endlich seine Blutfette in einen gesunden Bereich gebracht, wird einfach die Norm weiter gesenkt, fühlt man sich wohl mit seinem BMI, wird der Körperfettgehalt verändert und ist man seine Blähungen unauffällig losgeworden, bekommt man einen Reizdarm zugesichert. Will man einfach vernünftige Mischkost essen, so kann das nicht gesund sein, denn dagegen stehen mögliche Intoleranzen, metabolische Unbalanciertheiten und molekulare Ungleichgewichte. Fühlt man sich wohl in seiner Faulheit, so rückt die Gesundheit wegen Unsportlichkeit in unerreichbare Ferne, sportelt man, bis die Endorphine überschäumen, gehen die Gelenke drauf und vielleicht trifft doch den einen oder anderen gerade deshalb der Schlag. Egal, wichtig ist nur, dass es den gesunden Menschen nicht gibt.

Gesunde Ernährung, Bewegung und Lebensweise dafür jedoch massenhaft. Und widersprüchlich und ständig neu erfunden und überarbeitet. Und natürlich auch für den nach Gesundheit lechzenden und strebenden Laien nicht wirklich verständlich. Es hat sich schon vor Jahrtausenden bewährt, dass der Tempel einen Vorhang hatte, damit die Gläubigen nicht wirklich mitbekamen, was dahinter passierte, oder dass der Priester mit dem Rücken zum Publikum irgendwelches lateinisches Gebrabbel von sich gab. Damit ist den Gläubigen ihre Stellung klar: Es sind die billigen Plätze für die Unwissenden und man muss drauf vertrauen, dass die Wissenden einen anleiten. Lesen Sie heute mal als Laie oder Nichtkliniker eine Studie oder versuchen Sie eine Analyse mathematisch nachzuvollziehen. Sie werden entweder die unendliche Weisheit der Verfasser bewundern müssen, oder genervt den ganzen Krempel hinhauen. Also bleibt alles schön geheimnisvoll und mystisch.

Wie aber erlangt man nun seine Gesundheit? Also zuerst ist einmal die Kohle wichtig. Gesundheit kostet. Nämlich teure Nahrungsergänzungsmittel, eine Mitgliedschaft im Fitnessstudio, einen Termin bei der Ernährungsberatung. Weiters geht Geld an die Hersteller von Hightech-Indoor- und Outdoorklamotten, denn man kann sich ja nicht in Tante Emmas altem Sweatshirt abstrampeln. Das alles kostet natürlich Geld. Die Gesundheit verlangt ihren Zehent. Doch manchmal fordert sie noch teurere Sportgeräte oder noch ausbalanciertere Diäten. Der Ablass hat schon immer gewirkt. Die Vorhölle erledigen wir beim Spinning und statt einem Taler gegen zehn Jahre Hölle tauschen wir 100 Euro und erwarten dafür ein zusätzliches Jahr für unser Leben. Versprochen wird's, aber wer weiß? Schließlich waren die Götter immer schon dafür bekannt, launisch zu sein.

Angebetet wird in Fitness- und Wellnesstempeln. In Ersteren kann man Mühen und Entbehrungen üben wie auf einer langen Pilgerreise. Und es riecht auch oft wie im Pilgerlager. Herumstehende Aufseher, Trainer genannt, beobachten einen mit vernichtendem Blick an den Geräten. Oder sie bewegen ganze Gruppen zu Anstrengungen, von denen die Einpeitscher auf einer römischen Galeere nur geträumt hätten. In Wellnesstempeln kann man sich mit heißen Steinen, eiskalten Güssen, schlammigen Umwicklungen und erstickenden Dampfkabinen seiner Gesundheit näherbringen lassen. Das Fegefeuer war dagegen ein Erholungsurlaub.

Aber wir sind sicher, dass uns das alles unserem Götzen

Gesundheit näherbringt. Und sollte es einen geben, der das Ziel dann erreicht, ich meine, einen, der wirklich ganz gesund ist, würde mich Folgendes brennend interessieren: Ist er auch glücklich? Genießt er das Leben in vollen Zügen, hat er Freunde, liebt er, ist er weise? Und mag er seinen Hund wirklich, oder nur, weil der ihn zwingt, zweimal täglich joggen zu gehen?

Lebenserwartung und Erwartungen ans Leben

Die Lebenserwartung steigt. Und steigt. Und steigt weiter. Irgendwann, fürchte ich, wird sie trotzdem an der Decke anschlagen und nicht mehr weiter können. Und dann kommen wir wieder zu dem höchst unangenehmen Schluss, dass unsere Mortalitätsrate immer noch 100 Prozent beträgt. Blöd gelaufen. So sehr wir uns auch anstrengen, alles für die Gesundheit und gegen alle möglichen Krankheiten zu unternehmen: Am Ende sind wir ja doch nur tot.

Und eine weitere Frage drängt sich auf, wenn man die Leute über ihr Dasein jammern hört und leiden sieht: Was haben wir von unserer erhöhten Lebenserwartung? Steigen damit auch Lebenszufriedenheit, Glück, Dankbarkeit? Doch eher nein. Denn nicht nur die Lebenserwartung ist heutzutage gestiegen, sondern auch die Erwartungen ans Leben sind ganz schön in die Höhe geschnellt. Und es gibt kaum ein Leben, das diesen Erwartungen noch gerecht werden kann. Überlegen wir mal: Erstens wollen wir alle gesund sein, und zwar möglichst immer und bis ins hohe Alter. Funktioniert schon mal nicht. Denn oftmals werden wir auch krank. Manchmal plagen uns harmlose, akute und trotzdem lästige Wehwechen, aber häufig zerstören schwere Leiden unsere Hoffnungen und Pläne. Und trotz aller Vorsorge und trotz aller Vorbeugung kann es uns treffen. Und zwar jeden von uns und zu jeder Zeit. Trotzdem wird dann nach der Schuld und nach Eigenverantwortung gesucht: „Eh klar, der Karli war ja viel zu dick. Kein Wunder, dass ihn der Schlag getroffen hat!" „Und der Toni hat immer so viel geraucht, natürlich hat er jetzt seinen Lungenkrebs, und erst die Heidi, die hat immer alles in sich hineingefressen. Jetzt hat sie halt ihren Dickdarmkrebs." Erklärungen und Schuldige werden gesucht. Wir brauchen das offensichtlich für das eigene Wohlbefinden, denn es gibt uns das Gefühl: „Mir kann das nicht passieren, denn ich lebe ja so gesund." Und es hilft als Erklärungsmodell. Ansonsten müssten wir uns eingestehen: Wir haben es nicht in der Hand. Wir können zwar alles tun, was in unserer Macht steht, aber diese ist reichlich begrenzt. Also können unsere Erwartungen an die Gesundheit recht schnell mal in Enttäuschung enden.

Außer Gesundheit erwarten wir uns natürlich Schönheit und Attraktivität. Und davon leben ganze Industriezweige. Deren wirtschaftliche Erwartungen werden allerdings meistens erfüllt und noch öfter übertroffen. Da der liebe Gott offensichtlich entweder gepfuscht hat oder kurzsichtig war – wie sonst könnte es in der Bibel heißen: Und Gott sah, dass es gut war – müssen wir unserer Schönheit ordentlich nachhelfen. Plastische Chirurgie für die, die es sich leisten können. Cremetigelchen, Farbschattierungen, Peelings und Lacke für die, die nur an der Oberfläche kratzen wollen. Was die Natur nicht gegeben hat, kann die Schönheitsindustrie wieder gut machen. Und für die von uns, die weder das Geld für die plastische Chirurgie noch für exquisite Produkte aus der Parfumerie haben, gibt es immer noch Photoshop. Oder entsprechende Gratisdownloads aus dem Internet.

Gesund und schön wie wir sind, erwarten wir uns Liebe und funktionierende Beziehungen. Jeder hat ein Recht darauf, und jeder Topf findet einen Deckel. (Blöd nur, dass es hier offenbar Leute gibt, deren hypothetische andere Hälfte ahnungslos durch die australische Steppe wandert.) Keine Partnerschaft zu leben bedeutet schnell einmal, dass man irgendwie ein seltsamer Kauz sei. Und natürlich gehört zum gefundenen Traumpartner auch das Vorzeigekind, oder noch besser zwei. Wenn's nicht klappt, dann drohen Sinnkrise und Verzweiflung. Schuldgefühle und Schuldzuweisungen von Seiten der Familie und Umwelt werden entweder hinter vorgehaltener Hand getuschelt, oder ganz offen über das vermehrungsunfähige- oder unwillige Paar gekübelt.

Und wenn wir attraktiv, schön, gesund, glücklich verliebt mit zwei blauäugigen, blond gelockten Engelchen in unserem trauten Einfamilienhaus leben, so erwarten wir auch, dass wir immer genug Geld aus unserem erfüllenden Job bekommen. Selbstbestimmt, interessant, voller Entwicklungsmöglichkeiten soll die Arbeit sein. Weit weg seien Monotonie, Plackerei oder Durchschnittlichkeit! Na ja, und egal wie hoch die Gehälter und wie toll der Job, wir wollen auch noch genug Urlaub und genügend Zeit für uns selbst und unsere Freunde. Also sind wir dann gesund, attraktiv und schön, glücklich verliebt mit zwei reizenden Kindern, beruflich erfolgreich und relaxt in unserem Urlaub. Und dann frage ich mich: Welches Leben ist auf Dauer diesen Erwartungen gewachsen?

Urlaub ist Erholung pur?

Wenn der Sommer vor der Tür steht, kommt mit ihm für die Allermeisten von uns der lange ersehnte Urlaub. Urlaub ist etwas Feines. Manchmal ist er der einzige Sinn der Arbeit, der Hauptgrund, warum wir uns so abrackern. Und Urlaub ist wichtig. Er fördert unsere Kreativität und macht uns nachher wieder produktiver. (Womit sich der Kreis zum Abrackern wieder schließt.) Außerdem ist Urlaub natürlich gesund. Besonders Letzteres ist furchtbar wichtig. Dass wir 49 Wochen im Jahr hinter dem Herzinfarkt herhasten, ist eine Sache, aber im Urlaub können wir ihm wenigstens drei Wochen lang davonlaufen. Weiters muss Urlaub einen Bildungsauftrag beinhalten, unser Bedürfnis nach Sozialkontakten befriedigen und wir müssen danach völlig entspannt sein. Für viele muss er dann sogar noch leistbar und kostengünstig sein. Uff. Wenn ich mir die Liste so ansehe, frage ich mich, ob ich Urlaub überhaupt will. Im Vergleich zu meinem sonstigen Arbeitsalltag erscheint er mir nämlich ziemlich anstrengend. Und an einem normalen Arbeitstag erreiche ich auch meine Ziele und erfülle meine eigenen Vorgaben. Beim Urlaub bin ich mir da aber nicht so sicher.

Ich würde mir heuer gerne wieder einmal einen Wellnessurlaub gönnen. Das macht mir Spaß und ich fühle mich nachher relaxt. Dabei werde ich mir allerdings zunehmend unsicherer, ob ich das wohl richtig mache. Als wir letztes Jahr in einem wunderschönen Schlosshotel in der Obersteiermark eincheckten, fühlte ich mich erstmals fehl am Platz an der Rezeption. Neben mir standen nämlich Mutter und Tochter, die auf ein Erholungskurzwochenende kamen. Powervoll und energiegeladen buchten die beiden jeweils zwei Massagen, eine Ganzkörperbehandlung mit irgendwelchen Ölen, Maniküre, Pediküre, einen Personal Trainer und irgendetwas Entschlackendes. Dazu Hauttreatments bei der Kosmetikerin und zwei Reitstunden. Ach ja, und die Mutter wollte auch noch golfen. Die Liste war so lang, dass ich dachte, die Rezeptionistin müsste Überstunden machen, um das alles zu organisieren. Als wir dann an der Reihe waren, bezogen wir nur lächelnd unsere Junior Suite und schlurften im Bademantel ins Spa, in welchem wir uns suhlten, schwitzten und schwammen, um irgendwann gemütlich zum Abendessen weiterzuschlurfen. Fazit: Mit den gleichen Hautunreinheiten wieder gefahren, mit denen wir gekommen waren, immer noch keine French Manicure, nicht entschlackt, nicht massiert, keinen Sport, dafür sicher einen Kilo schwerer und außerdem um 20 Prozent dümmer. (Wenn man den Studien glaubt, verblödet man im Urlaub durch Nichtstun und geistige Faulheit.)

Vorletztes Jahr waren wir in Italien – von Aosta bis Apulien. Wir sind fast 7.000 km mit dem Auto gefahren, haben unterwegs unerbittlich alle Sehenswürdigkeiten besichtigt, sämtliche lokale Delikatessen verkostet und den Wein dazu. Nachher waren wir verstaubt, verspannt und ob der Strapazen vier Kilo leichter, aber vollgesogen mit Eindrücken, Menschen, Sprache, Wein und Essen. Also waren wir wahrscheinlich nicht erholt genug.

Heuer geht es erst mal ab in die Stille, auf den Berg. Da fehlt bestimmt auch etwas. Schließlich sollte man im Urlaub auch seine Sozialkontakte pflegen. Was ist aber, wenn ich nicht die, sondern mich pflegen will?

Gerade war eine Patientin bei mir, die mir von ihrem letzten Besuch beim Psychiater erzählt hat. Die Gute ist derzeit psychisch etwas angeschlagen, fängt sich aber ganz gut. Sie arbeitet wieder, meistert unter der Woche alle beruflichen und sozialen Anforderungen, nur am Wochenende will sie niemanden sehen. Sie will niemanden einladen, nicht eingeladen werden und schon gar kein Event besuchen. Der Psychiater erklärte ihr: „Sie sind soziophob." Ich hab mir das angehört und ihr gesagt: „Dann sind wir schon zwei. Willkommen im Club." Sie war erleichtert, ich ein bisschen verunsichert. Bin ich soziophob? Ist es heutzutage schon krank, wenn man die Stille und Einsamkeit sucht? Es gab noch Zeiten und Kulturen, in denen es für die eigene Entwicklung wichtig war, dass man in die Wüste ging und in der Einöde nach sich, nach Gott oder seinen Dämonen suchte. Heute sollte man das tunlichst vermeiden, denn sonst findet man maximal ein Rezept für ein Antidepressivum. Heute geht man statt auf Sinnsuche auf Clubbings. Und wenn einem das tägliche Leben zu laut wird, übertönt man es am besten mit noch mehr Schall. Wenn man niemandem mehr etwas zu sagen hat, dann hält man nicht die Klappe, sondern betreibt Small Talk. (Je leerer ein Topf ist, desto lauter scheppert es übrigens, wenn man draufhaut.)

Heutzutage muss man wahrgenommen und beachtet werden. Wenn nicht, ist man so gut wie tot. Manchmal glaube ich, dass wir nur dann existieren, wenn uns das von außen zugesichert wird. Selbstverständlich müssen wir dafür überall dabei sein und möglichst laut schreien. Denn wenn wir nicht gehört und gesehen werden, sind wir ja nicht mehr.

Urlaubsvorbereitungen oder: Naturgesetze, auf die man sich verlassen kann

Kennen Sie den Spruch: „Wenn du glaubst, es geht nicht mehr, kommt von irgendwo ... her." Optimistische und positiv denkende Menschen pflegen die Leerzeichen mit dem Wort „Lichtlein" zu befüllen. Ach, wie bewundere ich diese Leute! Mein persönliches Credo diesbezüglich, gewachsen aus langjähriger Erfahrung und einer grummeligen Persönlichkeitsstruktur, geht jedenfalls so: „Wenn du glaubst, es geht nicht mehr, kommt irgendwo noch mehr Sch... her." Und darauf ist Verlass. Es gibt sie noch, die Gewissheiten im Leben.

Wie üblich bin ich auch heuer erst ab Mitte August auf Urlaub gewesen, wenn man von ein paar verlängerten Wochenenden zu Beginn des Sommers absieht. Das hat den Vorteil, dass ich mich nach dem Sommerurlaub schon bald auf Weihnachten freuen kann und den Nachteil, dass der Arbeitssommer davor lang wird. Lang und zäh. Außerdem natürlich ordentlich stressig, weil man ja vorarbeiten, vordenken und vororganisieren muss, damit es wohl allen in meiner Abwesenheit gut geht. Besonders wenn man so einen „die Erde dreht sich ohne mich vielleicht gar nicht"-Komplex hat wie meinereine. Ein wunderschöner und sauheißer Sommer hat das Arbeiten auch nicht unbedingt erleichtert. Jedenfalls wird mir in solchen Phasen immer wieder bewusst, wie gut meine Mitarbeiter sind. Besonders die regelmäßige, gründliche und verlässliche Arbeit einer Putzfrau, sowohl in der Ordination als auch daheim, macht für mich die erfolgreiche Gratwanderung zwischen Stress, aber bewältigbar und Wahnsinn, nicht mehr bewältigbar aus.

Deshalb kam es wie es kommen musste: Die Putzfrau hat gekündigt. Der Einzige, der sich darüber freut, ist der Kater, weil nun keine Fremde mehr mit Staubsauger und nassem Fetzen in sein Reich eindringt und die Idylle stört, die anheimelnd vertrauten Gerüche mit Essigreiniger oder Zitrusdüften durcheinanderbringt und die so wichtigen Kratzmarkierungen am Türstock auspoliert. Also werden wir wieder selbstreinigend. Vielleicht schickt mir der liebe Gott oder das Schicksal wieder so ein Wesen, das gegen Bezahlung meine Welt rettet. Bis dahin schrubbe ich das Patientenklo eben selbst.

Schön, dass mich wenigstens die mechanisch-elektronischen Hausgeister nicht verlassen haben so wie im Vorjahr, dachte ich. Im Vorjahr hatten wir nämlich unsere verspätete Hochzeitsreise geplant. Am letzten Arbeitstag vor dem Urlaub gab es einen riesig großen elektronischen Rülpser und Fax, Telefon und Internet haben sich verabschiedet. Bevor wir abflogen, war noch Zeit sich durch viele Callcenter zu betteln und zu flehen und auch noch eine Handvoll ratloser Techniker durch die Ordination zu führen. Es war zwecklos. Meine Mama war so lieb, das Herein- und Herausschleusen von Technikern und Experten nach unserem Abflug zu übernehmen. Und Mitte der zweiten Honeymoonwoche kam unter Palmen endlich der ersehnte Anruf, dass das Problem nun gefunden und seiner Behebung zugeführt worden war.

Heuer gab es nur einen kleinen Elektronikrülpser und der war schon drei Wochen vor dem Urlaub, dazu gesellte sich noch ein kleiner Notbesuch mit dem Kater in der Tierklinik und ein ebensolcher des Göttergatten im Krankenhaus. Meine Nerven wurden langsam dünner. (Leider nur die Nerven, der Rest von mir braucht in solchen Situationen Schokolade.) Irgendwie waren zum Urlaubsbeginn dann doch alle wieder gesund oder repariert und da ich in eine schöne, saubere Wohnung zurückkommen wollte, ging es noch mal ans Waschen der Vorhänge. Vorhang über Vorhang verließ blütenweiß und duftend die Trommel, ich schwebte durch den Abstellraum, vom Strand träumend, eine leise Melodie summend, die nackten Füße von sanften Wellen umspült. VON SANFTEN WELLEN UMSPÜLT? Unangenehm plötzlich erreichte die Realität meine Großhirnwindungen. „Sch..., es ist nicht der Strand oder der Pool, es ist mein Fliesenboden und die Sch...-Waschmaschine rinnt!" Also anrufen beim Kundendienst. Ein mäßig freundlicher Mensch erklärte mir, dass das Anfahrtshonorar 100 Euro betragen würde, die Untersuchung der Maschine dann mindestens 90, und wahrscheinlich würde die Diagnose „irreparabel" lauten. Was die Höhe des Honorars nicht verändern würde. Na, super. Wir Ärzte kriegen 3,50 Euro für den Weg zum Hausbesuch, dann circa 23 Euro fürs Untersuchen und die Diagnosestellung. Und Dinge wie: „Frau Maier, das ist irreparabel, Sie machen es nicht mehr lange", kann unsereins auch nicht gut sagen. Also war nichts mit dem Kundendienst, dafür ging es zum Elektroladen. Ein Stahl-Kunststoff-Elektronikmonster stand neben dem anderen und alle hatten Knöpfe und Displays, die mich eher an einen Airbus erinnerten als an ein Haushaltsgerät. Mithilfe einer lieben, aber ahnungslosen Verkäuferin und einer Betriebsanleitung, die zwar in 20 Sprachen übersetzt war, aber wesentliche Punkte unerklärt ließ, versuchte ich die Dinger zu verstehen. Nach einer Stunde kam ich zu dem Schluss, dass dies unmöglich war, es sei denn, man wäre hauptberuflich dafür ausgebildet, ein taktisches U-Boot zu steuern. Auf jeden Fall würde ich nach dem Urlaub weder Putzfrau noch Waschtrockner haben. Wieso sollte ich da eigentlich zurückkommen wollen?

Ein Stückchen vom Paradies

Gerade war ich dort, wo die Zeit ein bisschen langsamer vergeht und die Segnungen der Zivilisation ein bisschen nebensächlicher sind. Und ich will eigentlich gar nicht mehr zurück in meinen Alltag. Ich war in der Toskana. Und damit meine ich nicht Florenz, sondern das Land. Nicht mal das bekannte touristisch überflutete Land, sondern das dahinter oder daneben. Die absolute Pampa. Sanfte Hügel in weichen Gelb- oder Brauntönen, einzelne grüne Bäume, Weinstöcke knorrig und uralt wie aus einer anderen Zeit und Olivenbäume zerfurcht und verwachsen, die die Geschichten von Generationen von Bauern erzählen könnten. Über dem Ganzen eine glühende Sonne, die die Erde verbrennt und unsere mitteleuropäischen Häute gerbt. Die einzigen Kreaturen, die sich in der flirrenden Mittagshitze bewegen, sind Geckos, die eine oder andere gelangweilte Schlange und: Mitteleuropäer. In der Kühle der Nacht erhebt sich dann eine laute und unheimliche Stille. Kein Autolärm oder menschliche Stimmen, dafür Tausende von Zikaden, eigenartige Nachtvögel und wer weiß was noch für Kreaturen, in einem seltsamen Konzert.

Die Menschen dort wissen noch nicht, dass sie ewig leben sollten und das möglichst bei voller Gesundheit. Deshalb essen sie auch so Dinge wie Porchetta (Produkt vom Schwein, reich an gesättigten Fettsäuren, Cholesterin und Kalorien und dazu auch gut gesalzen und gewürzt) und spülen das Ganze mit zu viel Sangiovese hinunter. Und damit meine ich nicht unbedingt erlesenen Brunello, sondern das, was man so aus den Weinstöcken keltern kann, die schon seit Opas Zeiten hinterm Haus wachsen. Tanninreiche Tröpfchen unklarer Dignität, nennen wir's mal so. Und was die traditionelle toskanische Küche sonst noch zu bieten hat, um den hart arbeitenden Bauern zu ernähren (oder dem staunenden Mitteleuropäer zu einer Gallenkolik zu verhelfen), ist durchaus dazu angetan, einen ganzen Kardiologenkongress zu plötzlichem entsetzten Schweigen zu bringen.

Natürlich gehen die Uhren in Florenz anders. Nämlich schneller. Genau so schnell wie bei uns. Die Leute hasten dort auch in Businessoutfits durch die Gegend. Allerdings sind diese Outfits meistens wesentlich stylischer als in unseren Landen. Und die meisten gestressten Businesswesen in makellosen Anzügen oder

Röcken riechen besser als ihre hier heimischen Kollegen. High Heels oder Maßschuhe schlagen in schnellem Stakkato auf den Asphalt, die Schönheit der Stadt ist keinen Blick nach rechts oder links mehr wert und die Leute reden entweder mit sich selbst (Bluetooth) oder schreien in ihre Smartphones. So ein Stadtmensch in Schön, Schlank und Elegant wird wohl kaum einem Schinken zu nahe kommen. Stattdessen gibt es Salate ohne Dressing oder mit Dressing in öl-salz-gluten-und fettfrei. Aufgrund von Stress oder Ärger verschlucken die schönen modernen Menschen mehr Magensäureblocker, als ein einsamer Bauer in der Pampa jemals zur Neutralisation seines Hausweins bräuchte. Und als ob man noch nicht genug im Hamsterrad laufen würde: In der Mittagspause gibt es kein Tratscherl mit einem Freund unter dem kühlen Schatten einer Pinie. Stattdessen müht man sich beim Spinning im gut klimatisierten Fitnessstudio ab. Bewegung, Bewegung, Bewegung heißt die Devise. Ruhe ist Stagnation und Stillstand Rückschritt und überhaupt das Ende.

Draußen in der Pampa gibt es keine Fitnessstudios. Denn jeder, der in der glühenden Sonne seine Arbeit am Feld oder in den Weinbergen verrichtet, wäre zu müde dazu. Und in der Mittagspause sitzt man unter einem schattenspendenden Baum, isst und lacht miteinander. Vielleicht sogar über die Städter? Sicher aber über die Mitteleuropäer!

Es gibt keine Fitnessstudios und noch nicht allzu lange Zahnregulierungen und die sonnengegerbten Gesichter werfen Falten, die kein Botox dieser Welt jemals glätten könnte. Manche Leute sehen aus wie ihre alten Olivenbäume: knorrig, verwachsen und ein bisschen schief. Dafür sieht aber auch jeder anders aus. Nicht einheitlich, nicht genormt, irgendwie nicht vorschriftsmäßig. Ich sage jetzt nicht, dass harte Arbeit und ein einfaches Leben unbedingt glücklich machen müssen. Aber es kann. Und auch sehr zufrieden. Ich habe ein bisschen Angst davor, dass Mitteleuropa sich noch weiter und noch schneller ausbreitet und dass Kabelprogramme, Zeitdruck, Fitnessstudios, Plastikschrott aus Südostasien und Konsumwahn in dieses Leben dringen. Dass alle hübsch, glatt und mit genormten Zähnen in klimatisierten Büros sitzen. Und dass Stück für Stück dann auch noch die knorrigen Bäume verschwinden. Die, die sich ewig in steiniger, verbrannter Erde behauptet haben und die unendlich viele Geschichten erzählen können.

Von Ärzten und anderen Patienten

Ärzte sind die schlechtesten Patienten, sagt man. Und das hat etwas. Erstens wissen sie immer alles. Sollten sie doch einmal nicht alles wissen, hilft das zumindest mir als Behandler auch nicht besonders viel. Denn selbst wenn sie laienhafte Unwissenheit schwören, so bleibt mir doch immer ein bisschen Angst im Hinterkopf, dass sie ja doch nur bluffen und ich irgendwie beobachtet und beurteilt werde. Und zweitens haben die meisten Ärzte, die ich kenne, einen eigenartigen Zugang zur eigenen Gesundheit.

Da ist zuerst mal der Typus des Unverletzlichen und Unverwüstlichen. Der, der auch mit 40 Grad Fieber noch im Nachtdienst steht und glaubt, dass Kreislaufkollaps oder Herzmuskelentzündung nur etwas für Weicheier sind. (Oder der Kollege hat gar keinen allmächtigen Unabkömmlichkeitswahn, sondern nur das Pech, an einer personell unterbesetzten Abteilung zu hackeln.)

Dann gibt es da den „Do it yourself"-Doktor. Der, der aus Zeitnot, Misstrauen oder Furcht vor seinen Kollegen einfach alles selber behandelt. Egal, wie weit die eigene Krankheit von seiner beruflichen Spezialisierung entfernt ist. So doktert der Augenarzt an seinen Hämorrhoiden herum (obwohl: Ich habe das Gerücht gehört, dass Hämorrhoidensalbe gut gegen Tränensäcke sei?) oder der Zahnarzt werkelt an seinem eigenen Sprunggelenk. Noch schlimmer ist es, wenn das Leiden ins eigene Spezialgebiet fällt. Ich denke, viele Chirurgen würden eigentlich den Blinddarm lieber durchbrechen, als den Kollegen daran herumschnipseln lassen.

Dann wäre da noch der traumatisierte Kollege, der noch immer im Schrecken seiner 5.000 Seiten Pathologielektüre verhaftet ist. Damit kann auf zwei Arten umgegangen werden. Entweder man verdrängt vor lauter Angst alles, was es Grausliches gibt, geht selber garantiert nie zum Arzt und ergreift möglichst auch nicht die geringsten Maßnahmen zur Gesundheitsvorsorge. Oder man bleibt im Grunde seines Herzens schreckensstarr vor all den grässlichen Dingen, die dem menschlichen Körper so passieren können. Da man beim In-sich-Hineinhorchen nicht nur einzelne Symptome, sondern auch gleich Dutzende Krankheitsbilder hören kann, bleibt man stets ein bisschen besorgt und stirbt langsam vor sich hin.

Falls Sie, lieber Leser oder liebe Leserin, Mediziner oder Medizinerin sind, aber nicht zu irgendeinem der beschriebenen Kreise von Ärzten gehören und deshalb nicht erwähnt wurden, so möchte ich mich entschuldigen. Es könnte ja sein, dass Sie ein Typ sind, den ich noch gar nicht kenne. Oder noch viel besser: Dass Sie sich im Krankheitsfall wie ein ganz vernünftiger Mensch verhalten. (Zugegeben, davon kenne ich auch einige.) In beiden Fällen sind Sie herzlich willkommen in meiner Praxis. Umgekehrt kann ich Ihnen nur sagen: Mich wollen Sie bestimmt nicht. Auch wenn ich das jetzt nicht genauer ausführen möchte.

Ärzte als Patienten sind fast nicht zu toppen. Nur durch Tierärzte. Ich kenne zwei, die ich als Menschen und als Veterinäre bewundere und sehr mag. Letztens hab ich die tierische Kollegin einmal zum „Check up" in die Finger bekommen. Fazit: Nicht einmal mit der hinterletzten Ratte aus dem Tierheim würde sie so lieblos und sorglos umgehen wie mit sich selbst. Und als ich vorgestern mit unserem Maunzelwesen in der Tierklinik aufgekreuzt bin, hat sich mein Tierarzt total gefreut, mich zu sehen. Er hielt mir gleich einen blutenden Finger unter die Nase und meinte: „Ma, super, dass du da bist, könntest du mir das gleich zusammennähen?" Fand ich super, das Vertrauen. „Aber klar doch, mach ich gern." Meine chirurgische Zeit ist verdammt lang her, aber irgendwie ist das ja wie Fahrradfahren, man sollte glauben, dass man es nicht verlernt … „Lokalanästhesie?" „Egal, ich beiße die Zähne zusammen." Was er dann auch ganz tapfer tat. Wenigstens konnte ich mich durchsetzen, was das sterile Nahtmaterial und die Handschuhe betraf. „Ich brauche mehr Tupfer und ganz viel Betaisodona!" „Egal, das wird schon." „Du bist keine Katze, bei dir kann das hochgehen, und wenn du das Gelenk nicht mehr bewegen kannst, willst du dann den Leuten mit gestrecktem Mittelfinger entgegentreten?" „Hast recht, kommt nie gut", und hielt brav still. Nach getaner Arbeit konnte ich ihm gerade noch ein Pflaster aufnötigen, bevor er sich auf den nächsten Köter stürzte. Ruhigstellung? Trockenhalten? Schonung? Großes Gelächter. Ich sah mir das Ganze an und verschrieb ein Antibiotikum. Vielleicht hilft's ja und der Finger wird nicht gammlig. Immerhin wusste ich, dass ich ihn schon mal gegen Tetanus geimpft hatte. (Es steht in seinem Impfpass unter der Rubrik Katzenschnupfen/Katzenseuche. Humanimpfpass war keiner zu kriegen.) Heute am vierten Tag wollte er sich die Naht schon selber zupfen. „Hände weg, sonst leg ich dir so einen Trichter um, wie ihn die Köter und Maunzler kriegen, wenn sie nicht an ihren Nähten beißen sollen", drohte ich ihm am Telefon. Na ja, mir zuliebe lässt er die Nähte noch zwei Tage drin.

Nach unserem Gespräch kam ein beamteter Mitarbeiter einer Behörde zu mir in die Praxis. Er wollte wegen einer Schnittverletzung am Zeigefinger nach zehn Tagen seine Schiene noch behalten und weiteren Krankenstand beantragen. Wenn ich es mir recht überlege, ist mir da der Viehdoktor echt lieber.

Alles egal

Letztens beim Abendessen erzählte mir Kollegin S. folgende Geschichte: Sie hat festgestellt, dass im Mistkübel alles „Kraut und Rüben" durcheinanderliegt und der Assistentin gesagt, dass in der Praxis der Müll getrennt werden soll. Als Antwort kam ein: „Warum, das tun wir ja daheim auch nicht." Also versuchte sie es mit Vernunft: „Hey, schau mal, du bist jetzt gerade mal 23, du willst ja noch länger in einer schönen Welt leben. Außerdem wirst du Kinder haben, die in einer sauberen, gesunden Umwelt aufwachsen sollen!" Ein Blick sagte mehr als tausend Worte – die nonverbale Antwort vermittelte: „Egal!" Meine Freundin S. aber glaubt nach wie vor an eine schöne, gute Welt. Also fischte sie nach Ordinationsschluss die Joghurtbecher aus dem Papierkorb und die Flaschen aus dem Restmüll. Bis sie dann zufällig draufkam, dass die Putzfrau alles zusammen in den erstbesten Kübel kippt. S. versteht die Welt nicht mehr. Obwohl ich weiß, dass S. sehr idealistisch ist und sich mit über 50 Jahren immer noch über Ignoranz und Egoismus wundern kann, verstehe ich sie gut. Ich trage ja daheim fast nie den Müll hinunter, weil ich jedes Mal im Müllraum einen Anfall kriegen könnte. (Es macht mein Mann, wir kippen den Abfall nicht aus dem Fenster!) Unser Müllraum, geräumig, sauber und mit allen erdenklichen Kübeln bestückt, erzählt viele Geschichten von Ignoranz und Wurschtigkeit. Dabei leben wir in einer der besten Wohngegenden der Stadt. Wir beide sind die Ältesten im Haus. Alle anderen sind schon fast die nächste Generation: jung, kritisch, informiert und vernetzt. Und mit Kind oder Kinderwunsch. Aber offensichtlich ist eh alles egal. Ich freue mich schon auf die neue Generation, die im Geiste der Ignoranz und der Wurschtigkeit erzogen wird. Die Kids, die jetzt schon vor lauter Plastikspielzeug und Elektronikschrott Extraregale in ihren Kinderzimmern eingezogen bekommen. Werden sie als Erwachsene noch erleben können, dass das Gras grün und der Himmel blau ist?

Manchmal verstehe ich ja die allgemeine Wurschtigkeit. Immer dann, wenn ich so müde und erschöpft bin, dass Herz und Hirn kaum mehr Energiereserven haben. Kein Bock und kein Nerv, um weiter zu denken als bis zum eigenen Abendessen und

Heiabettchen. Oder die große „Es ist ja eh alles egal"-Ohnmacht überkommt mich, wenn ich sehe, was ich selber so an Müll produziere. Obwohl ich keine anonymen Postwurfsendungen bekomme, ist der Postkasten übervoll. Info, Werbung und Zeitschriften. Alles auf Hochglanzpapier gedruckt und in Plastik eingeschweißt. Dinge, die zumeist nie gelesen werden, und zwar getrennt aber doch zum Müll wandern. Mein Liebster, der die Lebensmitteleinkäufe für uns erledigt, achtet immer darauf, Bioprodukte zu erwerben. Auch wenn wir wissen, dass vieles dabei Betrug und Fake ist. Und er achtet darauf, möglichst wenig Verpackungsmaterial zu kaufen. Was mittlerweile unmöglich geworden ist. Dort, wo früher einmal eine zarte, dünne Plastikfolie herumgewickelt war, schützt jetzt eine dicke, steife Plastikhülle ein einsames Stück Schokokuchen. Kekse sind sowieso tabu, denn sie wohnen in Plastikschalen, Papierkartons und äußeren Plastikhüllen. Aber wenn wir nicht verhungern wollen, dann müssen wir trotzdem weiter einkaufen. Und für jedes bisschen Essen gibt es einen Sack voller Kunst- und Verbundstoffe, Metall, Sondermüll und Undefinierbares. Ich bin also ein Umweltschwein, mag ich wollen oder nicht. Und manchmal denke ich bei diesen Bergen, ob es nicht eh schon gleichgültig ist, wo ich sie hinküble.

Ein neues Problem für mein Gewissen ist das Thema Kleidung. Wir kaufen zwar beim Essen gerne lokal und regional, naturbelassen und ab Hof. Aber beim Gewand ist das ein No-Go. Ich bin nun mal nicht der Typ, der sich gern in einen Hanfsack kleidet. Noch vor ein paar Jahren habe ich mit meinem Patenkind gestritten, das sich seine Fetzen immer von Billiganbietern gekauft hat. Ich habe ihr etwas über Kinderarbeit in Indien und China erzählt, über Umweltverschmutzung, vergiftete Arbeiter und menschenunwürdige Bedingungen. Sie, die ansonsten so sozial ist, sagte mir damals: „Ist mir egal, ich kann es nicht ändern und ich habe das Geld für teure Fetzen nicht." Es hat mich damals tief getroffen, dass selbst jemand mit einem riesengroßen Herz, einem Uniabschluss und einem sozialen Gewissen so der Wurschtigkeit anheimgefallen war. Mittlerweile muss ich mich ganz beschämt in die gleiche Reihe stellen. Gerade habe ich mir zwei tolle Pullover gekauft. In unserem größten und schönsten und sauteuren Markenmodetempel in der Innenstadt. Mein Ökogewissen hat die Zusammensetzung goutiert: hauptsächlich Naturfaser. Ich mag keinen Kunststoff auf der Haut, erstens fühlt sich das nicht gut an und zweitens mag ich nichts, das so verrottungsresistent ist, dass man ein Plutoniumlager damit umwickeln und isolieren könnte. Aber dann habe ich bemerkt: Made in China. Und da wollte ich die Pullis wieder zurücklegen. Es muss ja noch irgendetwas geben, das in Europa produziert wird. Irgendetwas, wo ich sicher sein kann, dass die Arbeiter nicht ausgebeutet werden, die Farben nicht giftig sind und mein neuer Pulli sich nicht als Sondermüll qualifiziert. Die traurige Nachricht ist: Es gab nichts. Und Ohnmachtsgefühl und Gleichgültigkeit haben gesiegt. Ich habe die Dinger jetzt im Kasten.

Medizin und Religion –
Was Inquisition und Ablass mit
der Gesundenuntersuchung
gemein haben

In unserer Geschichte äußerte sich der Zorn Gottes immer ziemlich deutlich in Form von Pest und anderen Seuchen und der Mensch wurde für seine Sünden immer und überall bestraft. (Die kleinen Sünden straft Gott ja bekanntlich sofort, bei den großen dauert es etwas länger, bei Indifferenz erfolgt Zwischenlagerung im Fegefeuer). Peinliche Befragung oder Ablass – alles tat not, um ein Ziel zu erreichen: das ewige Leben.

Lächeln Sie jetzt auch und fragen sich, was diese Einleitung in unserer Zeit zu suchen hat? In einer aufgeklärten Welt, in der jeder die Freiheit hat, an einen liebevollen Gott zu glauben oder einem friedvollen Buddha zu folgen? Oder haben Sie bereits bemerkt, dass die Inquisition zurückgekehrt ist, die peinliche Befragung wieder praktiziert wird, der Pranger in Mode gekommen ist und der Ablasshandel Hochsaison hat? Ganz zu schweigen von Bußübungen, die selbst einem Asketen des 16. Jahrhunderts den Angstschweiß auf die Stirn getrieben hätten.

Beispiele gefällig?

Stellen Sie sich eine „Gesundenuntersuchung Neu" vor, in der Abgeschiedenheit des Sprechzimmers, sodass man die Hilferufe des Patienten nicht vernehmen kann. Mithilfe von Waage, Maßband, BMI-Rechner und eventuell auch Körperfettmessgerät wird der Patient befragt. Klar lässt sich damit die Spreu vom Weizen trennen und die Sünden werden auch gleich schriftlich festgehalten. Wer dann noch kann, muss den Alkoholfragebogen ausfüllen.

Die auf diesem Wege erlangten Geständnisse bleiben nicht etwa Beichtgeheimnis. Nein, sie werden angeblich anonym an einen Computer übertragen, um weiter ausgewertet zu werden. Das ist die Hoffnung auf einen gnädigen Richter, der einem am Pranger wenigstens eine Schandmaske aufsetzt (trotzdem wusste immer die ganze Stadt, wer der arme Sünder darunter war).

Nun erfolgt die Buße, und mit ein bisschen Selbstgeißelung und ein paar Ave Marias ist es lange nicht mehr getan. Der Weg der

Umkehr und der Reue ist ein lebenslanger und er ist steinig. Zuerst kommt die 365 Tage pro Jahr dauernde Fastenzeit. Gegessen wird nur, was für gesund erklärt wird: wenig Fett, Low Carb, kaum Salz, egal ob es schmeckt – Strafe muss sein. Um in den Essenspausen nicht auf sündige Gedanken zu kommen, wird gejoggt und die Tretmühle, einst mühsam von Gefangenen getreten, hält Einzug ins Fitnessstudio.

Wer immer noch raucht, trinkt oder zu dick ist, kann seine Hoffnung auf den Ablass setzen. Für teures Geld kann er Functional Food, Vitaminpillen und Low Fat kaufen. Und in besonders hartnäckigen Fällen findet man sein Heil noch in der Finanzierung der Sportindustrie: regelmäßig neue, superdynamische Laufschuhe, Funktionskleidung, Walkingstöcke, Tretmühlen in allen Ausführungen etc. versprechen unsere Rettung.

Denn das Ziel ist das gleiche geblieben: ewiges Leben. Nur haben wir es ins Diesseits verlegt und wer trotz aller Ausbesserungsarbeiten in Zukunft doch noch stirbt, kann dann vielleicht wählen: Entweder er lässt sich einfrieren, um in der gewohnten Körperform wieder erweckt zu werden oder er setzt besser doch darauf, sich klonen zu lassen, da kann man ja dann eventuell noch kleine Verbesserungen vornehmen ...

Anti Aging

Also erst mal: Wenn man sich den Begriff Anti Aging ansieht, sollte man nachdenken. Nämlich darüber, dass er eigentlich ein dämlicher ist. Man kann natürlich dagegen sein, also „Anti Aging" – sprich dagegen sein, gegen das Altern, allerdings helfen wird es einem nicht viel. Deshalb haben kluge Köpfe schönere Formulierungen dafür gefunden. Statt gegen das Altern zu sein kann man jetzt „Better Aging" oder „Successful Aging" praktizieren.

Wir alle kennen den Witz, bei dem ein Patient seinem Arzt erklärt, er möchte 100 Jahre alt werden und der Arzt ihn fragt, ob er raucht, trinkt, Essens- oder Sexorgien feiert. Als der Patient alles verneint, schüttelt der Doktor verständnislos den Kopf und fragt, wieso um alles in der Welt er dann 100 Jahre werden möchte. Und das frage ich mich auch, wenn ich so die Empfehlungen durchgehe:

1.) Essen Sie nach 17.00 Uhr nichts mehr. Übersetzt bedeutet das: Essen Sie am besten gar nicht mehr, da Sie in der Früh wahrscheinlich nicht die Zeit haben, in Ruhe wie ein König zu frühstücken. Zu Mittag wird in den allermeisten Fällen nur ein schneller Snack möglich sein, der ja bekanntlich meist nicht organisch-biologisch und damit pfui ist und aus Zeitgründen nicht 30 Mal pro Bissen gekaut werden kann. Geben Sie am besten auch gleich den Wunsch auf, mit Ihrer Familie gemeinsam ein gemütliches Essen am Abend zu genießen, da das vor 17.00 Uhr sicher nicht für alle Mitglieder möglich ist.

2.) Verzichten Sie auf Nahrungsgifte. Vergessen Sie den wunderbaren Geschmack eines Chiantis und damit auch gleich die Erinnerung an den Sonnenuntergang über den sanften Hügeln der Toskana. Hören Sie auch auf an Schokolade zu denken, wie sie süß und sanft auf der Zunge zergeht. Denken Sie nicht mal an Nachos oder Chips und ignorieren Sie den Geruch von Popcorn im Kino.

3.) Praktizieren Sie regelmäßig Sex zur Erhaltung der Gesundheit. (Tun Sie es ja nicht aus Liebe, Leidenschaft oder aus irgendeiner Dummheit.)

4.) Treiben Sie Ausdauersportarten. Auch wenn Ihnen das „Herumstrunzeln" auf Laufwegen und das Gehen mit zwei Stöcken blödsinnig erscheinen. Es lässt sie (gesund) altern. Ganz im

Gegensatz zu Fußball oder Kampfsportarten. Die könnten richtig Spaß machen, aber auch jede Menge Knochenbrüche, Hämatome oder Besenreiser verursachen.

5.) Denken Sie immer daran, dass Ihnen haufenweise Vitamine, Spurenelemente und Hormone fehlen. Lassen Sie sich ordentlich damit füttern, am hübschesten sehen die als bunter Pillencocktail aus. (Dekorieren Sie ihn mit einem Schirmchen.)

6.) Wenn das alles nicht hilft, müssen Sie zu drastischeren Maßnahmen greifen. Lassen Sie unerwünschte Substanz wie Falten, Fettpölsterchen und Ähnliches chirurgisch entfernen. Lassen Sie schadhaft gewordene Bauteile durch haltbarere Materialien, zum Beispiel Kunststoffe, Silikon etc. ersetzen. Oder lassen Sie umstrukturieren: Das, was an den Hinterbacken zu viel an Substanz ist, fülle man ausgleichend in die hohlen Wangen. Gibt dem Wort A...gesicht eine ganz neue Bedeutung.

7.) Sollten Sie dann alleine sein, weil Ihre Freunde Sie nicht mehr wiedererkennen und Sie an plötzlicher Einsamkeit leiden, nehmen Sie einfach ein paar Glückspillen.

Oder vielleicht macht es doch Spaß, zu altern?

Sex and the City

Neulich saß ich mit zwei Freundinnen im Kaffeehaus. Die Sorte Freundinnen, die Dinge über einen wissen, die weder den Hausarzt noch den Gynäkologen noch den Steuerberater etwas angehen. Wir hatten mehrere Törtchen und Espressi und sogar schon ein paar Gläser Prosecco intus, die Lage war also ernst. Wir redeten über die Pension. Optimistisch wie ich nun mal veranlagt bin, fand ich die Sorge darüber oder Vorsorge reichlich überflüssig. Ich glaube nämlich, dass man unsere Generation direkt von der Arbeit auf den Friedhof tragen wird.

Wir zahlen in ein staatliches System, das zusammenbrechen wird und in eine Kammer, die zwar zum Beispiel ein sehr schönes Hotel hinter dem Wiener Rathaus besitzt, aber wird in vielen Jahren dann auch noch Geld für unsere Pensionen da sein? Außerdem wird das Pensionsalter weiter steigen. Jene circa 50 Prozent der Bevölkerung im berufsfähigen Alter, die noch das Glück haben werden einen Job zu ergattern, werden bis mindestens 80 arbeiten müssen, um die anderen 50%, die diese Chance nie hatten, unterstützen zu können.

„Der Gedanke, dass du mir in 40 Jahren mit zittriger Hand noch eine Spritze gibst, ist schmerzhaft", meint meine entzückende Freundin, die Anwältin. „Wahrscheinlich genauso jämmerlich, wie mich von dir dann in einem Kunstfehlerprozess verteidigen zu lassen", gebe ich zurück. „Wahrscheinlich kannst du die Anklageschrift nicht mehr richtig lesen, vergisst die Hälfte der Zeugenaussagen, die du ohnehin nicht richtig verstanden hast, weil du nichts mehr hörst und beim Schlussplädoyer spuckst du wahrscheinlich noch die Dritten aus, so wie du dich reinsteigerst!"

Die beste aller Freundinnen, von Beruf Historikerin, fand unseren Dialog nicht nett. Sie versicherte mir sogar, sie würde in 40 Jahren noch immer zu mir zur Akupunktur kommen. Allerdings dürfte ich ihr dann keine Nadeln im Gesicht mehr setzen, nur zur Sicherheit. Es könnte ja ins Auge gehen.

Da eine tatternde Ärztin, eine schwerhörige Anwältin und eine vergilbte Historikerin ein trauriges Trio sind, suchten wir weiter nach alternativen Wegen, unseren Lebensabend sinnvoll zu verbringen und finanziell vorzusorgen. Für eine wirkliche Privatvorsorge hat keine von uns die Mittel. Wir setzten unsere Hoffnung also auf das Töchterchen von Freundin Anwältin. Dieses hat jedoch bereits im Vorschulalter seine Absicht, auf Nimmerwiedersehen in den Süden auszuwandern, deklariert.

„Außerdem werden sie uns, falls es noch Gelder für Pensionen gibt, für jede Zigarette unseres Lebens, für jedes mg/dl Cholesterin und für jeden mmHg Blutdruck über der idealen Grenze noch mal ein Prozent von der Kohle abziehen." (Wie ich oben schon geschrieben habe, ich bin praktizierende Optimistin ...)

„Nein, wir müssen uns was Kreatives einfallen lassen", meint die allerbeste Historikerin. Wie wär es damit, ein Buch zu schreiben? „In 40 Jahren weiß keiner mehr, was das ist"! „Nein, eine Sitcom ist viel besser", meint sie. „Und wie sollen wir das nennen, sogar den Golden Girls fällt nichts mehr ein, Altausseer Schiachperchten oder so?" *Sex and the City* ist dann nicht mehr, desperate Hausfrauen ist auch nicht das Wahre, nein, wie wär's denn mit City ohne Sex", meint die Verdreherin der Gesetze. Da dieser Titel nicht PR-wirksam zu vermarkten ist, haben wir die ultimative erotische klangvolle Variante kreiert: Città senza sex!

Schöne neue Zukunft

Der Begründer der chinesischen Kräutermedizin wurde als gläserner Mensch beschrieben. Übersetzt in unsere Zeit will das heißen, dass er ein so tolles Gespür für seinen Körper hatte, dass er fühlen konnte, welches Kraut in seinem Organismus an welchem Ort welche Wirkung entfaltete. Er war sozusagen transparent. Ein dermaßen gutes Verhältnis zu sich selbst ist heute nicht mehr vorstellbar. Aber wahrscheinlich hatte der Typ auch nichts anderes zu tun, als den ganzen lieben langen Tag im Wald zu sitzen, zu meditieren und sich Kräuterleins, Rinden, Beeren und zerstoßene Insekten reinzuziehen. Und seine Umgebung hatte nichts anderes zu tun, als zu beobachten und ein weises Buch darüber zu schreiben.

Heutzutage ist der gläserne Mensch wieder stark im Kommen. Wir sollen möglichst durchsichtig sein und transparent in unserem Tun und Sein. (Es hat schon begonnen in Form der E-Card.) Allerdings stellt sich die Frage, ob dadurch Weisheit gewonnen oder heilende Kräfte entdeckt werden sollen.

Zu dem Thema hatte ich unlängst einen Traum: Wir schrieben das Jahr 2024. Wir hatten zwar immer noch keine Kolonie am Mond etabliert, warteten noch immer vergeblich auf die erste Kontaktaufnahme durch die Vulkanier und die Luft in Graz war immer noch schlecht. Wir benötigten aber keine Reisepässe und keine Führerscheine und überhaupt keinen Ausweis mehr. Vielmehr bekam jeder gleich nach der Geburt einen Chip unter die Haut implantiert. Damit konnten wir uns ausweisen, wenn wir eine Grenze passierten oder uns die Polizei durchsuchte. Die Gebietskrankenkasse brauchte keine Kontrollore mehr, sondern konnte jederzeit den Aufenthaltsort des bettflüchtigen Kranken ausmachen.

Die E-Card hatte längst ihre Vollausbaustufe als Bürgerkarte erreicht. Sie verriet nicht nur unsere Namen und Versicherungsdaten. Sie enthielt auch eine vollständige Krankenakte mit allen jemals gestellten Diagnosen (natürlich auch den irrtümlichen) und allen Untersuchungsergebnissen und Therapien. Auf diese Weise konnte sofort festgestellt werden, ob jemand noch Anrecht auf bestimmte Untersuchungen und Behandlungen hatte oder sein Kontingent schon aufgebraucht war. Weiters galt sie als Trauschein, Geburtsurkunde und Meldezettel. Sie erfüllte außerdem die Funktion von Bankomat- und Kreditkarten. Der Vorteil war, dass wir keine Rabattkarten mehr von diversen Geschäften brauchten und das Geldtäschchen nicht mehr aus allen Nähten platzte. Geld war allerdings nur mehr für einige Nostalgiker da, dieselben, die auch das Stadtbummeln dem Internet-Shopping vorzogen.

In meinem Traum schlenderte ich durch die fast menschenleere Innenstadt. Aus den lärmpegelkontrollierten Schanigärten drang gedämpfte Konversation. Und ich machte im Jahre 2024 das, was ich jetzt schon mache, wenn ich mich belohnen will. Ich ging auf die Jagd nach Schuhen. Im dritten Geschäft fand ich sie und verliebte mich sofort: so wenig Leder für so viel Geld! Hauchzarte Riemchen aus weichem Kalbsleder über waffenscheinpflichtigen Bleistiftabsätzen. Ich hob sie von ihrem Podestchen und probierte sie an. Sie passten wie angegossen und verursachten ein Glücksgefühl.

Ich trug sie zur automatischen Kasse und legte meine Bürgerkarte in den Scanner. Einige Sekunden später ertönte eine blecherne Computerstimme: „Hier spricht Ihre Bank. Die Herausgabe der gewünschten Summe wird nicht genehmigt. Ihr Kontostand wurde überprüft. Die Einnahmen sind hinter den Erwartungen zurückgeblieben. An Ausgaben projektieren wir in diesem Monat noch die Autoreparatur, die professionelle Zahnreinigung und neue Desinfektionsmittelspender für die Ordination." Ich versuchte, die Stimme irgendwie leiser zu drehen, da es mir leicht peinlich war, den ganzen Laden mit meinen finanziellen Details zu versorgen. „Bitte", flehte ich den allmächtigen Computer an, „ich werde das Geld haben. Ich habe heute erst die Privatrechnungen ausgegeben. Ich kann mir die Schuhe leisten!" Die Damen, die hinter mir Schlange standen, wirken teils ungeduldig, teils amüsiert über mein Elend. „Schuhkauf genehmigt", trötete die Computerstimme, „bei der Überprüfung Ihrer Gesundheitsdaten ist allerdings ein arthrotischer Knöchel und ein Bandscheibenvorfall festgestellt worden. Stellen Sie die High Heels sofort zurück und begeben Sie sich unverzüglich in die Abteilung für Gesundheitsschuhe." Schweißgebadet erwachte ich.

Warum darfs nicht einfach okay sein?

Es ist immer das Gleiche: Egal, ob man mit dem Auto zum Service fährt oder zu einer Vorsorgeuntersuchung geht. Nie wird darauf fokussiert, was alles ganz toll und super klappt und funktioniert. Akribisch wird nach Fehlern gesucht und diese werden auch gefunden. Mit einem tollen Schlitten glüht man in die Werkstatt und mit einem praktisch schrottreifen Wrack tuckert man wieder nach Hause. Dieses würde der Händler in seiner unendlichen Güte natürlich gerne in Kommission nehmen. Auf diese Weise muss man sich nicht selbst mit dem Verkauf belasten und kann sich gleich dem Hochglanzkatalog mit all den schönen, bunten, neuen Modellen widmen.

Ebenso verhält es sich mit den diversen Vorsorgeprogrammen oder Routinechecks aller Fachrichtungen. Als gesunder Mensch betritt man die Praxis, als Patient kommt man wieder raus. Der Patient fühlt sich schlecht, der Doktor immer besser. Vielleicht hatte meine Großtante aus der tiefsten Südoststeiermark doch recht: „Jo net zan Doukta und scho gor net ins Schpitoi! Da Sepp und da Hauns worn imma gsund. Daun haum sei si einigleigt und zwa Tog schpäita worns tout." [Für jene, die im Südoststeirischen nicht so bewandert sind, das bedeutet: „Ja nicht zum Doktor, und schon gar nicht ins Spital! Josef und Hans waren immer gesund. Dann haben sie sich ins Spital begeben und zwei Tage später waren sie tot."] Möglicherweise hat dieses uralte Vorurteil, das durchs Volk geistert, ja doch irgendeinen ernstzunehmenden Ursprung?

Gehen wir wieder zurück zum Auto. Wenn wirklich nichts daran zu schrauben ist, wird wenigstens „Spezialscheibenwaschmittel" eingefüllt (dem Preis nach müsste es zumindest nach Chanel Nr. 5 duften). Dementsprechend gibt es ja tatsächlich auch Patienten, bei denen wirklich nichts zu finden ist.

Das ist jene Gruppe Menschen, der wir intensivste Primärprävention näherbringen müssen. Als Erstes muss man bei der Ernährung ansetzen. Und zwar in Diagnostik und Therapie. Selbst wenn keine Verdauungsstörungen in der Anamnese zu erheben sind, mit der geeigneten Fragetechnik finden sich bestimmt welche. Sicher leidet der Patient hie und da an Müdigkeit und Abgeschlagenheit. Dies ist ein untrügliches Zeichen für eine

Nahrungsmittelallergie vom verzögerten Typ. Fährt zusätzlich einmal ein Pickel auf oder drei Tage später eine Blähung aus, handelt es sich um eine Nahrungsmittelunverträglichkeit vom stark verzögerten Typ. Grund genug, einen umfassenden Test anzuordnen. Damit kommen wir zum therapeutischen Bereich. Es ist unmöglich, diese Tests zu bestehen, ohne zumindest ein Dutzend Allergien oder unverträglichkeitsauslösende Nahrungsmittel zu identifizieren. Pläne müssen also erstellt werden, das kostet klarerweise. Dann erfolgt das Mischen der Nahrungsmittelzusätze, die als Kapsel, Saft, Brei, Pulver oder Gatsch geschluckt werden können. Und bekannterweise: Was nichts kostet, ist nichts wert.

Wenn sich der Patient so gar nicht auf die Nahrungsmittelschiene bringen lassen möchte, wird zu härteren Maßnahmen gegriffen. Es erfolgen Beratungen über die Auswirkungen von Stress, und den hat praktisch jeder, selbst jene, die gar nichts davon merken. Elektrosmog, Feinstaub und Lärmbelastung sägen sogar auf der grünsten Alm an unserem Lebensnerv. Auch hier können orthomolekular, biologisch, mit oder ohne Ausleitung die Quanten in die richtigen Frequenzen zurückschwingen.

Oder denken Sie an das weite Feld der Schönheit. Es ist ganz klar, dass man Botox spritzen muss, bevor die Falten sich einprägen, aber sollte man zur Sicherheit damit wirklich schon mit 18 beginnen? Aber gut, wenn man sich den Schönheitsdoktor nicht leisten kann, kann man/frau ja behaupten, in Würde altern zu wollen.

Anders ist es mit dem Zahnarzt. Dort wird doch jeder vernünftige Mitteleuropäer von Kindesbeinen an hingegangen sein. Und Zahnärzte sind die Meister der hohen Kunst des Patientenmachens. Erstens kenne ich niemanden, dessen Zähne richtig stehen. Ich weiß nicht, was sich der liebe Gott dabei gedacht hat, so an unserem Gebiss zu pfuschen. Durch das Dekret: Kosmetisch schön bedeutet im Bereich Zähne auch gleichzeitig medizinisch gesund, beantwortet sich die Frage nach der Notwendigkeit einer Regulierung von selbst. Ist das Gebiss erst reguliert (unter Schmerzen; mit spitzen und stechenden Drähten im Mund; Teilen über dem Kopf, die selbst bei Aliens entwürdigend wirken würden; der Unmöglichkeit in der Öffentlichkeit Salat zu essen, ohne beim Lächeln an einen Gartenzaun zu erinnern; der Unmöglichkeit nach jeder Nachjustierung überhaupt zu essen außer mit dem Strohhalm ...), dann beginnt erst wirklich die Stunde des Zahnarztes. Erstens, die Achter müssen raus. Die haben in einem schönen Gebiss nichts zu suchen. Versuchen Sie mit offenem Mund, betäubter Wange und vier Händen an und in Ihrer Kauleiste, nach dem Warum zu fragen oder gar zu widersprechen! Ist auch das überstanden, wird saniert. Das jetzt so schön stehende Gebiss will erhalten werden. Onlays, Inlays und Kronen aus Materialien, aus denen ich gern Halsketten oder Ohrringe hätte, sind fällig. Und das muss auch öfter gewartet und professionell gereinigt werden als das Auto.

Gerade war ich vier Stunden bei meiner Zahnärztin. Ich sehe aus wie ein Goldhamster nach einem Schlaganfall. Und weil ich sie wirklich gern habe und sie sicher weiß, was das Beste für mich ist, habe ich schon die nächsten Termine. Aber mein Auto bekommt heuer ganz bestimmt kein Service.

Es lebe der Fortschritt

Was haben das Röntgengerät eines Tiroler Dorfdoktors und ein Kuhstall gemeinsam? Nein, jetzt kommt kein Artikel über den Doktor und das liebe Vieh. Ich werde Ihnen die Antwort verraten: Beide gehören zu den vom Aussterben bedrohten Gattungen.

Dank der EU und der damit verbundenen Welle (was heißt Welle, Tsunami wäre besser) von Zertifizierungen, Reglementierungen und Schikanierungen werden unsere Kollegen in Schiregionen und Bergdörfern halt in Zukunft keine Röntgenbilder mehr schießen, weil sie einfach die dafür nötigen Bewilligungen, Kriterien und Schikanen nicht mehr schaffen können. Selbst wenn sie wollten. Damit werden sie auch keine Knochen mehr einrichten und Wundversorgungen sind sowieso schon bald nicht mehr durchführbar. Ich bin gespannt, wie lange wir wenigstens noch die kaputten Gliedmaßen schienen und die Schmerzen bekämpfen dürfen. Wahrscheinlich müssen wir in absehbarer Zeit den wachen Patienten unanbehandelt in das einzige dafür zugelassene Schwerpunktkrankenhaus des Bundeslandes transportieren lassen. Den Gästen werden wir dann Folgendes sagen: „Nein, meine Damen und Herren, was Sie hier hören, ist nicht das typische Jodeln österreichischer Berg- und Almenbewohner. Das sind die zwei Schiunfälle von heute Morgen. Die instabilen Brüche schlenkern ein bisschen, wenn die Rettung in ein Schlagloch fährt ...“

Nach stundenlanger Fahrt über Stock und Stein und nach schweißtreibendem Durchgraben durch Schneeverwehungen wird endlich das einzig zugelassene, zertifizierte Schwerpunktkrankenhaus erreicht. Dann ist in vielen Fällen der Schaden an Muskulatur, Nerven und Haut bereits so groß, dass mit ewig offenen Wunden und Amputationen gerechnet werden muss. Na ja, vielleicht hindert das in Zukunft die Deutschen daran, allzu große Teile von Tirol aufzukaufen. Bestimmt spricht es sich herum, dass man dann besser dran ist, wenn man in Kenia bei einer Safari verunfallt als in Österreich beim Schifahren.

Einen Vorschlag an die Kollegen, die in entlegenen Regionen durch das Wegfallen der chirurgischen Tätigkeiten gewaltige Einbußen erleiden werden, habe ich noch: Die Rettung wird hoffnungslos überfordert sein und es wird keine freien Transportkapazitäten geben. Gründen Sie Ihr eigenes Transportunternehmen und verrechnen Sie direkt mit dem Verunfallten, so nach dem Motto: „Herr von Wittke, das zahlt Ihnen Ihre Versicherung nicht, aber ich kann Ihnen garantieren, dass Sie rechtzeitig zur Behandlung im Krankenhaus sind. Sie wollen nicht? Nun ja, der nächste freie Rettungswagen wird für morgen Nachmittag erwartet und bringt Sie dann zu Ihrer Amputation ... Bar? Oder mit Kreditkarte? Im Preis inbegriffen ist auch noch ein kleiner Morphiumtropf für die Transporte erster Klasse ..."

Und was hat das Ganze jetzt mit dem Kuhstall zu tun? Folgendes: Am Wochenende fahren mein Schatz und ich gern auf eine Hütte zu einem Bauern auf die Alm. Ein herrliches Fleckchen Erde. Kein Handyempfang, kein Internet, keine vernünftigen Straßen und frische Milch direkt von der Kuh. Wundervolle frische Milch mit politisch unkorrektem Fettgehalt.

Nächstes Jahr wird es das nicht mehr geben. Sein Kuhstall entspricht nicht den Anforderungen und für seine 20 Kühe kann er sich den Ausbau nicht leisten. Wie auch, das Gebäude ist alt, die Boxen entsprechen nicht der EU-Norm, weil die Viecher ohnehin den Großteil ihres Lebens im Freien verbringen. Dabei ist der Stall so sauber, dass ich drin übernachten würde. Und das will etwas heißen. Bei mir beginnt nämlich die akzeptierbare organische Lebensform ungefähr mit der Größe einer Maus. Alles, was viel kleiner ist und/oder mehr als vier Beine hat, wird gnadenlos gejagt, erschlagen oder chemisch terminiert.

Nächstes Jahr werde ich also meine Milch in Tetrapackungen auf die Alm schleppen. Homogenisiert, pasteurisiert und sterilisiert. Milch bei Bedarf sogar ohne Fett von genormten Kühen, die zu Hunderten in langen Reihen in genormten Ställen stehen und nicht einmal mehr wissen, wie man Kälbchen macht. Irgendwann werden sie dann auch kein Heu mehr kriegen, sondern Nährlösung saufen wie holländische Tomaten, und den raschen Fortschritt auf der Alm hemmt kein Kuhfladen unter dem Bergschuh mehr.

Hauptsache schön laut

Eine neue Segnung ist gerade aus dem Elektronikhimmel gefallen: Endlich ist es möglich, MP3-fähige Lautsprecher in einen Helm fürs Schifahren zu bekommen. Darauf hat die Menschheit sicher gewartet! Ich frage mich sowieso, wie ich ohne das 3 ½ Jahrzehnte lang Schiurlaube überleben konnte.

Erst mal war mein Dickschädel offensichtlich hart genug, auch ohne Helm diverse Stürze wegzustecken. Hilfreich war es dabei sicher, dass ich diesen schönen Sport wirklich gelernt habe – danke an ein halbes Dutzend guter Schilehrer! Dank ebenfalls den gut gemeinten Ratschlägen, an die sich heute keiner mehr hält, wie zum Beispiel „nicht an unübersichtlichen Stellen warten" oder „bitte schön schauen vor dem Losfahren". Außerdem war zugegebenermaßen die Chance, von einem über die Kuppe fliegenden Snowborder im Genick getroffen zu werden, in meiner schönen Jugend noch marginal. Ich sehe mittlerweile ein, warum Helme notwendig sind.

Die Schiausrüstungen werden immer besser, die Pisten immer zahlreicher, das heißt, man muss sich in immer irrwitzigere Gegenden verirren und immer halsbrecherischere Kunststücke betreiben, um wirklich cool zu sein. Und selbst bedrohlich große Gruppen von holländischen und britischen Schitouristen haben die Märchenwaldpisten verlassen, um über die Steilhänge zu kullern.

Außerdem ist es praktisch unmöglich, einen Schitag nüchternen Geistes zu überleben. Wenn das Angebot an alkoholischen Getränken der Auswahl der Bar des Grand Hotels entspricht und die Preise denen eines Lebensmitteldiskonters, kann man den Leuten doch nicht zumuten etwas anderes zu konsumieren. Wer trinkt schon hoffnungslos überfärbte oder überzuckerte Orangeade oder dünnen Pfefferminztee, wenn er um die gleichen Euros einen Volldusel kriegen kann? Also ja zum Helm für alle. Aber ist der MP3-fähige Dröhnehelm eine sehr hilfreiche Weiterentwicklung? Offensichtlich, denn:

1.) Die Schifahrer und Schifahrerinnen sind nicht gezwungen, sich auf neue Situationen einzustellen. Egal ob daheim, im Auto oder in der Arbeit: Es klingt überall, also auch auf der Piste, gleich vertraut und man fühlt sich sofort daheim. Damit reduziert sich der Stressfaktor Veränderung und Anpassung um ein Vielfaches.

2.) Wenn man dazu noch einen Bluetooth-fähigen Anorak trägt, ist man doppelt vor ereignisloser Stille gefeit. Man kann sich jederzeit in seiner unentbehrlichen Wichtigkeit suhlen, da man für den Chef rund um die Uhr erreichbar ist. Wirkliches Engagement für die Firma zeigt sich erst, wenn man Buckelpisten und neue Werbestrategien zusammen bewältigen kann. Die Anoraks gibt es auch in modischem zartrosa mit Kaninchenpelz an der Kapuze. Da kann Hasi endlich jederzeit mit den Freundinnen tratschen und der Schatzibär weiß immer, wo sein Hasi gerade ist.

3.) Aufgrund der Geräuschkulisse muss man die Flüche derer nicht mehr hören, die man gerade über den Haufen geschoben hat. Nichts mehr mit: „Du Trottel, pass auf, wen du schneidest, wenn ich dich erwische …" Das Gewissen bleibt also rein und die Angst vor Rache fällt weg. Auch die Hilfeschreie jener, die sich beim Waldwegfahren um einen Baum gewickelt haben, braucht man nicht mehr wahrzunehmen. Es entfallen damit gleich die lästigen Gewissensbisse, die doch immer noch bei einigen Individuen auftreten, wenn sie ihre Mitmenschen einfach erfrieren lassen.

4.) Zum Schluss wahrscheinlich das Wichtigste: Man entgeht der drohenden Stille am Berg. Auf den meisten Pisten stellt sie eh keine reale Gefahr mehr dar, da das Gedüddel einer Schihütte akustisch praktisch nahtlos in das Gejohle der nächsten übergeht. Ist auch ganz lustig so, warum nicht einmal im Jahr eine Woche lang das Trommelfell so richtig mit volksdümmlicher Musik verwöhnen, wenn es daheim doch sonst nur alle paar Wochen Musikantenstadl gibt. Doch ganz oben, da würde man den Wind pfeifen hören oder das eigene Herz schlagen. Manchmal aber auch gar nichts. Da wäre man dann mit der Stille ganz allein.

Und dann müsste man sich ganz allein selbst gegenüberstehen. Das wäre wahrscheinlich grusliger, als Eminem zu treffen. Also Lautsprecher aufdrehen, Cocktails reinziehen, Zigarette einwerfen und ab geht es mit Volldampf die Piste unseres Lebens hinunter!

Die furchtbarste aller unheilbaren Krankheiten

Ist Ihnen schon einmal aufgefallen, dass wir in einer Gesellschaft leben, die bemannte Flüge zum Mars überlegt, in der es andererseits aber Tausende von unheilbaren Krankheiten gibt? Und damit meine ich nicht die wirklich lebensbedrohenden Seuchen, sondern das banalste und älteste Übel der Welt: die gemeine katarrhalische Rhinitis, landläufig auch Schnupfen genannt.

Eine Unzahl von verschreibungspflichtigen und auch OTC-Produkten gibt Zeugnis vom ewigen Kampf gegen die Nase. In der Werbung geistern Pseudoverrotzte eifrig in Wohlfühlen suggerierenden Bildern über den Fernsehschirm. Sämtliche dieser beworbenen Produkte garantieren Freiheit für alle zarten und kleinen Nasen sowie genüssliches Durchschlafen.

Verglichen damit hat der eigene Schnupfrüssel einen ganz anderen Reiz. Selten ein in dieser Größe zu bewunderndes Rhinophym gesehen! In dieser Größe und Farbe brauche ich mich nicht mehr zu verkleiden und gehe so problemlos als „Rote Nasen Doktor" durch.

Das Stadium der präventiven Akupunktur oder Globuli längst überschritten, sehne ich mich nach den Tagen meines Großvaters. Dieser war ein begnadeter Landarzt. Zum Zwecke der Vertilgung von Rhinoviren gab es ein ganz spezielles Gerät zum Kopfbestrahlen, Hirnerwärmen oder was auch immer. Es sah aus wie eine Kreuzung aus Hundehütte und Mikrowellenherd. Man musste sich flach auf den Boden oder ins Bett legen und bekam das Ding dann über den Kopf gestülpt. Sich selbst zu befreien, war unmöglich. Man war darauf angewiesen, dass sich der Altvordere daran erinnerte, einen zu erlösen. Aber es wirkte, und ich werde auch in meinem ganzen Leben keine Panikattacken wegen zu kleiner Räume bekommen. Dazu gab es die verschiedenen Ansätze von Kräutern bzw. alkoholische Auszüge davon. Wahlweise zum Schlucken, Einreiben oder Inhalieren. Besser bekannt auch als „Essenz des Grauens". Ich kann mich nicht erinnern, dass in unserer Familie jemals irgendwer Schnupfen gehabt hätte.

Na ja, heutzutage muss ich mit den Möglichkeiten der modernen Medizin auskommen. Das Anfangsstadium der Rhinitis schätze ich ja sehr. Dieses Gefühl eines in Watte gepackten Schädels erinnert an einen wirklich genüsslichen Schwipps. Es hat auch eine gewisse benzodiazepin-ähnliche Wirkung: Zu beduselt, um wirklich etwas zu kapieren, distanziert es einen von diversen Schicksalsschlägen. Der begleitende, hörmindernde Tubenkatarrh dämpft das Zetern älterer Patientinnen, die sich über irgendetwas alterieren. Und vor lauter seliger Müdigkeit könnte man zwanzig Stunden durchschlafen.

Allerdings bleibt es leider nicht bei diesem wunderbaren Zustand. Ein halbes Dutzend verschiedener Aspirinpräparate habe ich bereits eingeworfen. Außer zunehmenden Schwindelgefühlen ist nur zu merken, dass ich dringend meine tägliche Magenschonerdosis verdoppeln muss. Ein Umstieg auf Antiallergika hat nichts gebracht, außer noch mehr Müdigkeit. In Zehnminutenabständen sprühe, tropfe und reibe ich gefäßverengende Substanzen in meine Nase, welche sich völlig unbeeindruckt davon zeigt, außer dass die Haut am Naseneingang in Fetzen herunterhängt. Die verschiedenen Einreibungen verleihen mir den Geruch einer bösartigen Kräuterhexe und sorgen für ein allergisches Ekzem vom verzögerten Typ. Alles für die Katz! Und das ist das Allerunfairste: Gegen Katzenschnupfen kann man wenigstens impfen!

Die Idee, sich ins Bett zu legen, war auch keine wirklich gute. Durch die verbesserte Kopfdurchblutung in liegender Position hört das Schlatzen und Schleimen gar nicht mehr auf. Gibt es eigentlich in der Literatur Fälle von Austrocknung aufgrund des Flüssigkeitsverlustes durch literweise Nasensekretion? Wenn nicht, werde ich da etwas beitragen können. Im Gegensatz zu den Fernsehschnupfenschläfern wache ich alle zehn Minuten vom eigenen Schnarchen auf.

Also rufe ich meine liebe Freundin und geschätzte Kollegin M. an und frage, was ich noch tun könnte. Und hier kommt ihr medizinischer Rat: „Häng dich in Fledermausposition über die Badewanne und warte, bis es vorbei ist!"

Kuren

Früher hab ich immer über die Beamten gelächelt, die regelmäßig zum jährlichen Ausfüllen ihres Kurantrages erschienen waren. Eh klar: Übergewicht und fehlende Bewegung kombiniert mit Arbeitsunlust ergibt eine Kurindikation. Mittlerweile frisst mich, wenn ich ganz ehrlich bin, der Neid auf die Kurenden. Wenn ich morgens aufwache, schlafen meine beiden Hände immer noch, ich kann den Kopf fast nicht drehen und der Ischias zupft und zwickt beim bloßen Aufsetzen. Da frage ich mich dann, ob fett und faul sein nicht doch die gesündere Alternative gewesen wäre als jahrelanger Sport und eine Trainerin aus dem Ostblock. Ich sehe sie heute noch vor mir: Selbst bei kaltem Wetter in kurzen Turnhosen, Pfeiferl zwischen den Lippen, Sehnen und Muskeln (maximal fünf Prozent Körperfett) unter sonnen- und wettergegerbter Haut. Elektrolytgetränke kannte sie nicht und auch ganz normale Wassertrinkpausen waren ihr fremd. Ich widme ihr jedenfalls allmorgendlich eine ganze Symphonie von Schmerzenslauten. Nachdem mich derzeit auch ein bisschen die Arbeitsunlust plagt, stelle ich fest: Ich bin reif für die Kur.

Also erkundige ich mich mal bei Freunden und Verwandten, wie das denn so läuft. Meine beste Freundin schwört zum Beispiel auf ein kleines Kurheim in der Pampa, das von Nonnen geführt wird. Um sechs Uhr morgens wird man da von einer ehrwürdigen Schwester geweckt und bekommt dann einen eiskalten Guss aus dem Schlauche. Ich beschließe, dort auf keinen Fall hinzufahren. Wenn um sechs Uhr in der Früh jemand mit dem eiskalten Gartenschlauch auf mich losgeht, wird er wahrscheinlich in den Genuss meiner in jahrzehntelangem Kampfsporttraining erworbenen autonomen Reflexe kommen. Und da die lieben Schwestern eh schon Nachwuchsprobleme haben – wer will auch den ganzen Tag im langen Habit im Bade stehen und nackten Kurgästen beim Plantschen auf die Finger schauen – riskiere ich lieber nichts.

Meine Mutter berichtet mir von einem wunderschönen kleinen Kurhaus, in dem sie den Aufenthalt sehr genossen hatte. Nach drei Wochen Reduktionskost hatte sie vier Kilo zugenommen. Das Haus schied also definitiv sofort aus der Auswahl.

Da fällt mir ein, dass ein Freund von mir sich gerade auf Kur befindet. Nach circa 24 Versuchen hebt er sein Handy ab. Auf meine Frage, wo er denn kure, teilt er mir den Namen der Anstalt mit. (Anstalt klingt irgendwie nicht gut?) Da ich keine Ahnung habe, wo das sein könnte, frage ich nach dem nächsten allgemein bekannten Kaff. Leicht bedrückt erklärt er mir, dass es im Umkreis von fast 40 Kilometern eigentlich nur Gegend und Wackelsteine gäbe. Na ja, da hätte er ja wenigstens Ruhe und Stille, meinte ich ganz naiv. Das sei relativ, antwortete er, Ruhe ja, da um 21.00h das Heim zugesperrt würde, Stille nein, da sein Zimmergenosse schnarche. Jetzt wird mir die ganze Sache unheimlich. Verriegelte und versperrte Anstalten mit schnarchenden Zellengenossen klingen irgendwie gar nicht gut. Auf die Frage, was er ausgefressen habe, meinte er, er sei freiwillig da. Und unter Tags hätte er auch kaum Zeit zum Telefonieren – deshalb meine 24 Versuche – da ihm der Kurarzt jede Menge Therapien verschrieben habe, die er peinlichst genau und pünktlichst zu absolvieren habe. Der Terminplan dafür sei schlimmer als sein Timemanager bei der Arbeit. Aber wenigstens dürfe man das Handy nicht zur Therapie mitnehmen. Dann erzählt er mir noch, dass es urkomisch aussieht, wenn die Leute in ihren Schlammbädern flottieren – ja, ich kann mir vorstellen, wie das ist, bis zum Hals in Sch...lamm zu stecken.

Da ich aber Dreck auf den Tod nicht ausstehen kann und nur im klaren Wasser zu baden pflege, mein Terminkalender auch ohne Therapien schon furchtbar vollgestopft ist, ich nicht eingesperrt werden will und schon gar nicht mit einer womöglich fast hundertjährigen Schnarcherin, ich Angst vor Reduktionskost, die dick macht, und Angst um das Leben der Schwester habe, die mich um sechs Uhr morgens kalt begießen will, und mir keiner irgendetwas von jungen, knackigen Masseuren erzählt hat, werfe ich mir jetzt ein Schmerzmittel ein und schleppe mich doch lieber zur Arbeit.

Der Absicherungswahn

Gerade hat mich ein Freund angerufen und mir in leuchtenden Farben die Symptome eines heftigen grippalen Infektes geschildert. Ich habe ihm versprochen, ihn krankzumelden und am Ende des Gesprächs gesagt: „Schieß dir einfach ein paar Aspirin über den Tag verteilt ein und trink viel."

Wenn ich diese meine Handlungsweise nun im richtigen juristischen Zwielicht Revue passieren lasse, kann ich nur sagen: Ich bin eine Kriminelle! Auf mich warten bestimmt schon irgendwo Handschellen, der Untersuchungsrichter sowie mehrere in die Länge gezogene straf- und zivilrechtliche Verfahren. Ich sehe schon die mindestens 230 Seiten dicke Anklageschrift vor mir:

Punkt 1: Ich habe mich auf die Aussage eines Patienten verlassen, ohne ihn sofort anzuschauen. Es ist völlig egal, dass dieser Mensch intelligent und voll zurechnungsfähig ist und nächstes Jahr fünfzig wird und damit schon geschätzte 100 Mal in seinem Leben irgendwelche grippalen Infekte gehabt hat, und deshalb ganz gut selbst beurteilen kann, ob er sterbenskrank ist oder nicht.

Richtigerweise hätte ich, da er Wohnung und Bettchen um keinen Preis verlassen wollte, ihn sofort hausbesuchen müssen. Die Tatsache, dass er das mit der Aussage: „Ich will niemanden sehen!" verweigert hat, müsste zumindest ausführlich dokumentiert werden.

Punkt 2: Ich habe keine vollständige Durchuntersuchung des guten Mannes vorgenommen. Das heißt, ich habe mich nicht überzeugt (schon gar nicht unter Zuziehung von Spezialisten und apparativen Untersuchungen), ob irgendwelche Grunderkrankungen vorliegen. Ich habe also keine Ahnung, ob sein Kreislauf das Fieber aushalten wird, wie seine Lungenfunktion ist, ob er schadhafte Hirngefäße hat und damit unter Aspirin die Blutungswahrscheinlichkeit steigt, ferner gibt es keine Gastroskopie von dem Mann und so weiter.

Punkt 3: Die Therapieempfehlung. Diese ist nicht schriftlich erfolgt, ebenso habe ich die Gegenprobe unterlassen, um herauszufinden, ob der Patient die Anweisungen wohl vollständig verstanden und verinnerlicht hat. Ich habe lediglich kurz nach Allergien und Magenanamnese gefragt, aber unterlassen, ihn darüber aufzuklären, dass Allergien und Magenblutungen jederzeit spontan auftreten können und eine vorangegangene komplikationslose Einnahme des Medikaments eigentlich gar nichts aussagt. Ich habe vergessen, ihm urtikarielle, makulöse, papulöse Exantheme oder irgendwelche anderen grauslichen Ausschläge mit oder ohne Atemnot und Blutdruckabfall zu schildern. Ich habe ihn nicht davor gewarnt, sich in den nächsten zehn Tagen notoperieren zu lassen und auch eine Schwangerschaft nicht sicher ausgeschlossen. Außerdem habe ich ihm nicht erklärt, was ein Glucose-6-Phosphat-Dehydrogenase-Mangel ist und was dieser im Fall von Aspirin mit ihm machen kann ...

Und dann hab ich auch nur gesagt, er soll viel trinken. Ich weiß zwar eh, dass er nicht säuft, aber auch das hätte ich explizit klären sollen. Und falls es wahr ist, was in meiner Jugend über Aspirin und Cola gesagt wurde, müsste ich ihn eigentlich auch noch davor warnen. Außerdem besteht bei schneller Zufuhr von mehreren Litern reinen Wassers die Gefahr der Elektrolytverschiebung und damit Hirnödem und sogar Tod.

Punkt 4: Wenn man verantwortungsbewusste Patientenaufklärung betreibt, gehört diese selbstverständlich dokumentiert. Auch davon findet sich natürlich nichts in dieser Krankengeschichte, was im Prozessfall zu meinen Gunsten verwendet werden könnte. Um es in Zukunft besser zu machen, überlege ich mir, wie ich dem Problem der exakten Aufklärung und Dokumentation begegnen werde.

Vorschlag a.): Ich lerne den Austria Kodex auswendig, erkläre jedem Patienten mündlich und schriftlich die Risiken von Therapie und Diagnose und halte diese Aufklärung nachher in der Kartei fest. Da der dafür benötigte Zeitaufwand in etwa eine Stunde pro Schnupfen beträgt, muss ich meine Ordinationstarife ändern, circa 70 Euro pro Nasenloch verlangen und einen Annahmestopp für Patienten verhängen.

Vorschlag b.): Ich schreibe nicht, sondern diktiere die Dokumentation auf Band, noch besser, ich schneide das ganze Patientengespräch mit. Ich beginne im Garten einen Bunker zu graben, um meine akustischen Speichermedien lagern zu können.

Vorschlag c.): Ich verfasse eine Einverständniserklärung mit den Worten: Sind Sie einverstanden damit, dass egal, was ich jetzt mit Ihnen diagnostisch und therapeutisch mache, Sie möglicherweise daran sterben werden, allerdings ohne Diagnostik und Therapie ebenso?

Über den Wolken

Fliegen ist unlustig geworden und zwar nicht nur für Klaustrophobe, Agoraphobe und Flugangstneurotiker, sondern überhaupt. Haftete dem Fliegen früher noch etwas Nobles und Abenteuerliches an, so hat sich das in den Zeiten der Dumpingangebote gewaltig geändert. „Fliegen Sie nach London um 90 Cent", schreit es aus dem Werbeprospekt. Die paar hundert Euro an Flughafentaxen und Gebühren im Kleingedruckten kann ohne Brille sowieso keiner entziffern.

Wo man früher von freundlich lächelndem Personal platziert wurde, rauft man sich heute um die besten Plätze wie bei einer Werbefahrt für Kaffeemaschinen. Statt Lachs und „Service is our success" gibt es auf Kurzstreckenflügen nicht mal mehr Gummisemmeln und schales Mineralwasser. Wer möchte da noch fliegen? Die, die es beruflich ständig tun müssen, haben ohnehin keine Lust dazu und Charterflüge in den Urlaub sind noch schlimmer. Da werden nämlich die Sitzreihen enger gesteckt und selbst ich mit meinen 1,66 Metern weiß nach zehn Minuten nicht mehr wohin mit meinen Füßen.

Wahrscheinlich hat dieses Leid einen namhaften Politiker zu seiner Aussage inspiriert, dass wir uns der Umwelt zuliebe besser den Urlaub verkneifen sollten. Möglicherweise hat er auf seinem letzten Trip in die Südsee kein Gratis-Upgrade in die erste Klasse bekommen, so wie sein Kollege beim Flug auf die Malediven. Oder er hatte zu viel Zeit zum Nachdenken im Fond seiner Limousine, als sein Chauffeur ihn zu einem wichtigen Termin kutschiert hat. Auch egal, zurück zum Charterflug.

Eine der neuen Sparmaßnahmen von Fluglinien schätze ich wirklich sehr. Es gibt kein gratis Saufzeug mehr in der Holzklasse. Das erspart einem wenigstens das Grölen und Singen seiner Mitpassagiere. Andererseits, womit spült man jetzt die Flugangst hinunter?

Ich liebe ja auch die diversen Anleitungen, wie man Schönheit und Gesundheit während des Fluges am besten pflegt: Voraus gebeichtet: Ich selbst mache es falsch. Ich werfe mir beim Start irgendein Beruhigungsmittel mit kurzer Halbwertszeit ein und damit ich nicht Opfer einer bösartigen Reisethrombose werde, jage ich mir Heparin in den Bauchspeck (Subcutis klingt schöner). Ganz furchtbar schlecht, wegen der heparininduzierten Thrombopenie, die zwar noch nie einer gesehen hat, aber vor der alle Beipacktexte zittern.

Richtigerweise müsste ich wachen Auges den schlechten Film, das Schnarchen meines Sitznachbarn und die Demonstration der Schwimmwesten (auch wenn der Flug über die Alpen geht) über mich ergehen lassen. Dabei sollte ich viel trinken, aber ohne Gasbubbles, denn wir wissen alle, was die machen. Trinken Sie mal viel in einem Flieger, in dem nichts serviert wird und in den Sie vor lauter Angst vor Flüssigsprengstoff auch nichts mitnehmen dürfen. Schon mal die Klospülung probiert? Prost …

Machen Sie viel Bewegung. Probieren Sie das einmal im Sitzen, wenn Sie größer als 1,10 Meter sind. Oder spazieren Sie am besten alle gleichzeitig am Gang und rudern mit den Armen. (Geht nur auf Frachtflügen, sonst stören die Sitze). Benützen Sie außerdem am besten alle den gleichen Gang, das bringt den Flieger leichter zum Absturz. Damit gehören die Thromboseratschläge wirklich zu den praxisnahen und praktikablen Dingen, die wir den Patienten so antun.

Was die Austrocknung der Haut anbelangt: Das Trinken können wir leider vergessen. Also schmieren. Vergessen Sie aber nicht, dass auch Cremes potenziell gefährliche Sprengstoffe enthalten können. Nehmen Sie deshalb nur billiges Zeug mit, es könnte Ihnen das Herz brechen, wenn der Chanveltiegel beim Check-in in den Mist wandert oder irgendjemand mit seinen Stinkefingern am Boden Ihrer „La Mer"-Töpfchen nach dem Zeitzünder sucht. Es ist echt die Frage: Tu ich die wichtigen Dinge in den Koffer, riskier ich, dass sie nach Kalkutta fliegen und ich nach Mailand. Tu ich sie ins Handgepäck, würde ich mich wahrscheinlich freuen, sie in Kalkutta zu wissen und nicht im Müll. Ach ja, und noch etwas: Tragen Sie am besten transparente Unterwäsche. Das spart Zeit beim Durchsuchtwerden.

Der ideale Doktor

Letzten Freitagabend um acht klingelt mein Handy. In Erwartung einer Freundin hebe ich blöderweise ab. Dran ist ein Patient mit den Worten: „Ich bin gerade vom Schifahren heimgekommen und habe Halsweh. Ich brauche ein Antibiotikum." Klare Sache, die Diagnose ist bereits gestellt und die Therapie ist fixiert. Ich antworte schüchtern: „... äh, es ist Freitagabend, ich habe auch ein Privatleben. Es gibt in unserer schönen Stadt einen rund um die Uhr erreichbaren Ärztenotdienst, damit die Leute jederzeit einen Arzt konsultieren können, selbst wenn die Praxis Ihres Hausdoktors schon geschlossen ist." „Ja, ja, schon. Wir kommen eh nur kurz vorbei und holen ein Rezept." Das Argument, dass ein gesunder 25-Jähriger mit ein bisschen Halsweh ohne Fieber nicht stante pede ein Antibiotikum bräuchte, war nicht schwerwiegend genug. „Wir wohnen ja eh in der Nähe und haben es nicht weit." Der Gedanke, dass ich es vielleicht weit zur Praxis hätte, kam ihm nicht. Darin sah ich meine Chance, die Argumentation überzeugend für mich zu entscheiden. „Sorry Herr C., ich sitze auf einem Bauernhof in den weststeirischen Hügeln und beobachte gerade den Vollmond, der sich als riesige, silbrige Scheibe über der Landschaft erhebt und alles in ein gespenstisches Licht taucht. Da wollte er dann doch nicht mehr kommen, weil ihm das zu mühsam war. Mein Glück, denn sonst hätte ich vielleicht noch angefangen, den Vollmond anzuheulen oder ich werde irgendwann noch mal zum Werwolf ...

Nachher habe ich mich gefragt, was die Leute eigentlich so von mir erwarten. Wer meine Ordination kennt, weiß auch, dass daran kein Wohnbereich angeschlossen ist. Wahrscheinlich glauben sie, dass ich nach getaner Arbeit ins Rumpelkammerl gehe. Dort hängt offensichtlich ein Behälter an der Wand, in dem ich mich einrolle und in eine Art Hibernation verfalle, bis das Telefon klingelt. Dann springe ich aus meinem Aufbewahrungspot und schalte auf Arztmodus. Oder was vielleicht auch praktisch wäre: ein Instant-Doc, bei Bedarf Wasser dazugeben oder zwei Minuten in der Mikrowelle ziehen lassen und schon ist er gebrauchsfertig. Oder der aufblasbare Arzt? Ziehen Sie an der kleinen Lasche und er oder sie fährt binnen zwanzig Sekunden zur vollen Größe auf.

Hirn hat er/sie keines, aber das ist egal, da die Leute Diagnosen und Therapiewünsche ja bereits selbst wissen.

Technologisch sind wir ja noch leider nicht auf dem Raumschiff Voyager im 24. Jahrhundert. Dort ist der Doktor nämlich ein Hologramm. Jederzeit abrufbar und abschaltbar, programmiert mit einer Datenbank, die sämtliche Krankheiten und Behandlungen enthält. Kein Bedarf nach Schlaf, keine Gefühle, keine Notwendigkeit von Freizeit oder Bezahlung. (Mit der Zeit wird denen allerdings sogar das Hologramm zickig und frustriert.)

Was macht den Arzt so einzigartig, unbedingt und auf der Stelle notwendig? Von echten Notfällen mal abgesehen, die stellt ja sowieso keiner infrage. Meiner Frisörin ist noch nie ein Kunde in den Laden gestürmt und hat sie beschimpft, weil sie ihm nicht akut rote Strähnchen färben konnte. Soweit ich weiß, hat auch noch keiner meinen Bankbetreuer bedroht, weil er ihm morgens um halb sieben nicht sofort und auf der Stelle ein eigentlich völlig unwichtiges Formular ausstellen konnte. Und es ist glaube ich auch sehr selten, dass jemand beim Billa am Sonntag unbedingt Einlass will, nur weil er plötzlich Hunger hat. Und das sogar, wenn er eh nicht weit weg vom Geschäft wohnt.

Was also macht uns so anders? Haben wir zu lange das Image der guten, klugen und allzeit hilfreichen Götter in Weiß gepflegt? Vielleicht haben wir uns auch ein bisschen zu sehr in unserer Unabkömmlichkeit gebadet. Und jetzt sind die Patienten nicht wirklich nur mündig geworden, sondern teilweise auch ganz schön übergriffig. Wir sollen immer und jederzeit und auf der Stelle verfügbar sein, die Selbstdiagnosen unterschreiben und ungefragt die gewünschten Behandlungen herausrücken. Dazu sollen wir viel Zeit haben und wenig Geld verlangen. In unserer Freizeit sollen wir beim Festessen die Probleme der gesamten Familie lösen und auf Partys nur die medizinischen Fragen der anderen Anwesenden beantworten. Und das alles bitte mit Geduld und einem Lächeln. Jetzt schweben wir nicht mehr auf unserem Olymp, sondern haben eine ganz schöne Bruchlandung hingelegt.

Hamsterrad macht Freude
(wenn man ein Nager ist)

Ich weiß nicht, warum wir immer behaupten, dass wir wie ein Hamster im Rad laufen würden, wenn wir uns abstrampeln und abmühen, um mit den Anforderungen unseres Lebens Schritt halten zu können. Hamstern macht die Sache mit dem Rad nämlich großen Spaß, vor allem zwischen Mitternacht und vier Uhr morgens. Ich könnte ja einmal versuchen, den nächsten, der mit dem Hamsterradvergleich daherkommt, zu beglückwünschen, in so etwa: „Mei super, du Glücklicher. Das ist ein Spaß, nicht wahr? Kann ich mitmachen?" Das könnte allerdings jemandem in die falsche Kehle kommen ...

Letztens im Freundinnenkreis habe ich gedacht, ich sitze in einer Selbsthilfegruppe. Lauter Fertige. „Und besonders schlimm ist es, wenn ich dann auch noch krank werde", jammert S. vor sich hin. „Ich habe dann das Bedürfnis, mich mit meinem Teddybären ins Bett zu legen und so richtig im Selbstmitleid zu zerfließen". „Tu's doch", meint M., die gerade auf der Suche ist, ob es einen Weg aus der Knechtschaft ihrer Arbeit gibt. „Geht nicht", meint S. „Mir hängen ja so schon vor lauter Müdigkeit die Tränensäcke bis zum Kinn. Wenn ich auch noch heule, schwellen die weiter an und ich seh gar nichts mehr."

„Ja, das kenne ich, an manchen Tagen habe ich das Gefühl, dass vor lauter Erschöpfung sogar die Titten bis zum Knie hängen." So genau wollten wir C.s Probleme im Leben nicht unbedingt kennenlernen. Aber wenn Haare aufgrund von depressiver Stimmungslagen trotz Tonnen von Gel und Volumenspray hängen können wie nasse Trauerweiden, dann sicher auch andere Körperteile ...

Da waren wir, fünf brillante, engagierte Frauen anfang vierzig aus verschiedensten Jobs und Familiensituationen in unserem Lieblingscafé. Aber umgeben von einer Aura von Klageweibern nach dreitägiger Arbeit. G. versucht gerade, sich Abdeckstift über ihre Pickel zu schmieren. Die, die sie in der Pubertät niemals hatte, die jetzt durch Stress und Scheidung allerdings wunderbar erblühen. „Ja, ja, der häufige Blick in den Spiegel hat nicht unbedingt mit Eitelkeit zu tun. Es kann auch Tapferkeit sein", ätze ich.

Ich glaube, wir sind alle einem unerbittlichen und auch hundsgemeinen Gebot der Stunde aufgesessen. Das da in etwa lautet: Du sollst arbeiten bis zum Umfallen und es wird nie genug sein! Wenn es unsere Produktivität erhöhen würde, würden wir wahrscheinlich sogar in Glashäusern leben, würden nachts mit Wärmelampen und UV bestrahlt, bekämen nur mehr Nährlösungen statt zu essen, würden gamma-bestrahlt oder vakuumverpackt. Nur damit es der Wirtschaft besser geht. Oder wir zumindest die eigenen an uns gestellten Erwartungen erfüllen. Dem Perfektionswahn muss geopfert werden.

Und wir haben unsere Rollen als „Eier legende Wollmilchsäue" wunderbar verinnerlicht. Zusammen mit der Tatsache, dass die Eier nie groß genug sind, die Wolle nie kuschelig und das Schwein nie fett genug ist. Obwohl unser Leben so einfach ist wie in unserer Geschichte noch nie – angefangen vom automatischen Garagentoröffner bis zur Waschmaschine – kommen wir damit nicht zurande.

Es reicht nicht, den Job gut und gern zu machen, frau muss top sein und dabei so genial wie Marie Curie, so erfolgreich wie Anna Wintour und so gütig wie Mutter Theresa. Dabei sollte sie auch noch aussehen wie Heidi Klum und trainieren wie Michaela Dorfmeister. Natürlich gehört in diesem Programm noch genug Zeit für Wellness und Freunde eingeplant. Dazu kommt, dass Frau bei alledem die ideale Mutter ist. Sie hat genug Zeit für ihre Kinder, fördert diese in ihrer Kreativität, sitzt aber nicht wie eine Glucke auf ihnen. Das Ganze findet in einem Eigenheim statt, das jederzeit für „Schöner Wohnen" fotografiert werden kann. Natürlich ist sie auch die perfekte Geliebte und turnt bei Bedarf das Kamasutra von hinten nach vorne durch.

Na ja, und wenn frau nun im Job gefrustet ist, vergessen hat, die Beine zu enthaaren, das Idealgewicht immer weiter in die Ferne rückt, die Kinder rotzfrech oder gar nicht vorhanden sind, Augenringe, Pickel, Krampfadern und Kontoüberziehungen unser Leben bestimmen und das Einzige, was an Mutter Theresa erinnert, der Müllgeruch im Abstellraum ist, weil schon wieder keine Zeit war, den Kübel hinunterzutragen, haben wir es endlich geschafft, im wirklichen Leben anzukommen! Einen Prosecco auf uns, weil wir so toll sind!

Wetterfühligkeit

Wetterfühligkeit hat sich zwar noch nicht als Krankheit etabliert, sich aber bereits so weit einen Namen gemacht, dass sie als anerkanntes Objekt medizinischer Forschung gelten darf. Ein Grund für die Zunahme von wetterinduzierten Wehwehchen könnte unser vollklimatisiertes Leben in der Glasglocke, abgeschottet von allen bösen Einflüssen der Natur sein. Sind wir alle Weicheier (Warmduscher, Schattenparker, Beckenrandschwimmer ...) geworden?

Es ist ja nichts dagegen zu sagen, dass einem das Hirn explodiert, wenn der Fön wieder einmal aus heiterem Himmel über ein Tiroler Alpental hereinbricht. Aber dass bei jedem kleinen Windhauch schon die Jugendlichen aus den Latschen kippen, ist schon etwas bedenklich.

Letzthin habe ich eines unserer teuren Familiendokumente betrachtet, nämlich einen Film aus dem Jahre 1945. Darauf sieht man in Schwarzweiß und mit etwas ruckartigen Bewegungen meine ehrwürdigen Vorfahren im hohen Schnee spielen: mit Kniestrümpfen und Kurzmäntelchen. Mach das heutzutage mit Vierjährigen und du kommst erst zu deren Matura wieder aus dem Knast! (Die darunter getragenen Riesenunterhosen aus grob-kratziger Schafwolle könnte man allerdings schon unter dem Thema Kindesmisshandlung diskutieren ...)

Heutzutage kriegen wir von September bis Juni Fernwärme ins Haus geliefert. Im Winter stopfen wir uns mit Daunen aus, dass wir dem Michelinmann alle Ehre machen, und trotzdem sieht man kaum jemanden walken oder joggen. Selbst der Wintersport hat sich verändert. Vom Winter merkt man nicht so viel, wenn man in einer beheizten Gondel mit warmem Pölsterchen unterm Hintern sitzt, und das mit dem Sport ist auch nicht mehr so anstrengend, seitdem man sich nicht mehr selbst den Berg hinaufkämpfen oder in einem ruckelnden Schlepplift trotz Wadenkrampf die Balance halten muss.

Das Jahr über sitzen wir im temperierten bzw. im Sommer klimatisierten Büro. Wer es besonders komfortabel haben möchte, der lässt sich im Winter im Schanigarten von einem Heizschwammerl durchwärmen und isst im Sommer sein Eis in klimatisierten

Freibereichen. Die Autos haben serienmäßig Aircondition und auch im Sommer joggt und walkt keiner mehr. Diesmal, weil es zu heiß ist. Da Herbst und Frühling aufgrund des Klimawandels immer kürzer werden, reduziert sich die sportliche Zeit im Jahr auf maximal vier Wochen. Umgebung „light" sozusagen in einem Leben, das auch immer „lighter" werden muss.

Nicht nur unsere Nahrungsmittel sind mittlerweile so light, dass sie eigentlich den Kühlschrank zum Schweben bringen müssten, sondern wir verbannen auch immer konsequenter alles Schwierige und Anstrengende aus unserem Dasein. (Das ist kein Antrag auf Abschaffung von Mikrofasertangas und Daunenanoraks!)

Ich habe manchmal das Gefühl, dass alles pfui ist, was uns nicht vor lauter „light" von selber in den Schoß schwebt. Das ist auch kein Plädoyer für sinnloses Schuften! Aber nur weil sich der Schüler Gerber umgebracht hat, Anforderung, Leistung und Anstrengung gleich zu verteufeln, kann wohl auch nicht der Weg sein. Nur weil die Arbeiter der industriellen Revolution krank geworden sind, heißt das noch nicht, dass ein Leben auf der Couch mit der Fernbedienung in der Hand uns gesund macht.

Ich habe eine 16-jährige Patientin, die ich gerade wegen Schlafstörungen akupunktiere. Bei der Anamnese ihres Tagesablaufs kam heraus: Schule nur, wenn sie Lust hat, nachmittags bis spätabends fernsehen und Computer spielen, rauchen, kein Sport und täglich eine Tafel Schoko. Als ich ihr das Konzept ein wenig veränderte (eh nur „light") mit etwas Sport und ein paar ernährungstechnischen Neuerungen kam ein entsetztes: „Das ist aber nicht lustig!" „Lustig" scheint neben „light" das zweite Gebot zu sein. Nur blöd, dass es auf Dauer unbefriedigend ist. Vielleicht täte es uns doch gut, wieder zu spüren, wie sich die Jahreszeiten anfühlen. Die Eiseskälte auf unserer Nasenspitze und die Mittagssonne auf unserer Haut (selbstverständlich mit 30er-Schutzfaktor, denn wir haben ja ein Loch in die Ozonschicht gebohrt). Und vielleicht täte es auch gut, einen Sinn dafür zu entwickeln, dass die Ernte nur dann wirklich schön ist, wenn man auch gesät und gepflanzt hat, gegossen, geackert und geschwitzt.

Schönheit als Must-have

Schönheit ist ein Geschenk Gottes oder der Natur oder der elterlichen Gene, was auch immer die eigene Weltanschauung hergibt – möchte man meinen. Denn aus dem Geschenk – das Wort impliziert eine gewisse Freiwilligkeit von Seiten des Schenkenden so wie auch eine gewisse Dankbarkeit von Seiten des Beschenkten – ist eine Pflichtübung geworden, für beide Seiten.

Eltern schenken zur Matura keinen Führerschein mehr, sondern neue Nasen. Und da weder Mutter Natur noch der liebe Gott die Bereitschaft zeigen, Brustimplantate zu vergeben, pilgert man zum plastischen Chirurgen. (Jawohl, Mann auch. Die wollen zwar kein Doppel D-Körbchen, dafür soll es ein anständiger Pectoralismuskel werden. Und wenn einer nicht hochroten Hauptes Liegestütze pumpen oder Hanteln schupfen möchte, kann er sich völlig anstrengungsfrei Implantate der verschiedensten Größen von „gut trainierter Buchhalter" bis „Mister Universum" zwischen die Muskelschichten einschmuggeln lassen. Im Gegensatz zu den echten Dingern haben die auch noch einen Vorteil: Sie bleiben immer schön hart …)

Da schöne Menschen ja bekannterweise auch aktiver und leistungsfreudiger sind, muss natürlich auch regelmäßiger Sport geübt werden. Und weil man/frau die neu implantierten Muckis oder die abgesaugten Oberschenkel den anderen transpirierenden Schönen nicht im Schlabber T-Shirt vorführen kann, lebt eine ganze Industrie sehr gut von der Herstellung leuchtend bunter, hautenger Teile aus den verschiedensten Hightechfasern. Garantiert unverrottbar und mit einer Halbwertszeit wie Plutonium. Gut leben tut auch nur die Industrie von diesem Hype, denn die Hersteller unser Überfliegerklamotten sind meist Kinder, zusammengepfercht und unterernährt in südostasiatischen Fabriken, wo keiner so genau schaut, wie giftig das Zeug ist, das da verarbeitet wird. Aber das wird doch unsere gute Laune beim Schönsein hoffentlich nicht trüben!

Wir alle tun so, als wären wir „reich und schön". Dabei sind die meisten ja doch eher „arm und hässlich"! Dies wiederum ist nicht erlaubt und wird als persönliches Versagen gewertet. Wenn man (bzw. frau) Cellulitis, Schwangerschaftsstreifen und den Einfluss der Gravitation auf den Vorbau in Würde akzeptiert, ist das kein Zeichen von Charakterstärke oder Weisheit. Es nennt sich mittlerweile Vernachlässigung des eigenen Körpers und wird von Ärzten und Kosmetikerinnen argwöhnisch beäugt. Ich bin gespannt, wann es verboten wird, Besenreiser oder Krähenfüße zu haben!

Deshalb hat sich ja auch die Industrie unserer erbarmt und jeden Tag erscheinen neue Wundercremes zu unserer Errettung. „Mit integrierten Energiekomplexen" (Ich spüre schon richtig, wie der Tiegel in meiner Hand vibriert), „XY bewirkt eine Reduktion um 45%" (wessen, unseres monatlichen Haushaltbudgets?), „88% der Frauen sind überzeugt" (wovon, und ist die Überzeugung überhaupt berechtigt?)

Die einzige Überzeugung, die ich so erlebe, und zwar bei mehr als 88 Prozent der Frauen ist die Überzeugung, zu mehr als 50 Prozent aus Problemzonen zu bestehen. Schon alleine das Wort ist eine Zumutung. Würde man bei Männern Problemzonen suchen oder bei einer Katze, beim Auto, Kanarienvogel oder sonst irgendetwas? Nein, denn die Problemzone ist weiblich. Sie sorgt für ein anhaltend niedriges Selbstwertgefühl und damit für den weiteren brav-treuen Einkauf von überteuerten Schönheitsmittelchen, die Einhaltung jeder nur erdenklichen und absurden Diät, den Ansturm der Dünnen auf meine Ernährungsberatungen, für die Finanzierung der Drittvilla unserer Kollegen von der Plastischen und dient der Erhaltung hingebungsvoller Bindungen an stetig nörgelnde Männer. Für diesen Fall habe ich immer einige Poster von Robert Pattinson in der Ordi (für ältere Patientinnen George Clooney und für alte Sean Connery). Wenn sie wieder weinen, dass der Alte sich über Fältchen und Wülstchen beklagt, empfehle ich bei der nächsten Nörgelei das Licht im Schlafzimmer gut aufzudrehen, dem nackten Liebsten eines der eben erwähnten Poster zu unterbreiten und ihn liebevoll zu fragen: „Schatz, siehst du auf diesem Bild Ähnlichkeiten mit dir?"

Angst vor dem Leben

So alle ein bis zwei Wochen tue ich etwas, das mir im Grunde genommen eigentlich gar nicht gut bekommt: Ich wühle mich durch einige Kilos medizinischer Fachliteratur. Schließlich will ich immer brav fortgebildet und am möglichst neuesten Stand sein. Soweit das halt möglich ist als Allgemeinmedizinerin. Belohnt werde ich durch die vielen hübschen Diplome, die ich in meiner Ordi aufgehängt habe, um meine Patienten zu beeindrucken. Daran an sich ist ja noch nichts Krankes bzw. krank Machendes.

Was mich beim Fortbilden so fertigmacht, ist die Gefährlichkeit des Lebens. Zum Beispiel stelle ich gerade mit Erschrecken fest, dass der Bauchumfang (nicht Taillenweite!) bei Frauen jetzt unter 80 Zentimetern sein sollte. Bei allem, was darüber hinausgeht, haben Sie bereits ein Kriterium für das metabolische Syndrom erfüllt. Bangen Herzens schaue ich nach unten. Der Gürtel spannt heute ein wenig. Dank der „Grillsauce aus der Hölle" – mein Bruder hat wirklich nichts ausgelassen, was in einen guten Asterix-Eintopf gehört, außer dem ungerupften Huhn und der Kernseife – von gestern Abend verspüre ich massives Wandern von gärungsinduzierten Gasblasen in meinen Eingeweiden. Nun bin ich verständlicherweise unsicher. Ist es nur die Luft, die versucht sich einen Weg durch die Darmwindungen zu bahnen, oder sind insgeheim bereits Horden von Triglyceriden unterwegs in mein Gefäßsystem, um dort an der Entstehung der Verkalkung mitzuarbeiten?

Weiters werde ich heute Abend noch essen gehen. Das wiederum scheint mir mittlerweile riskanter zu sein als Freeclimbing. Erstens wird das Essen erst ab 21.00 Uhr stattfinden. Ich weiß nicht, um wie viel Prozent das mein Risiko für Fettsucht und Diabetes wieder hinauftreiben wird. Fest steht, dass ich dabei entsetzlich altern werde. Alle Energie, die mein Körper sonst in die Glättung der Gesichtsfalten und die Regeneration meiner Eingeweide stecken könnte, geht nun in die Verdauung. Ich werde aufgedunsen sein aufgrund der Ödeme, welche durch die Einlagerung von zu viel Kochsalz und Wasser in mein Gewebe entstehen werden und gleichzeitig aber noch schneller verhutzeln. Habe ich jetzt schon Angst vor dem morgigen Blick in den Spiegel!

Mit jeder Stunde in einem Restaurant steigt die Belastung durch das Passiveingeräuchert-Werden. Ich werde morgen mehr Teer in der Lunge haben als eine Autobahn auf ihren Baustellen, mehr Gift als im Chemiekasten und außerdem verstrahlt sein wie bei einer Reaktorpanne.

Die dargebotenen Nahrungsmittel werden mit ziemlicher Sicherheit tierisches Fett enthalten und der Cholesterinspiegel wird steigen. Je nach Hygiene im Restaurant existiert zusätzlich noch ein Risiko, mir Salmonellen oder einen Campylobacter ins Gedärm zu holen. Ach ja, und ich werde mit Sicherheit Alkohol zu mir nehmen. Sicher nicht in Mengen, die eine zirrhotische Umwandlung meiner Leber bewirken, aber möglicherweise in einer Dosis, die mein Brustkrebsrisiko erhöht. Ganz zu schweigen vom Risiko, das mir gestern durch die Verspachtelung polyzyklischer, aromatischer Kohlenwasserstoffe (Angekokeltes am Gegrillten) erwachsen ist und wer weiß, wie lange ich da noch am Entgiften sein werde?

Vielleicht sollte ich das Abendessen canceln? Was wäre, wenn ich mich einfach daheim mit einer Schale grünen Tees zurückzöge? Soziale Abschottung erhöht das Risiko für Depressionen und Herzerkrankungen. Körperliche Inaktivität ist sowieso letal und chinesischer Tee könnte aufgrund der laschen Umweltvorschriften im Reich der Mitte giftig sein.

Jetzt bin ich wirklich besorgt. Migräne tritt bei mir mit Aura auf, deshalb habe ich selten, aber doch ein erhöhtes Schlaganfallrisiko. Da ich in einer Stadt lebe, bin ich mit einer unendlichen Menge an inhalativen Schadstoffen verseucht. Und weil mein BMI auf die 25 zugeht, (die magische Obergrenze bei Gesundenuntersuchungen, in Versicherungsformularen und Gesundheitszertifikaten. 25 ist der Cutoff, die absolute Grenze für ein normales Leben. Ein bisschen so wie zu der Zeit, als man die Erde noch für eine Scheibe hielt: Wer über den Rand kippte, war verloren), ist eh schon bald alles zu spät. Wenn ich mir das noch ein bisschen länger überlege, kriege ich zu all meinen körperlichen Risikofaktoren vielleicht bald noch eine generalisierte Angststörung dazu oder vielleicht eine kleine Herzneurose? Wenn Marilyn Monroe heutzutage lebte, würde man sie als krank und hässlich bezeichnen, und man würde sie wahrscheinlich nicht vergiften, aber möglicherweise verhungern lassen.

Ein Appell an die Kollegen

Liebe Herren Kollegen! Ich brauche dringend Ihre Hilfe! Aus einigen Reaktionen auf meine Zeitungskolumnen entnehme ich, dass Sie offensichtlich etwas haben, das mir fehlt. Ich meine nicht das Y-Chromosom, sondern das „perfekte-Arzt-Gen". Passend dazu fehlt mir dazu auch noch der ideale Patient.

Beginnen wir mit meiner eigenen Unzulänglichkeit:

Als Erstes muss ich Ihnen beichten, dass es mir sehr oft an Glauben an meine heilbringenden ärztlichen Kräfte mangelt. Glaube versetzt ja angeblich Berge. Bescheiden wie ich bin, habe ich es eh noch nie mit dem Schlossberg oder Schöckel probiert, aber nicht einmal die Maulwurfshügel hinten im Garten wollen sich bewegen. Auch bürokratische Klippen und Hürden, die für viele meiner Patienten unüberwindliche Hindernisse zu ihrer optimalen Behandlung sind, heben sich keinen Millimeter. Die Berge von Fettzellen, die so manch einer hortet, weichen ebenfalls kein bisschen.

Weiters fehlt mir das Vertrauen, und zwar das Vertrauen in die Unfehlbarkeit von Studien und Guidelines und in ihre Umsetzbarkeit. Es fehlt einfach an der Einsicht, dass alles realisierbar ist und sich auch rechnen lässt. Ich beneide jene unter Ihnen, die es zuwege bringen, sämtliche Richtlinien, egal wie theoretisch oder absurd, reibungslos in die Praxis umzusetzen.

Außerdem plagen mich Zweifel an der eigenen Vollkommenheit. Ich frage mich oft, ob ich mir überhaupt nur annähernd vorstellen kann, wie es diesem oder jenem Menschen geht. Ich überlege auch manchmal, was mir das Recht zu Ratschlägen oder Belehrungen gibt. Ich halte mich schon manchmal für eine Göttin, aber keinesfalls in Weiß …

Wahrscheinlich ist es meine Schuld, dass ich keine idealen Patienten habe.

Ich habe doch tatsächlich Übergewichtige, ja sogar Adipöse, die trotz aller Risikoaufklärung und aller Hilfsangebote nicht abnehmen wollen. Dann habe ich auch noch solche, die es zwar wollen, aber nicht schaffen. Ganz ehrlich gesagt ist die Anzahl der Dicken in meiner Praxis, die dünn geworden und dünn geblieben sind, sehr viel kleiner als die Zahl der Dicken, die dick geblieben sind, oder zuerst dünn und dann wieder dick geworden sind, und dann wieder dünn und wieder dick ...

Auch Raucher zählen immer noch zu meinen Patienten. Obwohl jeder eine Kurzintervention inklusive Erklärung aller Medikamente, Ersatzpräparate, die Beschreibung von Akupunktur und Hypnose und einen Hinweis auf die Grauslichkeit von Lungenkrebs oder Kehlkopfkrebs, wahlweise auch Brust- oder Pankreaskrebs, je nachdem, wovor er sich am meisten fürchtet, bekommt, ob er es nun hören will oder nicht. Die Erfolge sind schön, aber wie so vieles Schöne in diesem Leben selten.

Und dann habe ich noch diese Gruppe von Tschickern, deren Existenz ich gar nicht zugeben dürfte. Das ist die, die ich nicht einmal mit meiner „Hören Sie auf"-Mission quäle. Es sind jene Menschen, die so traurig sind oder so angstgebeutelt, dass sie den warmen Trost des Giftes brauchen, um das Leben und den großen Schmerz irgendwie zu ertragen. Es gibt unter ihnen sogar noch die, bei denen ich froh bin, dass sie nur mehr rauchen, weil ich weiß, was sie sich in ihrem Leben sonst noch so reingezogen haben.

Außerdem sind da noch jene, die nicht so intelligent sind, die keine Bildung genossen haben, und die, die das mit der deutschen Sprache noch nicht so ganz raus haben. Da kann ich dann nur mehr hoffen, dass sie ihre Vaginalzäpfchen nicht essen, die Sportsalben nicht in die Augen schmieren, die Pillen nicht nach Sympathie und Farbe nehmen (montags die roten, dienstags die blauen und so weiter.) Ich kann weiters nur bitten, dass sie ihren Kindern wirklich kein Schnullerflascherl mit süßem Saft geben werden und zum Rauchen wenigstens auf den Balkon gehen. Ich hoffe auch, dass sie sich wenigstens hie und da bewegen und dass manchmal Gemüsesuppe statt Würstl mit Pommes auf den Tisch kommt.

Liebe Kollegen! Diejenigen unter Ihnen, die das „Perfekte-Arzt-Gen" in sich tragen, keine Kompromisse in Therapie und Praxis eingehen müssen, niemals diagnostisch danebenliegen und die bedingungslose Folgsamkeit ihrer Patienten genießen, sollten wirklich stolz darauf sein und vielleicht können Sie mir ja aus Ihrer idealen Welt einmal einen idealen Patienten schicken – so als „Ärztemuster". Inzwischen werke ich einfach weiter und hoffe, dass doch etwas Gutes dabei herauskommt. Schließlich stirbt die Hoffnung ja zuletzt.

Ein kleines Monster

Manchmal kann das Leben schwer sein. Auch meines. Manchmal, da gibt es Wochen wie diese. An deren Anfang stand eine vierstündige Zahnbehandlung, danach folgte eine höchstgradig verstopfte Schnupfnase. Dienstagabend war Vollmond. Und er beeinflusst uns doch! Wie sonst wäre zu erklären, dass sich offensichtlich alle "Schwierigen", die ich in meiner Patientenkartei führe, zusammengetan hatten, mit dem offensichtlichen Vorsatz: „Lasst uns heute mal die Stelzl besuchen, und wer persönlich nicht erscheinen kann, ruft am besten mindestens zehnmal an …"

Danach wollte ich die Fugen in meiner Dusche ausbessern, manuelle Arbeit hilft mir immer beim Entspannen. Schlechte Idee, man sollte einfach nur immer neues Material darüberpappen. Denn kaum war das alte Silikon herausgekratzt, fanden sich darunter zentimeterdicke pelzige Kolonien von etwas, das ich als mikrobiologischer Laie am ehesten für einen Aspergillus niger halte. Hass! Ich mag keine anderen Lebewesen mit mir in meinem Bad! Also Bazillentod sprühen und abwarten. Es begann in der Wohnung zu riechen wie in einem russischen Volksbad.

Eingelullt von giftigen Dämpfen, fand ich schließlich doch ein wenig Schlaf. Am Mittwoch noch mehr Werwölfe in der Ordination. Bereits um 9.30 Uhr war ich dann so weit: Ich wollte nur raus und auf der Stelle die Ordination verlassen und einfach nur schreien. Laut und ohne Ende. Da das aber nicht gut kommt und ich ein sehr vernünftiger Mensch bin, biss ich einfach die Zähne zusammen und das neue Meisterwerk des Zahnarztes gleich wieder aus. Und ich überstand noch den Rest der Woche, ohne selbst zu sehr zum Werwolf zu werden.

So viel Tapferkeit gehört belohnt und am Samstag beschlossen wir – ich ein wenig auf dem Zahnfleisch kriechend (wörtlich, dank des Herausgefallenen) und der Meinige mit gequältem Gesichtsausdruck dank des Mich-ertragen-Müssens – unsere wunderschöne Innenstadt aufzusuchen. Es war ein kühler Tag, aber sonnig und mit strahlend blauem Himmel. Ideal, um ein paar Sonnenstrahlen auf die Epiphyse zu bringen und die Serotoninproduktion anzukurbeln. Ideal, um die wunderbaren

Fassaden und netten Innenhöfe unserer schönen Stadt zu bewundern. Potenziell auch ideal, die aussterbende Innenstadt vor dem wirtschaftlichen Ruin zu retten.

Als Erstes fiel mein Blick auf eine Jugendstilfassade, um genau zu sein eigentlich auf die Auslage in derselben und da auf wundervolle Dessous. Speziell ein BH mit traumhafter Spitze und albtraumhaftem Preis lenkte meine Aufmerksamkeit auf sich. Ich betrat den Laden, um gleich einmal eine Zeit lang ignoriert zu werden. Mehrmaliges Räuspern lenkte dann die Aufmerksamkeit der Verkäuferin auf mich bzw. uns. Die Dame betrachtete mich mit einem Blick, als sei ich „etwas, das die Katze angeschleppt hatte". Unsicher begann ich, uns aus den Augenwinkeln zu beäugen, ob an mir irgendwo Frühstück oder an seinen Sohlen Hundedreck kleben würde. Ich fand uns schön. Ich durfte dann tatsächlich doch den BH probieren, nicht ohne dass die Gute an mir herumfingerte und zerrte, wahrscheinlich weil nicht zu erwarten war, dass eine 40-Jährige sich alleine anziehen könnte. Als ich dann endlich reingeschnallt und die Erotik des Teils dahin war, meinte ich, dass die Größe oder der Schnitt nicht ganz ideal wären. Die Dame sah mich an und meinte: „Die Größe ist exakt und das ist eine der besten französischen Firmen. Das Model verkauft sich gut." Im Klartext: „Du bist verbaut und deine Titten sind abartig, also tschüss." Also nix wie raus.

Ein Mittagessen später sprang mich eine Lederjacke mit Kuschelwebpelzfutter an. Beim Probieren bat ich die Verkäuferin um einen dicken Pulli, damit ich sichergehen konnte, dass ein solcher an eisigen Jännertagen auch noch darunter passen würde. Die Jacke sei warm genug, meinte sie. „Mit nur einem dünnen Shirt darunter." „Ich brauche Kuschelpullis", jammerte ich, „sonst erfriere ich". Daraufhin sah sie mich mit streng-vorwurfsvollem Blick an: „Dann tragen Sie halt Angorauntererhemden, als Frau sollten Sie sich sowieso niemals dick anziehen. Sie wollen ja nicht aussehen wie ein kleines Monster!" Das kleine Monster mag aber keine Unterhemden und heute mag es auch keine Verkäuferinnen.

Alt werden

Alle wollen alt werden, aber keiner will alt sein. Wie wahr! Alt ist mittlerweile fast zum Unwort verkommen. Natürlich darf man noch genüsslich alten Käse oder alten Rotwein probieren. Man darf auch an die gute, alte Zeit denken – wann war die eigentlich? In der Zeit bevor es Waschmaschinen gab, während der Hexenverbrennungen oder zur Zeit der Pestepidemien? Nein, wahrscheinlich vorher, also bei den alten Römern? Kann nicht sein, schon Ovid trauert in klingenden Hexametern um das goldene Zeitalter, das da irgendwann einmal gewesen sein muss. Na, egal, zurück zum Thema: Ein altes Schloss oder eine alte Münzsammlung sind etwas Feines.

Das Einzige, was nicht alt sein darf, ist der Mensch. Man kann heutzutage nicht mehr sagen: alte Menschen, alte Männer, alte Frauen. Das wäre gleichbedeutend mit einer Beschimpfung. Man muss sie umschreiben. Statt „uralt" ist man mittlerweile „hochbetagt" und statt „steinalt" „langlebig".

Jetzt ist da aber blöderweise unser Körper, der unser ganzes Leben lang Zeichen des Alterns setzt. Anfangs ist das ja noch ganz süß. Da heißt das dann auch nicht altern, sondern sich entwickeln und wachsen. Danach kann man heranwachsen und reifen. Aber spätestens wenn man gereift ist (so etwa mit 28, wenn der Bart schon richtig wächst, aber noch keine Falten da sind und ein Waschbrettbauch auch noch ohne Silikonimplantate möglich ist), oder frau gereift ist (etwa mit 20, wenn der Busen den Bleistifttest noch besteht, aber trotzdem schon mindestens ein C-Körbchen füllt), sollte der Prozess gefälligst zum Stillstand kommen.

Was nach der Reifung kommt, sind natürlich auch keine Alterungsprozesse, sondern Veränderungen, die unserem Körper so passieren. Die dann immer mehr in den Bereich „unerwünschte Dinge, die der Mensch nicht braucht" fallen. Empfindsame Gemüter spüren auch zunehmend stärker eigenes Verschulden, wenn sie diese Prozesse ungehemmt zulassen. Verantwortungsvolle, moderne Menschen, die ja angeblich so flexibel sind und auf Veränderung stehen, erfasst jedoch die nackte Angst mit jedem Haar, das vom Kopf segelt.

Also schmiert Mann sich literweise Dinge in die Haare, die ihm auch nicht helfen, weniger kahl zu werden. Da die Abnahme der Muskelmasse ebenso eine inakzeptable Veränderung ist, quält man sich im Fitnessstudio, selbst wenn man die Zeit lieber mit der Familie oder im Bastelkeller verbringen würde. Wenn Mann nicht mehr zehnmal pro Minute an Sex denkt, sondern tagelang gar nicht, droht die akute Andropause. Hormone müssen her. Und damit des Mannes bester Freund erst gar nicht beginnt, über seine Bereitschaft zum Paarungsritual nachzudenken, gibt es am besten rechtzeitig schon prophylaktisch eine kleine blaue Pille.

Frau erhält ihrerseits ganze Kosmetikkonzerne am Leben und verschmiert im Laufe ihres Lebens den Gegenwert von mehreren Kleinwagen in Cremchenform auf Gesicht und Körper. Wenn sie dann noch Geld und Mut hat, investiert sie weiter in Falten totspritzen, aufspritzen oder unterspritzen. Während des ganzen Lebens hat sie sicher mindestens zehn obskure Diäten gemacht und in ihrem geheimen Schrank am Speicher finden sich obstruse Fettverbrennungsgürtel, Faltenauflösungsmasken und Verjüngungsganzkörperwickel. Wenn Vitaminpillen nicht mehr stark genug sind, werden Hormone geschluckt. Die Wechseljahre sind behandelbar. Ist doch nett, wenn wir im Altersheim nicht nur Windeln brauchen, sondern einmal im Monat auch noch Binden. Und trotzdem: Wenn wir an Jahren viele haben, runzelt sich die Haut und bröseln die Knochen. Das heißt dann ja doch Alterserscheinung. Warum sagt eigentlich keiner, dass Falten und Osteoporose ein Zeichen für Langlebigkeit sind?

Unglaublich, aber
offensichtlich wahr!

Gerade ist mir ein Artikel in die Hände gefallen, von dem ich zuerst nicht so recht wusste, was ich davon halten sollte. Es ging dabei um ein neues Spezialgebiet der plastischen Chirurgie, nämlich um Vaginalverjüngungen. Und das ist offensichtlich ein ernst gemeinter Artikel zu einem ernst gemeinten Thema. Na prost!

Nachdem zuerst die Augenlider und in weiterer Folge die Titten das Recht verloren hatten, nach jahrzehntelanger Schwerkrafteinwirkung schlaff nach unten zu hängen, trifft das nun auch noch weiter südlich befindliche Gebilde. Ich sehe ja ein, hängende, eingerollte und sich wutzelnde Augenlider sind wirklich nicht sehr schön, außerdem trübt es ziemlich den Scharfblick, wenn man aus dem eigenen Auge nicht mehr hinaussieht. Ich verstehe auch, dass ein großer, hängender Busen die gramgebeugte Körperhaltung nur unnötig fördert und wirklich die cervikalen Bandscheiben zum Ausquetschen bringen kann bzw. ein kleinerer eher streifenförmiger, ausgeleierter Restbusen unter Umständen schmerzhaft im Hosenbund eingequetscht werden könnte. Aber die Schamlippen? Soweit ich weiß, ist noch keiner jemals draufgetreten, wenn Frau sie unoperiert herumhängen lässt ...

Ich finde das Tempo, mit dem die sexuelle Revolution offensichtlich voranstürmt, leicht schwindelerregend. Zu Opa Freuds Zeiten wäre keine Frau auf die Idee gekommen, ohne Schamesröte im Gesichte davon zu reden, was im Süden so alles da ist. Vorsichtshalber blieb man auch beim Sex mit möglichst vielem bekleidet, oder machte zumindest garantiert das Licht aus.

Der Generation danach machte man dann endlich klar, dass der Süden einen Namen hatte und auch für Frauen (nicht nur für die Hebamme) ein interessantes Gebiet sein könnte. Man gab den Frauen einen Handspiegel und brachte ihnen bei, sich zu bewundern. Wer Osteoporose oder einen schlimmen Rücken hatte, brauchte entweder die Hilfe eines Freundinnenkreises oder eine komplizierte Anordnung von mehreren Spiegeln. Die Männer waren auch zufrieden, denn das Licht durfte endlich anbleiben und die Kleidung weg.

Wahrscheinlich war dies alles nur ein Ablenkungsmanöver der Schönheitsindustrie. Da man unseren Großmüttern in Unkenntnis der Gegend auch keine Verschönerungsbedürfnisse einreden konnte – damals hat man beim Verschönerungsanfall halt die Sofas neu beziehen lassen oder die Vorhänge getauscht – musste den Frauen zuerst einmal die Region vorsichtig nähergebracht werden. Und damit sie sich nicht schrecken und die nächsten 500 Jahre wieder nicht hinschauen, musste erst mal versichert werden, dass eh alles schön und in Ordnung wäre.

Bevor Frau sich allerdings zu sehr an ihre Schönheit gewöhnt, streue man rechtzeitig ein paar Zweifel. Zuerst beginnt man mit der Haarpracht. (Ist ja in der oberen Körperhälfte auch so: zuerst Haare schneiden, färben und verlängern. Wimpern färben, Brauen zupfen, dann erst, wenn all das getan ist und die Schönheit immer noch zu wünschen übrig lässt, kann man beginnen, mit sanften, kleinen, dünnen Nädelchen ein wenig Botox zu spritzen oder ein bisschen Kollagen zu unterfüttern. Danach ist es nur ein winziger Schritt bis zu einem kleinen Lifting, anschließend geht es ein wenig weiter nach unten, eine kleine Straffung, zu wenig Material da, macht nichts, ein kleines Implantat und so weiter.) Zurück zum Thema: Zuerst die Haarpracht. Wenn man auf Pelztiere steht, sollte man sich eine Angorakatze zulegen, das ist klar. Aber muss es deshalb gleich ein Brazilian sein (vor allem, weil einem keiner vorher sagt wie das aussieht und juckt beim Nachwachsen ...) Wenn trotz aller Versuche dann nichts mehr mit Frisieren geht, muss zuguterletzt doch das Messer her. Wahrscheinlich wollen Frauen leiden: Wenn endlich Regelkrämpfe, Geburtswehen und Chlamydieninfektionen vorbei sind, wäre das Leben offensichtlich sonst zu friedlich und zu schmerzfrei.

Nachtdienst ist ja so erholsam

Irgendein politischer Sparefroh hat wieder einmal eine grenzgeniale Idee angedacht: Bei Nachtdiensten im Krankenhaus sollten nur mehr die medizinischen Einsätze bezahlt werden. Will heißen: Nur die Zeit, die man wach am Patienten arbeitet, muss zusammengerechnet werden und wird entlohnt. Wenn man also siebenmal die Nacht aufgestanden ist und dabei insgesamt dreieinhalb Stunden gearbeitet hat, so hatte man ja fünf Stunden, um zu schlafen und damit genügend Zeit, sich ausgiebig zu erholen. Nun erinnere ich mich gerne an meine Nachtdienste zurück. An die medizinischen Heldentaten, die ich so vollbracht habe, weil ich entweder zu viel Angst hatte, den diensthabenden Oberarzt zu wecken oder weil ich durch mehrere Nächte dauernde Schlafentzugseuphorie einfach mächtig an Selbstbewusstsein zugelegt hatte.

Nicht gerne erinnere ich mich an die diversen Dienstzimmer. Da wäre zum Beispiel eines, das ich etwa drei Jahre lang benächtigen durfte: Notaufnahmedienst an einer großen chirurgischen Ambulanz. Das Zimmer war unter anderem auch Umkleidezimmer für sämtliche Turnusärzte und Assistenzärzte. Es standen also immer mindestens 20 Paar Schuhe frei herum und verströmten gleichmäßig ihren Duft. Da die Spinde zu klein waren, hingen auch stets ungefähr ein Dutzend weißer Mäntel an der Wand, von denen einige den Angstschweiß im Angesicht des Polytraumas oder auch der Chefvisite überzeugend dokumentierten. Eigentlich eine Duftmischung, die jede Maskennarkose in den Schatten stellt.

Man konnte sich außerdem nicht in Ruhe in dieses Zimmer zurückziehen, mit seinem Mann telefonieren oder (vor allem in den ersten Diensten) ängstlich nach der Mami weinen, da permanent irgendeiner zur Tür hereinkam, der ebenfalls irgendein Aufbewahrungsrecht in diesem Zimmer hatte. Das Bett war eine hartfedrige Fallgrube für meine Bandscheiben. Wenn man in der Nacht endlich den Rückzug geschafft hatte, konnte man alle paar Minuten das Zufahren der Rettung (Fenster gleich neben der Auffahrtsrampe) oder das Zuschlagen der Autotüren genießen.

Das Luxuszimmerchen hatte sogar eine Dusche. Die zu benutzen war allerdings nicht ungefährlich. Denn egal, wie früh man sich nackt durchs Zimmer begab, man war nie davor sicher, dass jemand hereinstürmte, ohne anzuklopfen, versteht sich. Oder man holte sich wie Kollege G. eine Duschneurose. In einem dieser Dienste, die von Freitagfrüh bis Montagabend gingen, hatte er aus nächstenliebender Barmherzigkeit doch einmal beschlossen, sich zu reinigen, um nicht mehr ganz so zu stinken. Ausgerechnet nach der Einschäumung ging der Notfallpieps los. Ein Patient hatte einen Herzstillstand erlitten und alle Kollegen waren im OP. Trotz eines Sprints mit wehendem Handtuch und halbnackter Defibrillation verstarb der Patient. Und G. lässt sich bis heute nicht einreden, dass auch sein Mehrtagesdienstgemüffel ihn nicht wiedererweckt hätte.

Alles in allem handelte es sich um einen Ort, an dem man genauso gut und erholsam hätte schlafen können wie daheim, warum also den Aufenthalt in so einer Wellnessoase bezahlt bekommen?

Wenn man nachts gearbeitet hatte, sah das meistens so aus: 1.) Beginn der Tiefschlafphase. 2.) Ratternder Motor des Rettungsautos, Zuschlagen der Fahrzeugtür. 3.) Zwei Minuten Hoffnung, dass der Patient für die Interne, Gyn oder Kinderabteilung wäre. 4.) Klingeln des Telefons mit Zerstörung dieser Hoffnung. Worte des diensthabenden Pflegers: „Krall außa!" (auf Hochdeutsch: Schieb deinen Hintern aus dem Bett 5.) „Außakralln", (= Hintern aus dem Bett wuchten) ab in die Ambulanz. 6.) Blöd herumstehen, bis die Datenaufnahme erledigt war. 6.) und jetzt kommt der Teil, der, wenn diese Einsparungspläne realisiert werden, durch Steckkarten verifiziert, dann auch finanziell abgegolten werden kann: Patient behandeln. Es folgt die Versorgung des Schädelcuts und die stationäre Aufnahme, je nach alkoholinduzierter Non Compliance zwischen 20 Minuten und zwei Stunden. 7.) Zürückschlurfen ins Zimmer, eventuell notwendige Reinigungsmaßnahmen (nicht alle kotzen nur im Rettungswagen). 8.) Wieder in die Fallgrube kuscheln, Beginn der Einschlafphase, es folgt der Beginn der Tiefschlafphase, Wiederholung der Punkte 1–7. Danach wieder schlafen …

Wenn man dann alles zusammenrechnet, so beträgt die geschätzte Nettoarbeitszeit am Patienten pro Nacht nur 3 bis 3,5 Stunden. Da bleibt nun wirklich genug Zeit, sich zu erholen und am nächsten Tag wieder frisch und munter volle Leistung zu erbringen, oder etwa nicht?

Sexratgeber

Nach einigen qualvollen Jahren des Zahnklammertragens als erwachsener Mensch und Inhaberin meiner eigenen Praxis (veranlasste immerhin einige zu der Aussage: „Mei, so eine junge Ärztin!") wurde mir endlich das ganze Metallgestänge und -gerüst aus dem Mund entfernt. Wissen Sie, was es für ein Glücksgefühl sein kann, wieder im Restaurant Salat essen zu können, ohne auszusehen wie eine Gartenhecke hinter einem Maschendrahtzaun? Aus lauter Freude habe ich mich drei Wochen lang von Blattspinat ernährt. Und wenn man jahrelang ausgesehen hat wie der Beißer in James Bond, müssen natürlich auch die Amalgamfüllungen ehestmöglich raus und ein strahlend weißes Lächeln á la Julia Roberts muss her. Deshalb verbringe ich viele qualvolle Stunden am Zahnarztsessel und ebenso endlose Stunden im Warteraum, umgeben von Zeitschriften. Nachdem ich mich alle acht Wochen beim Friseur über die neuesten Probleme der europäischen Adelshäuser updaten kann, die ohnehin immer die gleichen sind und mich nicht interessieren, ich die Gesundheitsseiten nicht aushalte (schon gar nicht die über Wohlfühlbehandlungen beim Zahnarzt, ich meine: Waren die wirklich schon mal dort?) und ich mir Haute Couture sowieso nicht leisten kann, bleiben meist nur mehr die Ratgeberseiten zum Thema Liebesleben.

Als Erstes bin ich völlig verblüfft über die Häufigkeit, mit der man und frau in Österreich wöchentlich durchschnittlich Sex hat. Und zwar nicht irgendwelche testosteronüberladenen Jungadoleszenten, sondern ganz normale berufstätige Erwachsene. Ich rechne nach und frage mich, wo die sind, die unseren Sex haben. Und noch viel schlimmer: Wo sind die Säcke, die unseren Sex haben, dadurch keine Zeit haben zum Hackeln und deren Arbeit ich jetzt machen muss? Noch in statistische Rechenaufgaben versenkt, werde ich zur Zahnbehandlung aufgerufen und anderthalb Stunden später mit der Optik eines einseitig überfütterten Goldhamsters wieder im Wartezimmer zwischengelagert. Ich überspringe alle Ratgeber, die irgendeine Schweinerei in Zusammenhang mit Schlagsahne oder Schoko propagieren. Milchprodukte sind derzeit vom Zahnfleisch weit fernzuhalten.

Da ist das mit dem Champagner schon eine ganz andere Geschichte. Er prickelt, macht locker, löst Spannungen. Hey Leute, warum empfiehlt denn keiner das Gesöff vor einem Zahnarztbesuch? Ich könnte ein bisschen Lockerheit dringend brauchen. Zu viel des Alkohols macht aber müde und teilnahmslos, warnt irgendso ein Therapeut. Wunderbar, ich finde, das ist ein Pflichtprogramm vor einer Wurzelbehandlung, oder?

Meine Zahnärztin hat mich leider doch nicht vergessen und nach einer weiteren Unterbrechung der Lektüre sitze ich nun als doppelseitig überfressener Goldhamster im Warteraum und lese übers Küssen. Ein prüfender Blick in den Spiegel und der Versuch, Lippen und Zunge wieder zum Leben zu erwecken, belehren mich darüber, dass ich dieses Thema in Zukunft wohl vergessen könnte und ich mich auch nie mehr meinem Partner unverschleiert bei Tageslicht nähern werde. Aufgrund einer ziemlich lallenden Sprache sind außerdem sämtliche Kosewörter überflüssig, oder würden Sie gerne ein „Schatschdumaschmischheisch" ins Ohr gesabbert bekommen?

Wie so oft suchen wir auch beim Sex Zuflucht in ostasiatischen Traditionen. Außer dass mir dabei die Assoziation kommt, dass ich durch vermehrtes Empfehlen des Kamasutra vielleicht mehr zusätzliche Schmerz- und Akupunkturpatienten bekommen könnte, macht der Gedanke nicht wirklich Freude. Und wie finden Sie Beschreibungen wie „den Mond dreifach umarmen" oder „der Kranich massiert seine Knie"? Pfui aber auch! Das sind ganz harmlose Übungen aus dem Qi Giong.

Kurz bevor sich meine Zahnärztin vergewissert, dass ich weder einen Kreislaufkollaps habe noch verbluten werde, empfiehlt mir so ein Magazin ja glatt, es mit SM-Fantasien und Doktorspielen zu versuchen! Da gehe ich, glaube ich, doch lieber arbeiten!

Will denn keiner einfach
nur Zeit haben?

Gerade habe ich gelesen, dass sich weltweit die Geh-geschwindigkeit um 10 Prozent, in manchen Städten sogar um 30 Prozent beschleunigt hat. Wenn ich so etwas lese, ist zwar der erste Denkreflex: „Hat die Menschheit nichts Gescheiteres zu tun, als solche Untersuchungen anzustellen?", dann siegt aber doch die Neugier. Am schnellsten gehen die Leute angeblich in Singapur, wo sie für 20 Meter knapp über zehn Sekunden brauchen. Doch die sind wahre Schleicher im Vergleich zu meiner Freundin J., wenn sie Dienst im Krankenhaus hat. Als ich sie das letzte Mal dort besuchte, war sie hochschwanger und ich musste trotzdem einen Sprint hinlegen, um nur einigermaßen mit ihr Schritt zu halten. Ich bin offensichtlich schon zu lange von der Klinik weg. Aber ich weiß, ich hatte ihn auch drauf, diesen Stechschritt, angetrieben von einer kilometerlangen To-do-Liste, zwischen Arztbriefdiktat und drohender Chefvisite.

Alle behaupten, Zeit wäre etwas irrsinnig Kostbares. Ja, und warum bemüht sich dann keiner, welche zu haben? Wenn wir ein Paar Schuhe haben wollen, kaufen wir sie, wenn uns ein Mann ge-fällt, gehen wir auf die Jagd, wenn wir mehr Kohle verdienen wollen, arbeiten wir härter. Und wenn wir mehr Zeit haben wollen, versagen alle unsere Strategien, oder warum haben wir keine? Ich glaube ja, dass wir uns belügen, dass uns die Zeit nicht wirklich wichtig genug ist.

Nehmen Sie einmal an, Sie wollen etwas von jemandem, und Ihr Gegenüber erklärt Ihnen, dass er genug Zeit hat. Halten Sie ihn für einen genauso wichtigen Menschen wie den Topmanager, der bereits bei der Anmeldung erklärt hat, dass alles gefälligst schnell gehen muss? Ich kaufe zum Beispiel gerne in einem ganz bestimm-ten Kosmetikladen ein. Dort gibt es eine Verkäuferin, die mit freundlichem Lächeln, Engelsgeduld und langsamer Sprache ihre Kunden betreut. Sie vermittelt den Eindruck, unendlich viel Zeit zu haben. Manchmal ertrage ich das über fünf Minuten. Das ist an den guten Tagen. Wenn ich schon nach 15 Sekunden das Bedürfnis bekomme, ihr an die Gurgel zu springen und sie zu schütteln, weil da nichts weitergeht, weiß ich, dass es wieder einmal so weit ist: Ich brauche Zeit.

Wenn Menschen sagen, sie wollen mehr Zeit haben, stimmt das meist nicht. Weil nämlich dem Wunsch nach mehr Zeit sofort ein Nachsatz folgt, zum Beispiel: Zeit, um mehr Sport zu machen, öfter ins Kino zu gehen, die Wohnung gründlicher zu putzen etc. Also wieder keiner, der einfach nur mehr Zeit will!

Da gibt es eine Sache in unserem Leben, von der man meinen möchte, dass sie uns zwingend mehr Zeit abfordert, nämlich das Kranksein. Eigentlich ganz selbstverständlich: Es geht einem furchtbar, man hat keine Lust auf Essen, man will niemanden sehen, darf nicht saufen und interessiert sich für nichts. Geradezu prädestiniert, um Zeit zu haben. Glaubt man. Aber: Die Ordination kann doch nicht einfach geschlossen werden, die Patienten brauchen mich, ich brauche die Umsätze, der Kollege zieht mir die Leute ab und so weiter. Kürzlich war meine Zahnärztin bei mir mit einem fürchterlichen Infekt. (Gelegentlich sorgt das Schicksal doch für die gerechte Verteilung von Schmerzen ...) Ich drohte ihr, sie persönlich mit Handschellen ans Bett zu fesseln und den Schlüssel zu verschlucken, wenn sie nicht freiwillig drin bliebe. Eine Woche darauf erzählte sie mir die Highlights der Patientenreaktionen auf ihre plötzliche Krankheit. Eines davon muss ich wiedergeben.

Ordihilfe: „Die Frau Doktor ist krank."

Patient: „Ja, und da ist sie gar nicht in der Ordination?"

Ordihilfe: „Die Frau Doktor ist schwer krank."

Patient: „Ja, und da ist sie wirklich nicht in der Ordination?"

Offensichtlich ist es nicht mehr akzeptiert, sich die Zeit zu nehmen, um krank zu sein. Im Berufsleben ist es auch so, wer einen Job hat, der rennt, oder er hat keinen und steht. Was ist mit all denen, die langsam gehend gute und wertvolle Arbeit verrichten könnten? 150 Prozent oder gar nichts? Ist das nicht absurd? Ich höre jetzt auf, denn heute ist mein freier Abend. Ich hab endlich einmal Zeit. Und ich werde heute nicht die Bude putzen, die Post erledigen, die liebste Freundin anrufen, mich bei meiner Mutter melden oder die Wäsche waschen. Ich werde zunächst nicht einmal Musik auflegen oder ein Buch zur Hand nehmen. Ich will einfach wissen, wie sich das anspürt, Zeit zu haben.

Die kleinen länglichen, blauen Pillen oder doch die roten, runden?

Wir Ärzte glauben doch so gerne, dass das Medikament, welches wir voller Überzeugung verschreiben, unseren Patienten auch hilft. Dabei stützen wir uns auf Dinge wie persönliche Erfahrung, zum Beispiel: hat beim Opa, beim Nachbarn und beim Bürgermeister auch schon gewirkt, muss also auch dem Pfarrer gut bekommen. Wir bedenken nicht, dass dieser Gedanke eigentlich im Bereich der Mythen und Aberglauben anzusiedeln ist, da wir persönlich nie ausreichend große Fallzahlen in der eigenen Praxis haben, um objektive Aussagen treffen zu können. Gerne stützen wir uns auf das, was wir im Studium gelernt haben, oder jenes, was im Krankenhauspraktikum, in unserem ersten Nachtdienst das Leben unseres Patienten und unseren A... gerettet hat. Mit dem Erfolg, dass wir Jahre später unangenehm berührt sind, wenn die junge Urlaubsvertretung unserem Patienten suggeriert, dass das Präparat nicht mehr zeitgemäß ist. Oder wir sind enttäuscht, wenn das Produkt endgültig nicht einmal mehr für Afrika produziert wird.

Dann gibt es auch noch die Progressiven unter uns, die nach jeder Fortbildung oder jedem Besuch von Pharmareferenten ihre Verschreibungsgewohnheiten umstellen. Ihnen möchte ich nicht einmal unterstellen, dass sie Präparat B statt A verschreiben, weil ihnen die Firma B einen größeren Kugelschreiber geschenkt hat. Nein, es sind echte Enthusiasten, die wirklich an die verbesserte Wirksamkeit alles Neuen glauben. Zurück bleiben verwirrte Patienten und bunte Haufen nicht geschluckter Pillen.

Mir persönlich war die Compliance meiner Patienten immer besonders wichtig. Im Zuge der Überprüfung derselben habe ich erstaunliche Entdeckungen gemacht. 1.) Die Compliance alter, schwerhöriger oder auch einfach gestrickter Menschen ist eigentlich ausgezeichnet. Sie sind wirklich bemüht, die Ratschläge zu befolgen und die Dosierungen einzuhalten. Nur meist haben sie es vergessen bis sie daheim sind, oder vielleicht gleich primär nicht gehört oder wenn gehört, dann nicht verstanden. Aber prinzipiell würden sie alles tun, damit der Doktor zufrieden ist. 2.) Die Compliance junger, gebildeter Menschen (insbesondere

Lehrer) ist schlecht. Sie verstehen alles, brauchen aber noch längere Erläuterungen und Erklärungen als die Einfachen, um dann schlussendlich doch einem obskuren Artikel im Internet mehr Glauben zu schenken. Geht irgendetwas schief, trifft die Schuld dann ihrer Meinung nach trotzdem den Arzt. 3.) Es ist erstaunlich, was man alles schlucken kann.

Und es ist erstaunlich, was den Patienten so alles zugemutet wird. Ich denke da nur an die so geliebte „Corporate Identity". Bei manchen Firmen ist die Rechnung hundertprozentig aufgegangen. Wenn Ihnen im Fall einer Vertretung eines Kollegen hintereinander fünf verschiedene Patienten mit völlig verschiedenen Erkrankungen freudestrahlend auf die Frage, was denn nun zu verschreiben wäre, erklären: „Ich nehme Hexal" (oder Ratiopharm oder das mit dem Delphin darauf – die Liste kann beliebig ohne Präferenzen für irgendeine Firma verlängert werden), dann wissen Sie, dass der Werbemensch des Konzerns seine Extraprämien verdient hat. Man versucht dann irgendwie das Richtige herauszufinden und interessanterweise richtet man wenig Schaden an. Da war es mir früher lieber, als es noch hieß: die kleinen Roten oder die länglichen Weißen usw. Denn mit der Zeit konnte man sich ein Repertoire an Pillen zusammensuchen und erkannte dann doch die Wichtigsten.

Der ultimative Wahnsinn ist der Beipackzettel. Viele Menschen haben in den letzten zehn Jahren kein Buch gelesen. Wie sollen sie akut und im Krankheitsfall die Informationsflut aus mehreren Beipackzetteln bewältigen? Ganz zu schweigen davon, dass die Dinger so klein geschrieben sind, dass der Visus jenseits der Dreißig nicht mehr dafür ausreicht. Wer trotz allem das Pech hat, den Inhalt zu sehen und zu verstehen, kann sich dann umso ausgiebiger vor ihm fürchten.

Und dann die Handhabung: Je älter jemand ist, desto kleiner sollen die Pillen sein, damit er sie leicht schlucken kann. Das wäre aber kein Grund gewesen, auch die Blister und Behälter bei den sieben Zwergen fertigen zu lassen. Probieren Sie mal mit knotigen Gichtfingern die Blisterchen zu öffnen und die Kindersicherungen zu umgehen. Apropos Kindersicherungen. Immer dann, wenn ich zu blöd bin, um einen neuen Easy-Turbo oder sonst wie Inhaler zu verstehen, lasse ich die Kinder damit spielen. Die kriegen die Handhabung in Sekundenschnelle raus.

Ärzte mit Grenzen

Gerade bin ich an die Grenzen meiner ärztlichen Möglichkeiten gestoßen. Nein, ich habe nicht in einem Katastrophengebiet Erste Hilfe geleistet. Ich habe auch nicht die ganze Nacht durchoperiert. Es war einfach nur erschreckend banal. Zu mir kam ein Patient zur Nahtentfernung. Eine Platzwunde am Kinn war vor zehn Tagen versorgt worden. Mit winzigen Stichen hauchfeiner schwarzer Nähte mit minikleinen Knötchen und circa zwei Millimeter davon abstehenden Schwänzchen. Darüber wuchs der wohl imposanteste schwarze Vollbart, den ich in meinem Leben gesehen habe, schwarzborstig und weit länger als zwei Millimeter. Wenn ich an all die wunderbaren blauen Nahtmaterialien denke, frage ich mich, warum musste der Kollege Ton in Ton und Borst in Borst arbeiten? Mag er keine Hausärzte? Oder ist er noch so jung, dass er sich nicht vorstellen kann, dass irgendwann der Tag kommt, an dem trübes Wetter und Altersweitsichtigkeit das Nahtentfernen zum anstrengungstechnischen Äquivalent einer Hochgebirgsexpedition machen? Knabe, ich sage dir: Auch für dich ist es einmal so weit, dass du dir wünschst, die Erstversorgung zu machen. Die klaffende Wunde siehst du nämlich noch eine Zeit lang ganz gut.

Doch was kommt nach der Zeit des rückenproblemfreien Arbeitens mit perfekter Sehleistung? Hackeln werden wir bis zum Umfallen, auf jeden Fall aber bis siebzig. Wenn Sie mich heute mit zusammengekniffenen Augen und zittrigen Händen im Kinngemüse meines Patienten herumstochern sehen hätten, dann würden Sie mir mit siebzig nicht mal mehr die Zehennägel zum Schneiden überlassen, geschweige denn irgendwelche wichtigeren Körperteile.

Irgendwie finde ich, dass Ärzte eigentlich nach dem Bundesbahn-Modell behandelt werden sollten: viel Urlaub, viel Krankenstand und mit spätestens fünfzig in eine wohlverdiente Pension. Es ist mittlerweile bekannt, dass ältere Kollegen oft nicht mehr die geforderten wissenschaftlichen Standards erfüllen. Eigene Erfahrung zählt ja immer weniger. Auf gut Deutsch heißt das, dass wir auch geistig nachlassen. Wir sind nicht mehr up to date und am Puls der Zeit. Die, die probiert haben, neben der ganzen Arbeit auch die gesamte Bürokratie verlässlich zu erledigen und auf jeder Fortbildung gewesen zu sein, haben mit fünfundvierzig ein Burn-out. Die, die rechtzeitig auf Antidepressiva und Aufputschmittel umgestiegen sind, halt zwei Jahre später einen Herzinfarkt.

Solange man Spitalsarzt ist, kann man wenigstens auf Hilfe zurückgreifen. Als Chirurg kann man sich, wenn das OP-Feld nur noch verschwommen zu erblicken ist, großzügig zeigen und die jungen Kollegen fördern, indem man die Assistenzärzte operieren lässt. Als Internist sich bei der Visite von einer jungen, knackigen Schwester stützen lassen und als Gynäkologe kann man wenigstens im Sitzen arbeiten.

Was aber macht der Hausarzt? Je älter der wird, desto älter werden meist auch seine Patienten. Und dann beginnt schön langsam die Zeit, wo die Leute einfach nicht mehr in die Ordination kommen können. Also geht der Doktor auf Hausbesuch. Auch wenn der einst enthusiastisch gepackte Notarztkoffer bereits von der „Ärztetasche light" ersetzt worden ist, fühlt man, wie die Arme immer länger werden beim Tragen. Vor allem in der Stadt, wo sicher kein Parkplatz in der Nähe frei ist. Dann schleppt man sich die eigene Hüftgelenksarthrose und Atemnot ignorierend in den vierten Stock des Altbaus, um zu erfahren, dass die Gnädigste sich bei diesem schönen Wetter doch einmal hinausgewagt hat und beim Friseur weilt. Also schleppt man sich wieder hinab unter Missachtung aller schmerzenden Meniskusreste und ausgeleierten Kreuzbänder. Dann geht es weiter zum nächsten. Die Kilometerpauschale der Gebietskrankenkasse ist bis dahin wahrscheinlich niedriger als der Preis für einen Liter Sprit.

Ich glaube, es wäre doch ganz gescheit gewesen, Psychiater oder Psychotherapeut zu werden. Erstens kann man diesen Job auch im Sitzen machen, notfalls sogar im Rollstuhl oder mit Gehhilfe. Zweitens ist es nicht unbedingt nötig, den Patienten wirklich gut zu sehen. Drittens könnte es in diesem Fall sein, dass Lebenserfahrung und Altersweisheit durchaus etwas Positives sind. Und zuguterletzt wäre es zwar für den Patienten sinnvoll, wenn man ihn hört und versteht. Aber vielleicht ist es für die eigene Seelenruhe gar nicht so schlecht, wenn man nicht immer alles mitkriegt!

Handys

Ich frage mich gerade, wie ich es vor fünfzehn oder zwanzig Jahren geschafft habe, zu überleben. Und nicht nur das. Ich hatte auch Freunde, mit denen ich regelmäßig kommuniziert, Termine ausgemacht und sie dann sogar getroffen habe. Ich war im Urlaub, habe Flüge gebucht, Parkscheine ausgefüllt und Geburtstagsgrüße verschickt. Ich war auch alleine am Berg oder irgendwo in der Pampa unterwegs, ohne mich zu fürchten. Und das alles ohne. Ein mittlerweile unvorstellbarer Gedanke. Wenn ich die Wohnung verlasse, kontrolliere ich nur, ob ich wohl mein Handy dabei habe. Geld, Schlüssel, geputzte Schuhe oder löcherfreie Socken: alles sekundär. Hauptsache das Telefonino ist dabei. Dabei mag ich meines eigentlich gar nicht. Es gibt Tage, da brüllt es unentwegt. Vor dem Aufstehen, beim Aufstehen, beim Zähneputzen, beim Essen, am Klo, beim Zahnarzt, während ich versuche, einem schreienden Kleinkind Blut abzunehmen, an der Supermarktkassa und wenn ich mich bemühe, zwei Einkaufskisten balancierend die Wohnungstüre aufzusperren. Die meiste Zeit muss ich dann sogar dem Impuls widerstehen, es entweder in hohem Bogen aus dem Fenster zu werfen oder es ins Klo fallen zu lassen. Und dann wieder und wieder auf Spülen zu drücken …

Und wenn ich sogar mein eigenes nicht mag, das von anderen mag ich noch weniger. Besonders wenig im Ruheraum einer Therme oder beim Candle-light Dinner. Entweder man versucht gerade, mit geschlossenen Augen wegzudüsseln oder lässt sich den köstlichen Geschmack von Mousse au Chocolat auf der Zunge zergehen, wenn einen plötzlich schrilles Pfeifen, Folgetonhörner, Beethovens Fünfte oder der Krieg der Sterne anfallen. Nun könnte es ja passiert sein, dass die Handys nur versehentlich die Orte der Beschaulichkeit und des Genusses erreicht haben und verschämt sofort ausgeschaltet würden. Falsche Hoffnung. Offensichtlich kann man ein Handy auch nicht leise benützen, sondern muss es beschreien. Männer lassen dann meistens ihre ganze Umgebung wissen, was für tolle Kerle sie doch sind, denn offensichtlich kommen Firma und Kollegen nicht mal einen Abend ohne sie aus. Nach einer Viertelstunde wissen dann alle im Raum Bescheid über die Aktienkurse, die Lösung des Computerproblems oder das Seminarangebot. Wahlweise auch über die Feier danach oder die Qualität des Golfplatzes. Bei Frauen wird man eher über die Beziehungsprobleme der besten Freundin informiert. Sollte diese derzeit keine haben, lässt sich auch stundenlang darüber reden, was der Petzi oder die Mausi in letzter Zeit so erlebt haben, begleitet von Gekicher. Diese Gespräche dauern auch meistens länger als fünfzehn Minuten.

Öffentliche Verkehrsmittel in Graz mochte ich schon seit Langem aus vielen Gründen nicht so besonders (unpünktlich, schmutzig, teuer etc.). In den letzten Jahren kommt ein neuer Grund dazu: die Handymania. Es ist schon eine gewisse Folter, im Stau festzustecken und die Handygespräche von Teenagern mitanhören zu müssen. Man kann nämlich stundenlang über absolut nichts reden. Besonders liebe ich die Kombi von dröhnendem MP3-Player in beiden Ohren und ein Gespräch dazu. Klar, dass man da ein bisschen lauter schreien muss, um gehört zu werden.

Was mich an dem Ganzen so fasziniert, ist vor allem die Tatsache, dass anscheinend keiner mehr Privatsphäre braucht. Meine Nachbarin vom Gegenüber-Haus beispielsweise geht zum Telefonieren immer auf den Balkon. Ich bin ja wirklich froh, dass die Biopsie ihres Knotens in der Brust nur etwas Gutartiges ergeben hat. Ich freue mich für sie, dass sie ihre Vaginalmykose endlich im Griff hat. Nur: Wollte ich das wirklich wissen? (Und ich hoffe innständig, dass sie nicht auch noch Dickdarmpolypen oder Analrhagaden kriegt …)

Letztens habe ich eine Freundin, die ich nur selten sehe, weil sie weiter weg wohnt, besucht. Auf ein Stündchen Kaffeetratsch. Nach dem Begrüßungsbussi klingelte ihr Diensthandy. Computerabsturz in der Firma. Klar, muss man rangehen. Nach einer Viertelstunde wechseln wir einen Satz. Da, noch einmal das Diensthandy. Interessierter Neukunde. Muss man natürlich auch sofort behandeln. Dann haben wir tatsächlich drei Minuten geredet. Piiiiep. Das Privathandy. Der Nachwuchs. Muss man reden, denn sonst glauben sie, Mama mag sie nicht. Klare Sache. Ich hole mir eine Zeitschrift aus der Leseecke. Nach dem Nachwuchs waren es dann noch der Bärli und ein paar andere Freunde. Alles wichtige Telefonate. Nach etwa einer Stunde gehe ich. Offensichtlich geht es ihr recht gut und ich habe wenigstens die neue Cosmo gelesen.

Das Richtige für die Gesundheit

Letztens kommt eine Patientin zu mir in die Ernährungsberatung und eröffnet das Gespräch mit den Worten: „Frau Doktor, ich bin da um zu lernen, weil ich will das Richtige essen für meine Gesundheit." Ich widerstehe dem Impuls zu sagen: „Das finde ich toll, aber da kann ich Ihnen leider nicht weiterhelfen. Ich habe zwar ,den Richtigen' schon gefunden, aber das Richtige entzieht sich noch meiner Kenntnis." Ich habe mich dann doch ohne weitere philosophische Ausschweifungen den Ernährungsgewohnheiten der Dame zugewandt.

Manchmal frage ich mich, was mich geritten hat, als ich mir „Ernährungsberatung" auf mein Schild dazuschreiben ließ. Denn dieses Zusatzangebot ist ein Fass ohne Boden. Und ich meine damit nicht die Schwierigkeiten, die man so manchmal mit adipösen Zeitgenossen hat, die vierzehn Hamburger für eine einzige Mittagsportion halten.

Es fängt schon damit an, dass mir die Patienten leid tun. Je mehr sie eingehämmert bekommen, dass sie selber verantwortlich seien für ihre Gesundheit, desto mehr Ernährungsratgeber kaufen sie. Dabei sollte man es mit Ernährungsratgebern halten wie mit Schokotortenstücken: Eines ist genug. Im Gegensatz zu einer zweiten Schokotorte, die einem entweder noch mehr Glücksgefühle oder aber Verstopfung und Bauchspeicheldrüsenentzündung beschert, richten multiple Ernährungsratgeber ungleich Schlimmeres an. Der intelligente Leser wird bemerken, dass sich die Aussagen des zweitgekauften Werkes deutlich vom ersten unterscheiden. Danach wird er sich ein drittes kaufen, ein viertes und so weiter. Danach wird er zum Schluss nicht einmal mehr wissen, ob er Wasser auch kalt trinken darf oder nur lauwarm oder noch besser gegrandert. Da die meisten Ernährungsbuchautoren gerne die Weisheit mit Schöpflöffeln essen, wird unser armer Leser am Ende nicht einmal mehr wissen, wie er bis ins Erwachsenenalter überlebt hat.

Menschen mit schlechtem Gedächtnis tun sich da etwas leichter. Sie können wenigstens nacheinander getrost das absolut Richtige essen: mediterran, makrobiotisch, TCM oder Atkins. Je nachdem, was sie gerade gelesen und wieder vergessen haben. Alle anderen verstricken sich immer tiefer in die Widersprüche ihrer Ernährungsgurus. Vielleicht sollte man ihnen Folgendes raten: Montag Kreta Diät, Dienstag Atkins Diät, Mittwoch chinesische Ernährung, Donnerstag Obsttag, Freitag „Friss die Hälfte", Samstag Blutgruppendiät und Sonntag das Plachutta-Kochbuch. Über das Jahr verteilt käme man damit im Schnitt auf eine ausgewogene Mischkost.

Und alle vermitteln uns, dass der propagierte Fraß ganz köstlich ist, dass man sich damit unheimlich energiegeladen und fit fühlen wird, und außerdem ganz bestimmt auch noch abnehmen wird. Es klingt in der Theorie ja zu schön: Jeder ist für seine Gesundheit selbst verantwortlich und hat es in der Hand, sich gesund, fit und schön zu essen. Funktioniert leider nur in seltenen Fällen. In den meisten anderen spielt es sich entweder so ab, dass die Leute merken, dass sie früher mit Bier, Gulasch und Schweinsbraten auch nicht hässlicher waren. Oder so, dass empfindsamere Gemüter spüren, dass die Verantwortung für ihre Gesundheit schwerer auf ihren Schultern lastet als die Gewichte, die sie zur Unterstützung der Fettverbrennung heben. Und schnell wird aus der Verantwortung Schuld. Selber Schuld, nicht fit genug zu sein, nicht schlank genug zu sein, nicht gesund genug zu sein. Doch am Horizont scheint immer wieder neues Licht: Eine neue Ernährungsform wurde gefunden, ein seligmachendes Konzept entworfen. Außerdem ist es ganz einfach zu befolgen. Allerdings nicht ganz billig, aber der reuige Ernährungssünder ist ja bereit, für seine Erlösung zu zahlen. Und einen extra großen Ablass gibt es dann auch beim Kauf der Monatspackung an Shakes, Vitaminpillen und Nahrungsergänzung …

Warum im Selbstmitleid
baden so schön ist

Und tu schön brav das Bett hüten! Sagt mir mein Chefredakteur
zum Abschluss unseres Telefonats. An seinem Ende der
Leitung im Hintergrund Straßenlärm und die Geräusche einer pul-
sierenden, lebendigen Großstadt. An meinem Ende der Leitung ein
Gespräch, unterbrochen von bellendem Husten und äußerst un-
damenhaft aufgezogener Nase. Hintergrundgeräusch auf meiner
Seite, nur das Ticken der Uhr und das Surren des Heizstrahlers.
Das Bild, das sich bietet: Ich aufgebahrt mit zwei Decken, einer
Wärmeflasche und zwei Paar Schisocken meines Mannes.
Überschrift: Stillleben in Kälte und Fadess. Ich möchte wissen,
wer als Erster den blöden Ausdruck „das Bett hüten" kreiert hat.
Wenn es wenigstens Anstalten machen würde davonzulaufen oder
so. Aber das Ding steht nur öde an seinem Platz. Und darinnen ich,
erfüllt von unbändigen Energien und Tatendrang.

Da ich sonst nichts tun kann, tu ich mir wenigstens furchtbar
leid. Ich zelebriere das Armsein und suhle mich im Selbstmitleid.
Leider auch keine wirkliche Lösung, wie ich feststellen muss.

Das Problem ist nur, dass das, was ich an Energie derzeit produziere, rein thermischer Natur ist und trotzdem nicht ausreicht,
das Zimmer ausreichend zu erwärmen. Mein kreativer Output
kann sich aber sehen lassen. Ich habe einen 35-Liter-Müllkübel
mit vollgerotzten Taschentüchern gefüllt. Und die sind nicht nur
dezent angeschneuzt, sondern klatschnass. Meine Nebenhöhlen
sind so voll, dass mir gleich der Hirnstamm explodiert, aber
ansonsten ist mein Leben leer. Wenn ich mich so betrachte, bekommt das Wort Schleimbeutel eine völlig neue Bedeutung. Selbst
in der Ordi heute Vormittag haben mich kaum Patienten heim-
gesucht. Wahrscheinlich hat der erste Kranke, der da war, die
Nachfolgenden vor meinem Anblick gewarnt. Und offensichtlich
will sich derzeit keiner mit einem wirklich tollen Infekt anstecken.
Das wundert mich eigentlich, denn ich glaube, dass ein Niesen von
mir, gesammelten Beamten einer durchschnittlichen Kleinstadt für
mindestens drei Wochen in Krankenstand versetzen würde. Und
mit dem, was da trotz vorgehaltener Hand beim Husten so raus-

kommt, könnte man die ÖBB vorübergehend stilllegen. Will denn keiner mein Leben und meine Viren mit mir teilen?

Mein Liebster hat mir einen 5-Kilo-Sack Karotten sowie einen Riesensellerie und diverse Kräuter gekauft. Jetzt kann ich wirklich genug klare Gemüsesuppe machen. Ich habe schon diese leichte Hautverfärbung, die man sonst nur bei Babys sieht, wenn Hipp mit Karotte gerade in der 100er-Palette im Sonderangebot war. Ansonsten hat der Liebste derzeit ein auffallend reges Sozialleben, besonders außerhalb unserer vier Wände. Man könnte fast meinen, er würde mich meiden. Dabei jammere ich nur ganz wenig. Ehrlich, ich stöhne kaum, schnarche nur mittellaut und erkläre höchstens fünfmal pro Stunde, dass ich demnächst sterben werde. Und ich habe maximal zwei Anfälle vormittags und drei nachmittags, dass mein Leben sinnlos ist.

Ich möchte wirklich wissen, wer auf die These mit dem primären, sekundären und soundsovielten Krankheitsgewinn verfallen ist. Fazit ist, dass primär arbeitsmäßig nur Verlust da ist, nämlich von Einkommen. Sekundär bekomme ich beziehungsmäßig zu jeder anderen Zeit mehr Wärme und Zuneigung. Tertiär ist ein Versuch der Regression in die Zeiten, wo man noch so richtig arm und krank sein konnte und Mama dann das Lieblingsessen gekocht und neues Spielzeug gekauft hat, auch vorbei. Mama sagt: „Koch selber und du hast schon genug Paar Schuhe – ungefähr das Äquivalent von Spielzeug seit ich das Erwachsenenalter erreicht habe." Selbst die einmalige Gelegenheit, endlich einmal in Ruhe alle Lieblingsfilme anschauen zu können, ist nicht gegeben. Ich könnte im TV zwischen irgendeiner Reality Show und einer 400. Wiederholung eines Hans-Moser-Films wählen. Lesen kann ich nicht, da meine Augen triefen und mir das Licht die Schädeldecke absprengt. Also kann ich mir nur selbst und ganz alleine und ganz furchtbar viel leid tun. Ich kann nicht einmal irgendjemanden beeindrucken und zu Mitleid bewegen. Ich hab schließlich nur einen „common cold", einen ordinären Schnupfen, eine gewöhnliche Verkühlung oder hundsgemeine Erkältung. Unheilbar, aber nicht tödlich und schon gar nicht spektakulär. Also bleiben mir nur Gemüsesuppe und Selbstmitleid.

Nicht genügend, setzen!

Gehen Sie einmal in ein Museum und sehen sich alte Portraits an: Sind die Leute nicht irgendwie fast alle ziemlich hässlich? Ich hoffe, ich habe jetzt niemanden beleidigt, dessen Bildnis eines Urahns irgendwo im Prado oder Louvre hängt. Ich finde auch die Gemälde meiner eigenen Ahnen (hängen nicht im Prado oder Louvre) eher hässlich, furchtbar frisiert und ziemlich unattraktiv gekleidet. Fest steht, wir sind heute doch einfach viel hübscher anzusehen. Und nicht nur das. Wir haben auch eine viel höhere Lebenserwartung, wir sind viel gesünder (jawohl, Diabetes und Raucherbein sind eine Verbesserung gegenüber Schwindsucht, Lungenpest und Kindbettfieber!) und wir sind mit viel mehr materiellen Gütern gesegnet als die Generationen vor uns.

Daraus aber den Schluss zu ziehen, dass wir viel zufriedener mit uns selbst und unserem Leben wären, ist offensichtlich grundverkehrt. Eigentlich sollte man ja lauter glückliche, zufriedene und dankbare Menschen erwarten. Man wird eines Besseren belehrt, wenn man den Leuten beim Reden in der Straßenbahn oder im Café zuhört. Interessanterweise haben sich unsere Altvorderen immer wieder in die Kirche oder sonstige Tempel begeben und ihrem Gott für ihr Leben gedankt, für eine gute Ernte, für Gesundheit etc. Und das, obwohl sie nicht mit dem Auto hinfahren konnten, zu Hause keine Zentralheizung hatten und sich nach der eiskalten Kirchenbank nicht in der Dampfdusche erwärmen lassen konnten. Da Gott in unseren Breiten ziemlich ausrangiert wurde, haben wir mit ihm offensichtlich auch Dankbarkeit und Zufriedenheit mit unserem Dasein und Leben über Bord geworfen.

Obwohl wir so schön sind wie noch nie, stellt sich spätestens mit 18 zur Matura die Frage: Kann das arme Kind mit so einer Nase durchs Leben gehen oder gehört nicht zur elterlichen Pflicht und Obsorge auch die Finanzierung einer kleinen Nasenkorrektur? Und würden nicht zwei kleine, natürlich wirkende Brustimplantate (Tochter) oder ein bisschen Silikon im Bizeps (Sohn) die Chancen auf ein erfolgreiches und glückliches Leben unheimlich vergrößern? Selbst ein 18-jähriger Po ist heutzutage nicht genügend knackig. Und man kann natürlich auch nicht früh genug mit Liposuction und Cellulitiswickeln beginnen. Wer gesunde, zahnfarbene Zähne besitzt, muss sie um Gottes willen bleachen für ein sympathisches Lächeln. Wem das noch nicht qualvoll genug ist, der opfert gesunde Zähne und trägt Veneers. Manche unter ihnen sind nach dieser Schilderung glücklich, dankbar und zufrieden mit ihrem Aussehen. Wunderbar, dann hat es ja etwas gebracht. Bei anderen bleibt jedoch maximal das Gefühl, nicht ganz so „nicht genügend" zu sein.

Nicht genügend zu sein ist das eine, nicht genügend zu tun das Nächste. Wenn Mann heutzutage einfach nur normal gesund und sexuell aktiv (und manchmal nicht ganz so aktiv) ist, fühlt er sich womöglich nicht genügend. Also muss die kleine blaue Pille (oder ihre andersfarbigen Nachfahren) her. Nur Sex ist zu wenig, eine spektakuläre Performance will geboten werden. Wer es sich in der Apotheke nicht leisten kann, kauft über das Internet. Bei 70 Prozent off ist es nicht mehr so wichtig, ob Strychnin oder Puderzucker in der Kapsel ist, Hauptsache Mann glaubt daran. Wenn davon wenigstens das „nicht genügend"-Gefühl verschwinden würde!

Es hat sich also aufgehört, mit dem Leben zufrieden zu sein, oder glücklich über das, was wir haben und wie wir sind. Und deshalb gibt es auch niemanden mehr, dem wir für unser Leben dankbar sein könnten. Also auch nichts oder niemanden mehr, der für uns zuständig ist. Das bedeutet aber, dass wir ganz alleine für alles verantwortlich sind. Bedeutet, dass Schönheit zu unserer eigenen Pflicht wird, Gesundheit zur eigenen Letztverantwortung und Krankheit zur persönlichen Schuld. Wenn einer im Bekanntenkreis todkrank wird, fragen wir natürlich als Erstes: „Hat er geraucht? War er übergewichtig, hat er getrunken?" Wenn eine dieser Fragen mit Ja beantwortet wird, können wir uns erleichtert zurücklehnen und sagen: „Eh klar, selber schuld." Dann gibt es aber blöderweise noch Menschen, die vorbildlich gesundheitsbewusst und verantwortlich gelebt haben und die Krankheit trotzdem nicht abwenden konnten. Schuld ist dann die Psyche. „Er war halt so depressiv" oder „Er hat eben alles in sich hineingefressen." Ätsch, schon wieder den Schwarzen Peter abgekriegt.

Manchmal wäre es erleichternder oder gnädiger einen Gott zu haben, dem man die Verantwortung überlässt, oder zumindest einen wie Gregor Mendel, den man beschuldigen kann, weil er schon wieder die Gene falsch rekombiniert hat.

Größer, schöner, besser

Da hat einer nun ein Auto mit, sagen wir einmal, 265 PS. Eigentlich müsste das reichen, um sich damit in Szene zu setzen, andere Verkehrsteilnehmer zu gefährden oder den Treibhauseffekt zu verschlimmern. Doch er wird nur so lange glücklich sein, bis er seinen Nachbarn sieht, dessen Potenzkeil 20 PS mehr hat. Und schon denkt er an ein neues Auto. Sie dagegen dachte immer, dass es schon mühsam genug sei, die Haushälterin durch 390 Quadratmeter Wohnfläche zu scheuchen. Bis sie in ein Haus eingeladen wurde, das noch über drei Zimmer mehr verfügte. Und schon macht sich Unzufriedenheit breit. Es wird immer irgendjemanden geben, der das, was wir haben, auch hat: nur in größer, schöner und besser.

Da die meisten von uns jedoch nicht einmal wissen, wie ein Maserati aussieht und an die durchschnittliche 90-Quadratmeter-Wohnung so leicht kein Anbau dranzuhängen ist, stellt sich die Frage: Was könnten wir den anderen neiden? Und womit lässt sich am besten konkurrieren? Wenn Sie sich einmal für eine halbe Stunde in ein Café oder in ein öffentliches Verkehrsmittel setzen, finden Sie es sofort heraus. Das ultimative Statussymbol heißt Krankheit. Das hört sich dann ungefähr so an: „Also ich habe da ja seit drei Monaten so ein Ziehen im Rücken und gestern war ich beim Arzt und stellen Sie sich vor, ich habe ..." Die anderen lauschen gespannt und noch bevor er mit seinem Satz fertig ist, fällt ihm der Zweite ins Wort: „Das ist ja noch gar nichts. Ich dagegen habe ... Und mein Arzt hat gesagt, dass das wahrscheinlich nie wieder ganz weggeht." Woraufhin der Dritte ihn stolz unterbricht und mit siegesbewusster Mine erklärt, dass er etwas habe, an dem man auch sterben könnte. Nun sind die zwei anderen enttäuscht, denn sie wurden eindeutig auf die billigen Plätze verwiesen. Für kurze Zeit ist es wieder ruhig in der Straßenbahn.

Angeblich wünschen alle einander immer nur Gesundheit. Ich habe aber noch nie einen damit angeben hören, wie gut er schläft, wie fit er sich fühlt und wie easy er sein Idealgewicht hält. Offensichtlich ist das viel zu banal. Erst Krankheit macht uns offensichtlich zu etwas Besonderem und Einzigartigem. Da ist es nur verständlich, dass der Gesundheitsmarkt diesem menschlichen Bedürfnis entgegenkommt. Die Grundlage dafür liefert die Definition von Gesundheit, so absolut unerreichbar wie die der WHO. Gesundheit ist demnach nur der Zustand des umfassenden körperlichen, seelischen und psychosozialen Wohlbefindens. (Das muss man mal erreichen, in allen Punkten und auf Dauer!) Ausgesprochen gut eignet sich zu diesem Zweck auch die von mir sonst so geliebte traditionelle chinesische Medizin. Nach dieser sind nämlich immer in irgendeinem Funktionskreis Yin und Yang im Ungleichgewicht und stets herrscht irgendwo zu viel Hitze oder zu wenig Kälte etc. Sie können sich ein Leben lang akupunktieren, bis Sie aussehen wie ein Nadelkissen oder Stachelschwein, und es wird nie perfekt sein. Dann erkläre man es zur Bürgerpflicht, dass jeder für seine Gesundheit zu sorgen hätte und selbst dafür verantwortlich sei. Gesundheit wird ein „Must-have" und gleichzeitig suggeriert man den Leuten, dass sie machbar und käuflich ist.

Jetzt braucht man noch die geeigneten Werkzeuge, um den Gesundheitsmarkt in Schwung zu bringen, ja geradezu zu einem Perpetuum mobile werden zu lassen. Am besten, man verändert als Erstes die Definitionen von normal, indem man die Grenzen immer enger steckt. Dann verändert man entscheidende Bezeichnungen. Ein vormals Gesunder leicht Übergewichtiger wird dadurch zum Präadipösen. Na bitte, schon wieder einen Kranken geschaffen. Dann führt man möglichst viele Laborbestimmungen ein und macht sie einer breiten Masse zugänglich. Es wäre doch gelacht, wenn wir bei einer Blutabnahme, bei der wir alle Hormone, Vitamine, Spurenelemente und Aminosäuren bestimmen, nicht wenigstens feststellen könnten, dass ein paar der Werte sich außerhalb des Referenzbereichs befinden. Und voilà, schon haben wir Vitaminmängel, hormonelle Dysfunktionen, vielleicht auch gleich ein paar Nahrungsmittelintoleranzen und Malabsorptionen und wir haben wieder einen Patienten geschaffen. Nicht nur einen, Tausende! Und statt größer, schöner, besser heißt es jetzt kränker, ärmer, jämmerlicher.

Rettet den gesunden Menschenverstand!

Gerade habe ich eine wilde Putzorgie hinter mich gebracht. Vor lauter Angst, wohl ganz sicher allen Hygienevorschriften zu genügen, ist meine Ordi jetzt so sauber, dass es wahrscheinlich hygienischer wäre, von meiner Klobrille zu essen als von einem Teller in so manchem Haubentempel. Zur Belohnung will ich mir in einer der angeblich besten Konditoreien unserer schönen Stadt einen Krapfen gönnen. Ich wähle ein besonders schönes, goldbraunes und nicht zu dunkel geratenes Exemplar. Die holde Maid hinter der Theke greift mit allen fünf Fingern nach dem Ding, umschließt es mit dem ganzen Schwitzehändchen und drückt es mir auf einen Pappteller. Sie hält mir dann auch dieselbe Hand für meine Euros entgegen. Danke, ich hab schon gegessen! Mehlspeisen bekomme ich also nur mit Euro-Abrieb und Handschweiß (bei der statistischen Häufigkeit, mit der sich unsere Mitbürger nach dem Klogang die Hände waschen auch sicher noch mit anderem). Brot reicht mir der Bäcker, nachdem er ausgiebig in seine hohle Hand gehustet hat und in eine Restaurantküche will ich gar nicht erst hineinschauen. Letztens bekam ich mal ein angebissenes Biscuit zum Kaffee. Der Kellner entschuldigte sich, dass er dies, weil halb von der Serviette verdeckt, nicht gesehen habe, wenn ein Gast es überließe, würde man es aus Spargründen dem nächsten geben. Na, Mahlzeit!

Warum sollte ich dann, um solche Menschen zu behandeln, abwaschbare Wände, totgeputzte Böden und desinfizierbare Ordinationshilfen haben?

Und wenn ich schon bei der großen Frage nach dem Warum bin, überlege ich auch gleich weiter, warum jede Hausfrau, auch wenn sie nur Mindest-IQ-Besitzerin ist, den Abfluss entkalken und eine WC-Ente benutzen darf. Als Ärztin muss ich aber schon aufpassen, dass meine Ordihilfe sich nicht mit Essigreiniger einreibt oder am Entkalker zuzelt. Ich muss diesbezüglich seitenlange Traktate ausdrucken, sie den Angestellten näherbringen und auch noch von ihnen unterschreiben lassen. Vielleicht sollte ich auch noch extra überwachen, dass meine Angestellten sich nicht nach Feierabend ein Harnbecherchen voll mit Desinfektionsalkohol gönnen …

Natürlich will ich meine Arbeitnehmer schützen, aber wenn

man jemanden als Ordinationshilfe einstellt, kann man doch davon ausgehen, dass der oder die helle genug ist, nicht die Putzmittel zu saufen und sich nicht von Lampe zu Lampe schwingt, wenn diese nur schlecht in die Decke gedübelt wurden. Was mich dabei wütend macht, ist die Tatsache, dass kein Hahn nach mir und all den anderen Jungärzten gekräht hat, als wir noch nicht Dienstgeber, sondern Dienstnehmer waren. Da war es völlig gleichgültig, ob wir ein eigenes Klo hatten und wie viele Bandscheiben wir auf den ausrangierten Betten gelassen haben, die man uns ins Dienstzimmer gestellt hat. Nicht in jedem Krankenhaus hatte jeder einen eigenen Spind, von einem Schreibtisch zum Diktieren und Bearbeiten der Arztbriefe ganz zu schweigen. Keiner hat darauf geachtet, dass wir Pausen zum Essen oder zum Ruhen bekommen hätten. Bei dem Gedanken, dass wir Luft und Sonnenlicht sowie genug Platz und Privatsphäre zum Telefonieren brauchen würden, hätten unsere Oberärzte wahrscheinlich schallend gelacht oder milde die Köpfe geschüttelt, wie bei dem Wunsch nach Einhaltung der Dienstzeit.

Warum hat uns da keiner vor den Gefahren des Lebens und Arbeitens geschützt? Dafür wird meine Welt jetzt immer sicherer. Möglicherweise kann ich mich bald nicht mehr damit gefährden, dass ich ganz einfach Entkalker und giftige Putzmittelchen im Supermarkt kaufe. Diese könnten in Zukunft vielleicht in ein versperrbares Gefahrenkästchen wandern. Wenn ich dann müde vom Arbeiten noch schnell einkaufen fahre, kann ich mir eine ebenfalls müde und entnervte Supermarktangestellte in der unterbesetzten Filiale suchen, die mir das Kästchen aufsperrt und das gewünschte Gift heraussucht. Dann kann sie mir einen Vortrag über Risiken und Gefahren halten und wir unterzeichnen gemeinsam die Formulare, die belegen, dass ich alles verstanden habe. Vielleicht kaufe ich auch noch ein Fläschchen Nitrolingual dazu, damit mir das Ganze nicht zu sehr aufs Herz geht. Dann fahre ich heim und hülle mich nach der Dusche in meinen neuen Bademantel. Aus dem habe ich gerade ein unglaublich kratziges Etikett herausgetrennt auf dem stand: „Nicht ins Feuer halten". Ich glaube nicht, dass ich dazu noch was sagen muss, außer: „Bitte Leute, bitte rettet den gesunden Menschenverstand!"

Darf Sport auch Spass machen?

Vor einiger Zeit war ich auf einer Ärzte-Fortbildung zum Thema Sport. Immerhin ist das ein Thema, das mich schon fast mein ganzes Leben beschäftigt. Zuerst als Kind beim Turnen, dann als Jugendliche bei allem, was man möglichst weit von sich werfen konnte, zum Beispiel Bälle, Speere oder Kugeln bzw. bei allen Arten von Spielen, bei denen man einem Ball nachjagen konnte. Später, beim nicht ganz so gelungenen Versuch, mich mit Eleganz und Damenhaftigkeit über das ganz schön rutschige Parkett des Tanzsports zu bewegen. Und schließlich in den letzten zwei Jahrzehnten im Kampfsport, genauer gesagt im Karate.

Darin habe ich mittlerweile insgesamt fünf schwarze Gürtel und eine veritable Anzahl von begabten Meisterschülern und Meisterschülerinnen. Kampfsport hat gegenüber dem Tanzen entscheidende Vorteile: Die Frisur muss nicht perfekt sitzen, statt tiefer Ausschnitte und immer verrutschender Tops trägt man ein pyjamaartiges Outfit mit Brustschutz darunter. Statt sich superteure Glanzstrumpfhosen mit Laufmaschen zu ruinieren, droht nur der nackte Fußpilz des Trainingspartners. Auch ist im Gegensatz zum Standardtanzen durchaus im Trainingsplan inbegriffen, das Gegenüber zu treten und zu schlagen, und alles beginnt damit, dass man seinen Partner achtet und respektiert. Das Schöne im Kampfsport ist, dass die Lehrer einem immer sagen: Der Weg ist das Ziel. Darüber kann man jahrelang meditieren und wird garantiert nie fertig. Es ist zwar auch nicht mehr das Gleiche mit den Trainierenden, wie es einmal im alten Japan war: Heutzutage darf man sie nicht mehr mit dem Bambusstab schlagen und sie putzen einem auch nicht mehr die Schuhe. Trotzdem erfährt man als Meisterin Respekt und eine höfliche Verbeugung, oft auch ein „wow!" bei der Anzahl der Dangrade (= Anzahl schwarzer Gürtel). Dafür geht man ihnen gegenüber auch eine Verpflichtung ein: Sie zu unterrichten, zu beschützen – meist vor sich selbst – und sie zu respektieren. Zu mir hat noch keiner gesagt: „Wow, Sie sind Arzt!" und hat sich schon erst recht nicht verbeugt. Und das mit dem Respekt und dem Einhalten von Verträgen wird in diesem Job auch immer schwieriger.

Zurück zur Ärztefortbildung zum Thema Sport, in der ich da gesessen habe. In manchen Vorträgen bekam ich nostalgische Gefühle bei der einen oder anderen Folie, kopiert aus Weineck 1983. Wenn man im vorigen Jahrtausend seinen staatlich geprüften Trainer oder Lehrwart gemacht hat, dann kennt man Weineck. Im Sport ist das so etwas wie die Bibel im Katholizismus oder der Hafferl in der Anatomie. Der Eckstein der Bewegung sozusagen, egal ob man dann Fußballer oder Eiskunstläuferinnen trainiert. Ich wusste gar nicht, dass das Ding immer noch so aktuell ist. Mir ist schon klar, dass sich im Pentateuch nichts mehr ändert bzw. auch in der topografischen Anatomie irgendwann einmal jeder Trigeminusast gefunden wurde, aber Sport sollte ja doch etwas Bewegtes sein?

Aber wahrscheinlich muss ich meine Einstellung zum Sport sowieso revidieren. Denn nach diesen Vorträgen zweifle ich daran, ob ich jemals wirklich und echt Sport betrieben habe, denn offensichtlich braucht man dazu ein Ergometer. Aufs Ergometer setze ich mich nur alle paar Jahre, um nachzusehen, ob ich wohl noch auf 200 Watt komme. Jetzt habe ich herausgefunden, dass man damit sogar regelmäßige Bewegung machen könnte. Und sollte. Ich steh dazu, Ergometer kommt mir keiner ins Haus, er würde nicht zu den Möbeln passen und Kleiderständer habe ich auch schon einen. (Sie kennen das: Wenn man es geschickt angeht, kann man auf einem einzigen Ergometer die Bügelwäsche der ganzen Familie aufhängen und ausdampfen lassen.) Ich will mir auch keine Stöcke kaufen und Nordic Walken. Nur weil der Begriff hipp klingt, bleibt es für mich immer noch „In-der-Gegend-herumtaumeln-und-mit-Stöcken-um-sich-stochern". Und laufen mag ich ebenfalls nicht, es sei denn, irgendein rundes Leder rollt oder fliegt vor mir. Und wenn dann noch andere auch an dieses Leder wollen bzw. das Ding wahlweise in Tore oder Körbe spielen möchten und man so richtig darum kämpfen kann: Ja, dann sehen Sie mich rennen. Stundenlang. Wenn ich mir überlege, dass so viele Kinder und Jugendliche zu dick sind und ihr ganzes Leben dick bleiben werden und ich stell mir dann vor, wie wir dem mit Sport entgegensteuern: Wie es wäre, einem Achtjährigen das Ergometer näher zu bringen? Oder was Pubertierende mit Walkingstöcken alles ausfechten könnten? Ich finde den Gedanken an Reihen von Ergometern, auf denen Kinder ganz brav und geordnet ihre Trainingsvorgaben erfüllen, Kalorien verbrennen und Kondition aufbauen irgendwie absurd. Auch eine zivilisierte Gruppe von Dreizehnjährigen, die folgsam am Stock durch den Wald spaziert, halte ich für unnatürlich. Ich sehe schon ein, dass zyklische, gut kontrollierbare Ausdauerbewegung sicher gesund ist. Das ist rote Beete auch. Aber wo bleiben der Spaß und der Genuss dabei?

Compliance oder Adherence?

D er Sowieso hat überhaupt keine Compliance!", schimpft meine Freundin mit geballten Fäusten. „Ich weiß schon nicht mehr, was ich mit ihm tun soll." „Ich hab gehört, dass man Compliance nicht mehr sagt, das heißt jetzt Adherence", entgegne ich überflüssigerweise und gar nicht hilfreich. Was mir auch sofort einen bitterbösen Blick und einen Bierdeckel, der mir ans Hirn segelt, einbringt. Das kennen wir doch alle: Wir haben Patienten, für die wir uns wirklich engagieren, um die wir uns irrsinnig bemühen und die einfach nie das tun, was gut für sie ist. Genauer gesagt, was wir denken, das gut für sie ist. Uns wachsen dabei graue Haare und in schlimmen Fällen landen diese Patienten dann immer wieder mit entgleistem Zucker, untherapierbaren Schmerzen oder einer wirklich schönen Blutdruckkrise in der Notaufnahme, wo man dann den Kopf über die Inkompetenz des Hausarztes schüttelt. Dabei stecken wir doch so voll Engagement und gutem Willen! Doch blöderweise fehlt es so manchem an Compliance, oder Adherence oder vielleicht Intelligence?

Da ich vor nicht allzu langer Zeit ein Wahnsinnswörterbuch Englisch – Deutsch mit 315.000 Wörtern und Wendungen gekauft habe, muss ich Compliance einmal nachschlagen. Nachdem ich schon seit mindestens zehn Jahren auf das Fehlen derselben schimpfe, wäre es vielleicht ganz angebracht, einmal genau zu wissen, worüber ich da eigentlich wettere. Also: Zum einen bedeutet es, dass konforme, wunschgemäße Übereinstimmung herrscht. Daran kann es nicht liegen, denn der oben zitierte Sowieso war einverstanden mit den Wünschen und Anordnungen meiner Kollegin. Zum anderen bedeutet es Gefügigkeit. Selbige ist auch relativ einfach zu erreichen, wenn man mit einer stumpfen Spritzennadel oder einer rektalen Untersuchung drohen kann. Trotzdem, obwohl der Patient gefügig und übereinstimmend ist, kommt nichts Gescheites dabei raus.

Vielleicht wird es besser, wenn er über mehr Adherence verfügt? Ich weiß nicht so recht, denn das würde bedeuten, dass er besser an meiner lieben Kollegin anhaftet oder festklebt. Bei so mancher Körperpflegesituation wäre das praktisch sogar machbar. Aber mal ehrlich: Wollen wir das wirklich, dass Schwitzehändchen und -füße und niemals gewaschene Klamotten einfach an uns fest-kleben? Adherence kann man auch als Festhalten oder Anhalten übersetzen. Ist es denn die Lösung, dass alle schwierigen Patienten sich wie Kletten an uns klammern und sich möglichst fest an uns hängen? Auch kein wirklich anheimelnder Gedanke, wenn ich mir das sehr genau überlege.

Völlig egal, wie man es dreht und wendet. Ich stelle fest, dass ich eigentlich weder Adherence noch Compliance bei meinen Patienten möchte. Und wenn ich doch eines von beiden wählen muss, dass nehm ich lieber die Compliance. Lieber gefügig als ge-klebt. Aber die Sache macht mir klar, dass wir unkritisch mit gut klingenden neudeutschen Worten um uns werfen, ohne wirklich überdacht zu haben, was wir uns da wünschen. Im Grunde bin ich mir ja nicht einmal sicher, wie mein idealer complient – ad-herenter Patient wäre. Will ich jemanden, der hirnlos gefügig mit der Präzision eines schweizer Uhrwerkes genau das tut, was ich ihm anschaffe und auch nicht damit aufhört, das zu tun, bis ich es sage? Egal, ob es ihm gefällt oder er den Sinn dahinter sieht? Erschreckenderweise muss ich gestehen: an manchen Tagen ja. An den Tagen, an denen ich mit Migräne oder mit irgendeinem Infekt in der Ordi sitze und an denen, wenn viel zu viel los ist. An die-sen Tagen sehne ich mich nach dem Roboterpatienten, den ich auf 3 x 3 grüne, rote oder gelbe Kapseln plus 4 x in der Woche Sport plus Einhaltung aller Vorsorgeangebote programmieren kann. Der dies auch nicht hinterfragt, anzweifelt oder ablehnt. Der pünkt-lich zum Termin erscheint, nicht länger jammert als vorgesehen und den man dann nur aufzuziehen braucht und er funktioniert 30 Tage lang bis zur nächsten Ordination. Ansonsten gebe ich mir Mühe, dass die Leute meine Vorschläge verstehen und vielleicht zu ihrem eigenen Bedürfnis machen. Dass sie selbstverantwort-lich und selbstständig handeln. So gesehen darf ich mich dann gar nicht beklagen, dass sie keine Compliance oder Adherence haben.

Size zero

Wie wir ja alle wissen, hat sich das Schönheitsideal in den letzten Jahrzehnten ordentlich gewandelt. Marilyn Monroe wäre heutzutage einfach nur zu fett und über zweitklassige Amateurfilmchen nicht hinausgekommen. Sie hätte keine Chance, jemals ihre Füße auf Hollywoods Boden zu bekommen, höchstens als Putzfrau. Vielleicht hätte sie es mit viel Glück als Size-plus-Model in die Problemseiten des Otto- oder Quellekataloges geschafft. Sie hatte Größe 42! So etwas kann die Frau von heute sowieso nicht einmal mehr laut sagen. Ich glaube, frau kann im Freundinnenkreis über alles Mögliche reden. Wir können an Soziophobie, Agoraphobie und Waschzwang leiden und das auch zugeben, einen 19-jährigen muskelbepackten Analphabeten als Lover halten oder auf Darmreinigungstherapien schwören. Und alle Freundinnen würden uns für normal halten. Wir könnten jedoch niemals sagen: „Ich komme gerade vom Powershoppen. Rat mal, was ich gekauft hab: Zwei tolle Jeans Größe 42!" Nein, das wäre unmöglich zuzugeben. Manche der Mädels würden mitleidsvoll, aber freundlich über uns tratschen, jedoch der Rest würde voller Gehässigkeit darüber herziehen, wie sehr wir uns gehen lassen.

Letztens habe ich gelesen, dass die Größe 42 der guten Marilyn heute einer 38er entsprechen würde. Das mag vielleicht für die Plastikfetzen irgendwelcher Billigketten gelten, aber ganz sicher nicht für die teuren Fummel. Ganz im Gegenteil. Je hauter die Couture, desto weniger Stoff wird verschneidert. Das kann natürlich auch als Reaktion auf die Wirtschaftskrise gemeint sein. Schließlich haben sich Aktien, Fonds und Spekulationen nicht gut entwickelt. Da muss man als Designer heutzutage nicht nur die Cents, sondern auch die Seidenraupen zählen. Und ein neues Ideal wurde geboren: Size zero. Größe null. Abgesehen davon, dass mich wahrscheinlich 20 kg und mehrere Körbchengrößen davon trennen, frage ich mich, wie frau sich danach sehnen kann „to be a size zero". Klingt umwerfend, auf die Frage „Was bist du?" zu antworten: „Oh, ich bin eine Null." Klingt irgendwie so nach: Ich bin nichts, ich bin ja eigentlich gar nicht da.

Die wichtigsten Nullen und Doppelnullen (ich meine nicht

James Bond) kommen wieder mal aus Hollywood. Hochbezahlte Frauen, die sich offensichtlich trotzdem nichts zu essen leisten können, flimmern über unsere Kinoleinwände und Fernsehschirme. Frauen, die in den ersten Jahren ihrer Karriere oft göttliche Formen mit richtigem (richtigem, aber trotzdem nicht unbedingt echtem) Busen und wohlgerundeten Hüften zeigten. Dieselben zeigen jetzt hohle Wangen und vorspringende Knie. Und sie wirken gar nicht mehr so gut als leidenschaftliche Geliebte, als erotisches Weib oder als Kämpferin. Ich finde es einfach lächerlich, wenn mühsam herbeigehungerte 45 kg Haut und Knochen so tun, als würden sie die sinnlichen Genüsse eines guten Weins oder Essens schätzen. Oder im Action Genre, wenn sie mal so richtig zuschlagen oder zutreten. Ob das beim Gegenüber auch Eindruck hinterlässt, oder gar jemanden umhaut? Als Liebhaberinnen kann ich das nicht so beurteilen und verlasse mich da auf das Gemurmel meines Liebsten, der so etwas in der Art herumätzt, wie dass man Pathologe oder Anthropologe sein müsste, um solche Formen irgendwie spannend zu finden. Wenn jemand einfach dünn aus Veranlagung ist und essen kann, so viel er will, finde ich das persönlich beneidenswert. Auch wenn ich weiß, dass einige darunter leiden. Auf jeden Fall sieht es aber echt aus, und umso vieles besser als das zwangsmagersüchtige Schönheitsideal, das uns von der Kinoleinwand anspringt.

Frauen, die selber ganz viel verdienen, dürfen offensichtlich nicht essen. Keine guten Rollenmodelle für unsere heranwachsenden Töchter. Wie sieht es eigentlich mit der traditionellen Karrierevariante aus, nicht selber viel zu verdienen, sondern sich einen möglichst reichen Alten zu angeln? Mindestens genauso schlimm. Ich verstehe es irgendwie nicht. Eigentlich müsste Mann, wenn er schon mit Jacht, Autos und Häusern als Statussymbole protzt, ja auch damit angeben, dass er sein(e) Weibchen gut füttern und in viele, viele Laufmeter Seide und Pelz kleiden kann. Jedoch weit gefehlt. Das passende Statussymbol zu Jacht und Lamborghini sind kaum der Pubertät entwachsene Knochengerüste. Die muss man natürlich mit Platin und Perlen behängen und massenweise Koks und Champus in sie hineinschütten. Aber füttern verboten! Auf jeden Fall darf sie auf gemeinsamen Fotos maximal ein Viertel des Platzes einnehmen. Damit er sich gewichtiger fühlt? Damit er ganz sicher der Wichtigste ist? Denn er hat ja nur eine Null an seiner Seite.

Übel

Vor zwei Nächten schreckte ich plötzlich um ein Uhr aus dem Tiefschlaf, geweckt von dem Gefühl einer unendlichen und unvorstellbaren Übelkeit. Die ganze erste Stunde, die ich über der Kloschüssel hing, dachte ich: „Lieber Gott, lass mich bitte nicht sterben!" Haben Sie schon einmal gesehen, wie es aussieht, wenn eine Katze ihr Gewölle erbricht? Da gehen Spasmen und Convulsionen durch den ganzen Körper, so dass man das Gefühl bekommt: Entweder kriegt das Vieh jetzt einen epileptischen Anfall oder es zerplatzt gleich. Jedenfalls wird es von den Vorderpfoten bis zur Schwanzspitze durchgeschüttelt. Gut, nun können Sie sich vorstellen, wie es mir ging. Nach circa. 30 solcher Anfälle dachte ich: Lieber Gott, bitte lass mich doch sterben! Der Gedanke friedlich entschlafen zu können wurde einfach immer verlockender. Nach einem Tag, den ich im Dämmerschlaf verbrachte, war ich am Abend immerhin wieder fit genug, um Kamillentee zu kochen und Fernseher und Videorecorder zu bedienen. Wir haben daheim mittlerweile einen ungefähr 90 cm hohen Stapel an alten Videokassetten und neueren DVDs, auf denen wir Filme und Serien aufgenommen haben für den Fall, dass wir einmal krank genug sind, um Zeit zu haben und sie anzusehen.

Also drücke ich auf die richtigen Knöpfe und lande zuerst mal in irgendeiner Werbung. Ein solariumsgebräunter Typ, nicht mehr ganz fernen Verfallsdatums, strahlt vom Bildschirm. Eine Stimme im Hintergrund erklärt, dass er gut auf sich aufpasst auf die Dinge, die ihm wichtig sind: seine Karriere – seine Gesundheit – seine Familie. Nichts dabei, das sind die Dinge, die uns allen wichtig sind. Ich lass mir nur die Reihenfolge und die Prioritäten so richtig auf der Zunge zergehen. Offensichtlich ist es nach wie vor werbetechnisch wirksam, dass man(n) die Karriere als erste Wichtigkeit in seinem Leben sieht. Dann, um nicht zu altruistisch zu werden, kommt seine eigene Gesundheit und als Schlusslicht, weil es auch noch irgendwie dazugehört, seine Familie. Jetzt stellen wir uns das einmal umgekehrt vor: Eine attraktive, solariumsgebräunte und botoxverschönerte Frau zwischen 35 und 50 erscheint in der Werbung. Stopp! Erstes Problem: Sie finden wahrscheinlich keine Frau diesen Alters in Werbefilmchen. Die Ladys sind allesamt jünger. Für Faltenfreiheit werben die Zwanzigjährigen. Kunststück. Die gleiche Altersgruppe strahlt vor Zahngesundheit oder lächelt aus dem sauber geputzten Einfamilienhäuschen. Maximal 30 dürfen auch die Muttis sein, die uns immer neue Produkte vermitteln, die ja so gesund sind für unsere Kinder, weil sie irgendwo in ihrem Herstellungsprozess einmal mit Milch in Berührung gekommen sind. Maximal 30 sind auch die Frauen, die offensichtlich schon seit mindestens zehn Jahren zu blöde sind, um die Wäsche richtig zu waschen und schon wieder die Waschmaschine kaputt gemacht haben. Nur gut, dass es dann auch einen richtig gescheiten Mann dabei gibt, der ihr klar machen kann, was Sache ist. Ältere Semester bei den Damen werben dann nur mehr für Buerlecithin. Oder Brillenfassungen.

Und selbst wenn wir einen Augenblick annehmen, es gäbe diese fesche und attraktive Frau mittleren Alters in der Werbung, dürfte sie ganz sicher nicht solche Texte kriegen. Niemand würde das Produkt kaufen. Es müsste dann heißen: Die Dinge, die ihr wichtig sind: ihre Familie – die Gesundheit ihrer Familie – ihr gepflegtes Aussehen. Vielleicht dürfte sie in einem Nebensatz erwähnen, dass sie Anwältin ist oder Vorstandsmitglied. Ist aber eher unwahrscheinlich. Sie würde sich eher als Assistentin ihres Mannes um seine Karriere kümmern. So lange unsere sympathischen Rollenvorbilder bei den Männern ungestört auf ihre Karriere fixiert bleiben, darf sich auch die sympathische Hausmutti nicht wundern, dass sie trotz Hamsterrad und Multitasking keine großen Beförderungsaussichten hat, weil ihr sympathischer Karrieremann kaum die Wäsche waschen und ein paar Jahre in Karenz gehen wird, um die Entwicklung seiner Kinder so richtig hautnah mitzuerleben.

Krankheit als Mode?

Haben Sie sich schon einmal überlegt, dass die Mode nicht nur bestimmt, ob wir unsere Jeans als Glocken-, Röhren- oder Karottenhose tragen müssen und die Pullover dazu kaum bis zu den Nieren reichen oder aber gleich als unförmiges Sackgebilde bis zum Knie? Dass Modeerscheinung nicht nur bedeutet, die Wände mit großblumigen Tapeten in inkompatiblen Farben zu bekleben, nur weil wir uns so gerne an die 70er erinnern? Nein, auch das, was wir als Krankheit bezeichnen, unterliegt diversen Modeströmungen. Da gibt es zwar ein paar Dinge, die sicher auch bereits vor 500 Jahren die Kriterien des Unerwünschten erfüllt haben wie zum Beispiel ein gebrochener Unterschenkel oder eine Blinddarmentzündung, vieles andere jedoch ist relativ.

Wenn wir heute eine junge Frau mit wabbeligen Oberschenkeln, Cellulitis und Bäuchlein sehen, finden wir sie entweder hässlich oder sie tut uns leid. Sie bekommt sicher alle möglichen Diagnosen aufgedrückt, wie zum Beispiel Adipositas, Bindegewebsschwäche, möglicherweise gestörte Glucosetoleranz oder vielleicht zukünftiges metabolisches Syndrom. Benachteiligt und vom Leben gezeichnet. Vor 400 Jahren wäre sie aber von Rubens gemalt worden. Und wir wären alle neidisch auf ihre Schönheit. Außerdem wäre das eine Schönheit, die wir auch fast alle relativ leicht erreichen könnten. Ich habe zwar immer wieder Patientinnen, deren Bindegewebe allen Zigaretten- und Alkoholexzessen zum Trotz schön straff und faltenfrei bleibt. Solche, die sich nicht bewegen, keine Stützstrümpfe tragen und trotzdem nicht das feinste Krampfäderchen haben. Ich hab sogar eine Freundin, die hat einen Waschbrettbauch wie ein Fitness Champion, obwohl sie Mutter ist und in ihrem ganzen Leben noch nie Sit-ups gemacht hat. Aber der Rest von uns hätte wahrscheinlich wenig Probleme damit, sich als Rubens-Model zu qualifizieren. Ein Jährchen nicht bewegen, viel essen und trinken und weder Beautybehandlungen noch Lymphdrainagen und voilà: Das Schönheitsideal wäre erreicht. Waschbärbauch statt Waschbrettbauch. Aber stattdessen müssen wir es uns ja künstlich schwermachen. Wir träumen vom bauchlosen Federgewicht, gestrafften Minititten und ausdefinierter Muskulatur. Rubens hätte uns hässlich gefunden und ernsthaft krank. Dann hätte er uns sofort seinem Leibarzt vorgestellt. Und wir wären schön aufgepäppelt worden.

Ein weiteres Diktat der Gesundheitsmode, dem wir heutzutage unterworfen sind, ist die immerwährende Happyness. Heutzutage würde Goethe seinen Werther wahrscheinlich sagen lassen: „Hey Alte, is mir doch egal." Und dann nimmt er ein paar Extrasitzungen bei seinem Therapeuten oder ein paar Extrapillen. Vielleicht macht er auch ein bisschen mehr Sport als sonst, angelt sich ein paar heiße Bräute oder kauft sich ein neues Auto. Keinesfalls würde er in diesem qualvollen Zustand vor sich hindämmern. Alleine, bar jeden Lebensinhaltes unfähig, an ein Weiterleben zu denken und die Möglichkeit des erlösenden Todes kontemplierend. Und falls er es doch täte, würde man ihn rechtzeitig abtransportieren und mit ein paar Spritzen würde die Distanz zum alles verschlingenden Weltschmerz immer größer werden. Wenn er es trotz aller Versuche und Therapien nicht zuwegebrächte, endlich positiv zu denken und seinen Hintern in der Früh pünktlich aus dem Bett zu schaffen, würde man ihm eine Diagnose geben: Depression. Keine Melancholie mehr, die so lange als Ausdruck eines großen und empfindsamen Geistes gewertet worden war. Nicht das Leiden als Ausdruck einer kreativen Künstlerseele, die Schwere und Betrübnis, die einen Geist, der zu groß für diese banale Welt ist, hinabziehen, sondern schlicht und einfach eine Krankheit. Codiert nach ICD 10 und behandelt nach den neuesten Erkenntnissen der Wissenschaft. Ich bin froh, dass sie eine junge Krankheit ist. Denn möglicherweise wären wir um vieles ärmer ohne die Melancholie der Romantiker, die manischen Episoden von Schuhmann, die Seelenqualen eines Van Gogh oder den Alkoholkonsum von Mussorgskij.

P.S.: Nur damit mich keiner falsch versteht: Ich verschreibe durchaus Antidepressiva, heile nicht mit Schnaps oder Klavierstunden und hätte was dagegen, wenn sich meine Patienten das Ohr abhacken möchten!

Was heißt eigentlich Überalterung?

Überalterung hat durchaus das Zeug zu einem meiner liebsten „Unworte" zu werden. Erstens einmal hört man es ständig, es wird zum echten Ohrwurm aus dem Mund von Politikern und Moderatoren. Zweitens hat es etwas ziemlich Negatives: Wenn ein Wort das Wörtchen „über" enthält, ist es meist nicht ganz geheuer: zum Beispiel Übergewicht, Übertreibung, Überreaktion. Oder auch als Teil eines Verbs, wenn etwa die Milch übergeht oder die Waschmaschine überläuft, ruft das Wörtchen „über" nicht gerade positive Assoziationen in uns hervor. Und drittens bedeutet Überalterung, dass es da irgendwo eine Grenze gibt. Bis dorthin ist das Altern normal, alles jenseits ist über dieser Grenze, ist nicht normal, ist nicht wünschenswert, ist abartig.

Da stellt sich für mich doch die Frage: Wie lange dürfen wir altern? Ab welchem Zeitpunkt oder Jahrgang haben wir es dann übertrieben mit dem Altern? Und wann sind wir endgültig hinüber? Vor allem frage ich mich, wer das bestimmt. (Wahrscheinlich die Gleichen, die Normalgewicht und Körbchengrößen festlegen).

Und noch etwas finde ich spannend: Als Kinder altern wir nicht, ganz zu schweigen davon, dass wir überaltern. Da wachsen und entwickeln wir uns. Als junge Erwachsene entfalten wir uns und erblühen wir, danach reifen wir weiter. Trotzdem scheint es irgendwo auf diesem Weg zu endgültiger Reife einen Hinterhalt zu geben. Und statt dass wir uns weiter und weiter entwickeln, springt uns plötzlich die Überalterung an und bleibt als Makel an uns kleben. Aus ist es mit Entwicklung und Reife, wir sind hinüber. So, wie wenn Obst einen starken Frost durchmacht und nicht reif wird, sondern faul. Also frage ich mich natürlich, wie ich mich vor diesem Hinterhalt schützen kann. Ich will nicht eines Tages aufwachen und feststellen: ich bin hinüber. Und blöd, dass ich in diesem Zustand dann vielleicht noch 20 Jahre dahinvegetieren muss.

Ich kenne Menschen, die sind mit 30 bereits alt. Sie sind schon ewig verheiratet, haben sich in ihrer Reihenhaushälfte für alle Ewigkeit eingerichtet, fahren jedes Jahr zur gleichen Zeit in den gleichen All-inclusive-Club in der Türkei und wählen immer die gleiche Partei wie schon ihre Eltern. Und ich will mir nicht einmal vorstellen, wie ihr Liebesleben aussieht! Andere wiederum sind gerade 70 geworden, machen eine Weltreise und versuchen noch eine Sprache zu lernen. Ihr Liebesleben will ich mir aber auch nicht vorstellen. Nicht, weil ich was gegen Altersflecken und Hängebusen hätte, sondern weil ich weiß, wie alleine ältere Menschen mit diesem Thema sind. Als Jugendlicher konnte man wenigstens „Bravo" lesen, als Erwachsener die Videos, die hinter dem Vorhang gelagert werden ausborgen, aber als alter Mensch? Dabei sind ältere Menschen genauso liebevoll oder zärtlich oder schweinigelig wie jüngere. Sie haben bloß ein paar mechanische Probleme mehr. Eines davon lässt sich ja prima mit Viagra und Co lösen, vorausgesetzt man nimmt keine unpassenden Herzmedikamente dazu. Aber es kommt noch viel schlimmer. Viele Menschen haben Endoprothesen, vor allem in der Hüfte. Und egal, wie gut die Dinger sitzen, sie können sich bei ungeeigneten Turnübungen schon mal aus der Halterung katapultieren. Ich jedenfalls hatte noch nie einen Patienten, der das Problem der Prothesenlockerung beim Sex angesprochen hat. Haben die keine Angst davor oder wohl eher keinen Sex, frage ich mich. Jedenfalls durfte ich mich kürzlich schlau darüber machen, was geht und was nicht. Also ich kann nur sagen: Gott behüte uns vor einer Hüftprothese! Und wenn es denn schon sein muss, dann gib sie dem Mann und nicht uns Frauen! Bei Betrachtung der netten Bildchen war mir klar geworden, dass Frau aus technischen Gründen keinen Sex haben kann, wenn sie eine Hüftprothese, kombiniert mit einem großen Hintern und vielleicht noch ein Rückenproblem dazu hat. Da diese Dinge aber im Alter zu erwarten sind, bete ich, dass mich das Schicksal verschonen möge. Wenn es allerdings sie und ihn trifft, vergessen Sie Sex. Es bleibt Ihnen dann eine einzige erlaubte Stellung. Die setzt voraus, dass beide gleich groß sind, keiner unter Vertigo leidet, sie einen kleinen Hintern hat und er zumindest drei Stück von den blauen Pillen auf einmal nimmt. Machen Sie stattdessen einen Kochkurs oder betrinken Sie sich. Und bitte ordentlich!

Der mündige Patient

Unsere Patienten heutzutage sind keine unwissenden Dummerchen, die man wie Kinder behandeln und erziehen kann. Sie sehen nicht mehr auf zu uns, den hehren Gestalten in Weiß, sondern befinden sich auf gleicher Höhe. Auge in Auge erfolgen Kommunikation und Kampf um die Gesundheit. So weit so schön – könnte es sein.

Meine mündigen Patienten machen gerade einen anderen Wandel durch. Ich kämpfe um das Aug in Aug, das öfter dem fixierenden Blick des Matadors beim Stierkampf oder des Dompteurs im Löwenkäfig gleicht als einer friedlichen Kommunikation. Und oft genug muss ich mich dabei noch auf die Zehen stellen, um nicht allzu sehr von oben herab angestarrt zu werden. Manchmal hätte ich gern etwas Göttliches in Weiß an mir, oder zumindest die gleiche liebevolle Wertschätzung, die man der Putzfrau entgegenbringt. Wenn man eine gute und gewissenhafte Putzfrau hat, so bezahlt man ihr möglichst viel, bäckt ihr Kuchen zum Geburtstag, schenkt ihr etwas zu Weihnachten und ist ausgesprochen lieb und verständnisvoll, wenn sie einmal krank ist. Denn man weiß, dass ihr Verlust zu tragischen Zeitmangel- oder Chaoszuständen führt. Nie würde man sie anpflaumen, einen Termin absagen oder ihr irgendetwas außerhalb ihrer Arbeit zumuten. Meine ist ein Schatz und verdient auf alle Fälle die allerbeste Behandlung.

Bin ich kein Schatz? Oder verdiene ich es nicht, so gut behandelt zu werden? Bei mir rufen manchmal Patienten an mit Sagern wie: „Geh, schaun Sie einmal nach, wann meine letzte Zeckenimpfung war, ich mag meinen Impfpass nicht suchen!" Ich war früher auch immer am Handy zu erreichen, wenn ich gerade nicht in der Ordi saß. Allerdings nahm ich mir dann mit der Zeit die Freiheit, das Handy weder aufs Klo noch in die Badewanne mitzunehmen. Also konnte es tatsächlich passieren, dass man mich nicht sofort erreichte. Dann gibt es eine Mailbox, wo meine freundlichste Stimme um eine Nachricht bittet und einen sofortigen Rückruf verspricht. Und noch eingehend erinnert, dass zum Rückruf auch eine Nummer gehört. Montag rief ein junger Mann an, dass er dringend seine Blutdrucktabletten braucht. Sie wären nämlich gestern ausgegangen. Die Packung hat seit Urzeiten 28 Stück zum Inhalt, sie ist nicht über

Ostern geschrumpft. Wie kann man von einem Technikstudenten erwarten, dass er nachzählt und rechtzeitig anruft? Ganz zu schweigen vom Nummernhinterlassen. Da ich ihn nicht zurückrufen konnte, teilte er mir Tage später mit, es wäre für mich ja kein Problem gewesen, die Nummer seiner Eltern ausfindig zu machen, die Bekannte von mir wären und ihn über sie zu erreichen. Dass er noch mal anrufen könnte oder seine Medikamente rechtzeitig nachbestellen, kam nicht infrage. Ein anderer sagt mir letzte Woche einen Termin ab und möchte diese Woche dann ein Rezept für zwei Packungen eines niedermolekularen Heparins. Ich sage ihm, dass ich am gleichen Tag keine zwei Rezepte an eine Person dazu ausstellen darf und undatierte Rezepte gibt es nicht mehr. Darauf meinte er: „Dann hätten Sie letzte Woche ja daran denken können, dass sich das mit meinen Spritzen nicht ausgeht und gleich selber ein Rezept an die Apotheke schicken können." Wenn ich dann einmal so weit bin, dies zu tun, schließt mich bitte mindestens für drei Monate weg und tut mich bitte zwangsbehandeln!

Meine Patienten bekommen Erinnerungen zu Gesundenuntersuchungen, zu Impfungen und ich melde mich beim Erhalt von pathologischen Befunden. Für alte, taube und einfache Geister organisiere ich Termine und spreche mit Behörden. Aber das reicht offensichtlich nicht: Ich soll die Honorarnoten für Privatleistungen gleich selber an die Zusatzversicherung schicken, soll sie an jede Kontrolle erinnern, am Sonntagabend ein Rezept für ein Medikament in der 100-Stück-Packung ausstellen (100 Tage Zeit, um zu wissen, dass die Packung dann und dann leer wird!) Den Zahnarzt anrufen, um zu sagen, dass sie Blutverdünner nehmen, weil sie selber dies einfach zu erwähnen vergessen, sie extra drauf hinweisen, dass sie mit Gipsbein nicht autofahren dürfen, mit frischen OP-Wunden nicht im Dreck spielen und sich nach dem Klo die Hände waschen. Und dann soll ich noch besprechen, was sie alles im Internet gelesen haben, es bestätigen oder entkräften. Möglichst zur Unzeit und einfachheitshalber gleich am Telefon. Wenn endlich unwahrscheinlicherweise die Patienten zufrieden sind, aber ich nicht jede auch nicht noch so absurde Folgeerkrankung einer Blutbildabnahme an den Haaren herbeigezogen, erklärt und auch schriftlich dokumentiert habe, droht mir das Oberlandesgericht. Seid mir nicht böse, mit mündig hat das nichts zu tun. Für mich ist das eher der Beginn der völligen Verblödung!

Baustellen

Vor meinem Zimmerfenster tobt ein Kampf: Der Krieg einer Baufirma gegen einen der letzten unbebauten Grünflecken in meinem Bezirk. Der Gewinner: klarerweise das Bauunternehmen. Igel, Katzen, Fledermäuse und diverse Vogelarten sind entweder beim Kelleraushub plattgewalzt worden oder haben noch gerade rechtzeitig die Flucht ergriffen. Ich werde ihnen – denke ich – sobald es geht, folgen. Als ich hier einzog, um auf meiner Terrasse zu sitzen, das satte Grün der Bäume im Frühling zu genießen, am Abend den Fledermäusen bei der Jagd zuzusehen oder die Krähen zu beobachten, vielleicht auch noch in der Nacht einen Blick auf die Sterne zu erhaschen, tat ich dies im Vertrauen auf den Makler, der meinte, auf die grüne Fläche daneben käme nur maximal ein Einfamilienhaus. Und schon wieder eine Lektion in diesem Leben gelernt: Glaube nie etwas, das du unbedingt glauben möchtest! Und schon gar nicht einem Makler. Geh gefälligst zum Grundbuchamt und mach dich schlau über Besitzverhältnisse und Bebauungsdichte. Okay, wieder etwas weiser geworden. Das hilft mir nur im Moment relativ wenig. Statt eines Einfamilienhauses kommt nämlich ein Klotz in dunkelgrau und rostbraun vor meine Terrasse. Auf ganzer Länge und im Mindestabstand, das heißt nahe genug, dass ich die Morgenzeitung abbestellen kann, weil ich beim Nachbarn am Küchentisch mitlesen kann. Ich werde auch nie mehr eigene Musik machen müssen etc. Ich stehe also nicht gerade mit dem Rücken zur Wand, aber zumindest mit dem Schädel davor.

Also beschließe ich zu flüchten. Nach vier Monaten praktisch ununterbrochener Atemwegsinfekte, einem Bandscheibenvorfall und einem Rotavirus in der heurigen Wintersaison (natürlich alles ohne Krankenstand, braucht Frau Doktor ja nicht, ist ja unkaputtbar) sehne ich mich nach Durchatmen und jemandem, der meine geschundenen Gebeine therapiert. Außerdem will ich Igel, Katzen, Fledermäuse und Krähen wieder treffen. Ich entscheide mich also für ein Kurheim (ja, jetzt bin ich alt!) mitten in der Pampa. Beim Eintreffen stelle ich erfreut fest, dass es auf einem Hügel liegt, darüber nur noch das Seniorenheim und darüber der Friedhof.

Was für ein Aufstieg! Wenigstens steht ganz oben am Hügel eine Kapelle. Das verbessert die Perspektive.

An der Rezeption empfängt mich eine freundliche Ordensschwester und zeigt mir meine Zelle. Ich erkläre ihr, dass ich von Berufs wegen totkommuniziert bin, ersuche um einen Einzeltisch im Speisesaal und lehne auch Radio und Fernseher ab. Abendessen gibt es schon um halb sechs und ich schleiche mich in den Speisesaal, stelle fest, dass ich im Moment die Einzige unter achtzig bin und beschweige mein Essen. Um 18.00 Uhr bin ich fertig und vor mir liegt ein endloser Abend ohne Ablenkungsmöglichkeiten mitten in der Pampa. Also schlendere ich auf den Hügel und von dort auf den nächsten und immer weiter in dieser schier unendlichen, wunderbaren Landschaft. Ich treffe auf Rehe, Katzen und Vögel, aber keine Menschenseele und werde dann auch noch Zeugin eines der spektakulärsten Sonnenuntergänge, den ich je gesehen habe. Langsam beginne ich frei durchzuatmen. Ich besuche noch die Kapelle und schweige mich dann um neun ins Bett. In den nächsten Tagen mache ich Bekanntschaft mit einer Nonne, die in voller Nonnenmontur mit einem Gartenschlauch zum Zwecke des kalten Gusses hinter mir her ist und mit einer wohltuenden Masseurin. Die Nonne halte ich mir nach dem ersten Kennenlernen lieber vom Leib, die Masseurin darf weiterarbeiten. Die meiste Zeit wandere ich schweigend durch die umwerfende Gegend, schwimme oder bin in der Kapelle zu finden. Beim Essen lächle ich in meinen Teller und erst mit der Zeit beginne ich die Leute um mich zu beobachten. Ich bin versucht, ein paar ganz bösartige Geschichten darüber zu schreiben, aber halt: ich will mal eine Woche ohne Bösartigkeiten auskommen. Das ist übrigens entschieden härter als eine Woche ohne Rotwein oder Kaffee. Denn was hier als Frühstück serviert wird, sieht aus wie ein Absud aus gemahlenen Maikäfern. Irgendwo zwischen baden und beten ist mir klar geworden, wie absurd unser Leben manchmal ist. Wie seltsam es ist, dass wir das Plärren des Fernsehers dem Säuseln des Windes vorziehen und das Schrillen des Handys dem Piepen der Vögel. Eigentlich bin ich ja nie ganz wieder daheim angekommen. Irgendwie wandere ich noch immer von Hügel zu Hügel und zwischendurch sitze ich auf einer Bank oder in der Kapelle.

Think positive

Unlängst war ich auf einer Trainerfortbildung über mentales Training. Klingt schweißtreibend, heißt aber mehr oder minder: Ich lege mich auf die faule Haut und trainiere im Geiste. Das ist natürlich stark vereinfacht dargestellt, denn im Liegen funktioniert es nicht, man muss schon in aufrechter Körperposition verharren, damit die Muskulatur sich foppen lässt. Und man bekommt ganz offiziell den Auftrag, Selbstgespräche zu führen. Komplizierte, leistungsfördernde Sätze und ausgeklügelte, das eigene Selbstwertgefühl steigernde Mantras müssen gemurmelt werden. Wenn Sie also in Zukunft einen Muskelprotz mit verlorenem Gesichtsausdruck sehen, der leise vor sich hinbrabbelt, haben Sie keine Angst. Es ist nicht die Phase kurz vor dem Amoklauf. Er trainiert einfach. Um das Ganze nicht zu einfach zu machen, und damit auch für Laien verständlich und nachvollziehbar – da könnte sich dann ja jeder sein eigenes Mentaltraining zusammenbasteln – muss die Sache mit Wortschöpfungen in der Länge von Donaudampfschifffahrtsgesellschaftskapitän gespickt werden. Das ist schwer fehlerfrei auszusprechen und noch schwerer ist es, das zu memorieren. Das erste Mal in meinem Leben sehe ich etwas Gutes an der Abkürzungsmanie der Mediziner. Bei uns weiß man zwar nicht mehr, was die dreibuchstabigen Ausdrücke bedeuten, sie sind aber kurz und klingend und brauchen nie viel Platz. Doch offensichtlich sieht die Trainingslehre immer noch den Marathon als Königsdisziplin und bringt das auch in ihrem Vokabular zum Ausdruck.

Natürlich kommen mentale Trainingskonzepte nicht nur im Sport zur Anwendung. Auch die wirtschaftskrisengebeutelte Arbeitswelt lechzt nach Konzepten, die ihnen Aufwärtsbewegung versprechen. Alles ist möglich und kann erarbeitet werden. Im Sport werden Weltmeister gezüchtet und in der Wirtschaft steigende Aktienkurse erwartet. Nebst hartem Training und gewissenhafter Arbeit sind dafür offensichtlich ein paar Selbstgespräche und Eigenprogrammierungen nötig. Nun ist ja hinlänglich bekannt, dass es die selbsterfüllende Prophezeiung wirklich gibt. Wenn ich mir lang genug sage: „Ich kann nichts, ich bin nichts, ich bring nichts zusammen", kann ich mit fast hundertprozentiger Sicherheit annehmen, dass ich dafür auch nichts kriege. Ein Vorgang, der irgendwie fast beruhigend ist in seiner Berechenbarkeit. Und Beruhigung und Sicherheit sind Dinge, die wir dringend nötig haben. Nötiger denn je zuvor in unserer Geschichte. Wenn man all die Ängste und Besorgnis so mitkriegt, scheint es, als wären die Sicherheiten gar nicht gut für uns. Manchmal sieht es so aus, als wäre es uns besser bekommen, als wir jederzeit mit Hungersnot und Krieg rechnen mussten als heute, wo wir alles haben. Alle haben wir irgendwie Angst, nicht nur jene, deren Hinterteile schon auf dem Schleudersitz postiert sind, in Firmen, deren Umsatz immer weiter sinkt. Es scheint auch für die Allermeisten keine höhere Macht mehr zu geben, der man sich vertrauensvoll überantworten kann. Einem Gott, der beschützt, einem Lebensweg, der vorgezeichnet ist oder einem Himmel, der Hoffnung auf eine Wiedergeburt oder was weiß ich. Deshalb müssen wir alles selber schaffen und auch selber unbedingt die Kontrolle behalten.

Also wird aktiviert und reflektiert und analysiert. Daraufhin wird programmiert und los geht's. Positive Lehrsätze werden in Selbstgesprächen wiedergekäut, klingen aus dem MP3-Player und kleben als Post-it über der Toilette. Dass Positivmotivation, Positiveinstellung, Siegessicherheit und Glaube an die eigene Leistung wichtig und machtvoll sind, ist mir sehr wohl bewusst. Aber sie sind nicht allmächtig. Und das Leben ist voll von negativen Möglichkeiten, die über den positiv Denkenden hereinbrechen können. Die Natur hat immer noch die gleiche Macht, uns mit Hochwasser, Erdbeben und Vulkanausbrüchen zu entsetzen. Die USA haben mehr Möglichkeiten, den Rest der Welt einzustampfen als je zuvor und falls die sich zurückhalten, übernehmen gerne irgendwelche Terroristen ihren Part. Unser Geld hängt ebenfalls nicht mehr an unserer Arbeitskraft, sondern daran, ob irgendjemand sich im großen Rahmen verspekuliert hat. Und selbst wenn all die Dinge, die ich beeinflussen kann, optimal gelaufen sind und ich optimal trainiert habe und alle Voraussetzungen erfülle, um Weltmeister zu werden: Wer sagt mir, dass mein Gegner das nicht auch hat? Und zusätzlich einen Kopf größer ist? Oder ich Angina oder Darmgrippe oder, oder, oder bekomme am großen Tag? Es ist eben nicht alles kontrollierbar und beeinflussbar. Scheitern gehört zum Leben. Nur mit all diesem positiven Denken gibt es dafür keinen Raum. Und auch keinen Plan B, was tun, wenn's nicht optimal gelaufen ist? Dann sieht man wieder Muskelprotze mit stierem Blick und leisem Gebrabbel durch die Gegend schlurfen. Diesmal sind die Häupter gesenkt und die Schultern hängen herab. Gedrückt und gebeugt sind sie von der Schuld, nicht genug getan und nicht genug positiv gedacht zu haben. Scheitern war immer etwas für Looser, zu denen sie selbst jetzt auch geworden sind. Und wenn man sehr genau hinhört, vernimmt man: „Ich bin nichts, kann nichts …"

Andere Länder, andere Sitten

In unserem Urlaubsdorf im letzten Sommer an der ligurischen Küste gab es eine Apotheke. Dort bekam man Aspirin, Mückenschutzmittel, Kondome, Schwangerschaftstests (falls die Gummis doch nicht so gut waren?), ein paar Antibiotika und: Elektrokardiogramme. Nicht, dass wir jetzt irgendwas aus dem seltsamen Sortiment benötigt hätten, aber über die EKGs waren wir doch sehr erstaunt. Wenn sich in unserem schönen Lande eine Apotheke erdreistet, eine Blutzuckermessung durchzuführen, muss die Ärztekammer gleich eine außerordentliche Sitzung einberufen. Bei einem der Apotheke entsprungenen EKG würde unsere Standesvertretung wahrscheinlich den kollektiven Herzinfarkt bekommen. Da in unserem hübschen Dorf aber außer dem Viehdoktor nur ein Chirurg Handel mit medizinischer Leistung betrieb, war ein EKG aus der Apotheke vielleicht eh keine so schlechte Idee.

Als österreichischer Allgemeinmediziner kann man ja mittlerweile fast neidisch auf den ligurischen Dorfapotheker werden. Der bekommt sein EKG immerhin bezahlt. Ein praktischer Arzt in Österreich macht die Dinger entweder so wie ich, ständig und gratis, oder muss schon das Glück haben, dass der gerade elektrokardiographierte Patient einen Infarkt (natürlich mit wilden Wellen und Zacken) oder irgendwelche lebensbedrohlichen Herzrhythmusstörungen zu bieten hat. Ich will ja nicht gleich jedem Harnwegsinfektpatienten ein EKG umhängen, wie es ein Internist sehr wohl dürfte und auch ohne Begründung verrechnen könnte. Aber manchmal ist es schon interessant, das EKG des Patienten zu kennen. Deshalb mache ich es und kriege halt nichts dafür, damit ich besser schlafen kann, bevor ich die Jungs auf den Fußballplatz schicke oder Reisewilligen einen Cocktail an Malariamitteln verschreibe. Außerdem muss man als Allgemeinmediziner auf jeden Fall einen guten und teuren EKG-Kurs machen, auch wenn ein ganzes Jahr Turnus auf einer Kardiologie auf seinem Rasterzeugnis bestätigt ist. Dafür gibt es dann in der Ordination alle fünf Monate ein Notfall-EKG zu verrechnen. Wenn man das dann auch wirklich nur zu diesen Gelegenheiten durchführt, frage ich mich, ob das den diagnostischen Blick ausreichend schärft?

Letztens wurde ich auch vonseiten der Gebietskrankenkasse belehrt, dass ich keine OP-Tauglichkeiten (Blutuntersuchungen und

EKG) machen sollte, obwohl ich von meiner Ausbildung und vom Angebotsspektrum meiner ärztlichen Leistungen her sehr gut dazu in der Lage bin. Falls sie nicht verstehen warum: Kein Problem, ich verstehs auch nicht. Wir könnten ja das Labor und das EKG dafür auch nicht verrechnen. Natürlich machen wir es trotzdem. Denn das System würde zusammenbrechen – vor allem in ländlichen Gegenden – wenn jeder junge, gesunde OP-Willige wegen Blutbild, Gerinnung und EKG dem Internisten vorgeführt wird? Eigentlich sollte die Kasse ja über jede OP-Tauglichkeit, die ein Allgemeinmediziner ausstellt, froh sein. Wir kommen der Kasse aufgrund der Unverrechenbarkeit der meisten Leistungen ja viel billiger.

Was die Lungenfunktion anbelangt, so dürfen wir die bei ungefähr fünf Prozent unserer Patienten durchführen. (Ich korrigiere mich: Durchführen dürfen wir sie immer, wenn wir diese Untersuchung für notwendig halten. Honorar gibt es aber nur für 5%.) Natürlich auch nur nach Absolvierung der entsprechenden Kurse. Das verstehe ich ja, aber warum muss ein Internist keinen Ausbildungsnachweis haben, selbst wenn er praktisch seine ganze Ausbildungszeit auf einer Hämatologie verbracht hat und noch nie zuvor eine Lungenfunktion gesehen hat? Außerdem muss ein Praktiker für die Verrechnung seiner Leistung einen Gerätenachweis erbringen. Auch das kann ich nachvollziehen, die Dinger sollten modern und geeicht sein. Ein Internist muss das allerdings nicht. Das will offensichtlich heißen, dass das Gerät in Händen eines Internisten automatisch gesegnet und geeignet ist. Ebenso können wir Allgemeinmediziner uns unsere vielen teuren Zusatzausbildungen oder in vielen Jahren Krankenhausdienst erworbenen Fähigkeiten so ziemlich einrexen. Eigentlich wäre es klug und nervenschonend gewesen, die Ausbildungszeit im Krankenhaus nach Vorschrift zu absolvieren, auf keinen Fall irgendwelche engagierten Assistenzarztzeiten irgendwo anzuhängen und schon gar keine teuren Kurse zu machen. Denn das alles zählt als Allgemeinmediziner nicht mehr. Jedes Jahr wird versprochen, die hausärztliche Kompetenz noch mehr zu steigern. Im Klartext bedeutet das aber nur, uns medizinische Leistungen wegzunehmen und uns zu bürokratischen Hochseilakten anzuspornen. Das Einzige, was uns noch bleibt, ist Zettelschreiben. Ob auf dem Papier oder elektronisch. Ich frage mich, warum das unsere Standesvertretung nicht aufregt. Haben die keine Freude mehr am Arztsein?

Karma

Vor nicht allzu langer Zeit habe ich mich noch darüber beschwert, wie stressig mein Leben im Augenblick sei. Da waren: Umbau neue Wohnung, Umbau alte Wohnung, Siedeln, neue Ordi planen, Mann im Krankenhaus, Fliesenleger nicht gekommen, Tischler dann auch nicht, Glasdach auf Terrasse nicht montierbar, weil Hausdach doch nicht Stahlbeton, sondern Holz (steht in keiner Bauausstattungsbeschreibung), großes Auto in mein kleines Auto gefahren und Fahrrad kaputt. Dabei hatte ich da noch gar nicht das, was ich jetzt habe: einen Wasserschaden in der Ordi. Rohre undicht, Behandlungszimmer schwimmt. Nein, ich möchte nicht darüber reden. Ich möchte schreien! So lange und so laut, bis die freundlichen Herrschaften mit der großen Spritze kommen und ich zumindest eine ruhige Nacht im Gitterbett verbringen kann.

Was habe ich eigentlich angestellt, um das alles zu verdienen? Unheimlicherweise liegt gerade heute in meinem Postkasten der Werbefolder eines Gurus, der in Fällen wie meinem Rat und Hilfe verspricht. Seine Heiligkeit, der erhabene Wischi-Waschi stellt mir mit strahlendem Hochglanzlächeln die Frage, ob wohl in meinem Leben alles noch gut liefe. Denn wenn nicht, wäre sicher mein Karma daran schuld. In Anbetracht der letzten Bau- und sonstiger Katastrophen sollte ich mein Karma vielleicht ein bisschen besser durchleuchten. Herr Wischi-Waschi bietet auch an, selbiges zu reinigen. Oh ja, bitte Vorwäsche, Hauptwäsche, extra bleichen, viel Weichspüler und auch gleich bügeln! Kann nicht schaden. Beim Preis für dieses Vergnügen bleibt mir allerdings die Spucke weg. Der Kerl verlangt mehr Geld pro Stunde als Installateur und Fliesenleger zusammen. Na, so schwarz kann meine Seele nicht sein und das ist entschieden zu viel für einen Gag. Aber irgendwie beneide ich den Typen und beginne ernsthaft zwischen Karmareinigung und Krankenkassen zu überlegen. Im ersten Fall hat man einen geplagten Fertigen à 400 Euro am Tag zu behandeln und im zweiten Fall zumindest fast hundert solche à vier Euro. Jetzt kann man raten, wer zu Mittag entspannter seine Behandlungsräume verlässt.

Ich werde sowieso nie kapieren, warum nur die absurden Methoden der Hilfe und Heilung gut bezahlt sind. Die meisten Leute reagieren ziemlich empört über die finanzielle Zumutung, wenn man ihnen eine gute Physiotherapeutin, eine wichtige Schutzimpfung, ein effektives Probiotikum oder eine Psychotherapie empfiehlt. Das müsste doch alles zu hundert Prozent von den Krankenkassen übernommen werden. Es sei auch eine Frechheit, wenn man bei einem Kassenarzt auf einen Termin warten müsste und eine noch größere, wenn man beim Wahlarzt nicht warten, dafür aber zahlen muss. Gesundheit muss grenzenlos und gratis für alle sein. Was ich nie verstanden habe, ist, warum sich einige Verfahren und einige Vertreter diverser Heilkünste diesem Dilemma entziehen. Da bricht ein Patient die Akupunktur und Bewegungstherapie bei mir ab und erklärt mir, dass er das Geld anderweitig braucht. Ich, nichts Böses ahnend, glaube, dass er es vielleicht bei Schulbeginn für seinen Nachwuchs investieren möchte. Doch weit gefehlt. Er braucht die Kohle für seinen Heiler, der ihm versprochen hat, die Kreuzschmerzen ultimativ und definitiv wegzupendeln. Und meiner Kollegin, der Psychotherapeutin, sind kürzlich zwei unserer gemeinsamen Patienten abhanden gekommen, weil sie das Geld fürs Auralesen und den Energetiker brauchten. Einer ist schon wieder zurück und liest jetzt statt Aura den Beipack seiner neuen Mittelchen, weil es doch nicht so geklappt hat mit der Energiearbeit.

Verstehen Sie mich nicht falsch, ich will mich keinesfalls über den Glauben anderer lustig machen. Ich persönlich finde zwar den Gedanken an Reinkarnation keinesfalls tröstlich, sondern im Gegenteil furchtbar bedrückend. Ich denke dabei immer wie es wäre, in Wien als Baum wiedergeboren zu werden. Tausende Köter, die einem an den Stamm pinkeln und auf die Wurzeln sch... Ich will auch absolut nicht behaupten, dass da nichts wäre zwischen Himmel und Erde. Möglicherweise sind Energien und Schwingungen am Werk, von denen wir heute noch nichts ahnen! Ich kriege nur manchmal die Krise, wenn ich sehe, was von verzweifelten Menschen an Geld und Zeit und Hoffnung in Scharlatane und Absurditäten investiert wird. Und wie Menschen, die vorher schon kaputt sind, nach der „Behandlung" erst aussehen. Dann kann sogar ich meine Aura lesen: Es ist dieses schwarze, stachelige Ding, das mich umgibt.

Aufklärungspflicht

Kürzlich hat mir ein befreundeter Richter eine wirklich feine Anekdote erzählt. Jemand hat seinen Zahnarzt wegen Vernachlässigung der Aufklärungspflicht geklagt, obwohl ihn dieser lege artis und wunderbar behandelt hat und alle Beißerchen perfekt in der Kauleiste sitzen. Der Kollege von der bohrenden Zunft hat also alles völlig richtig gemacht, nur offensichtlich hat er nicht genug darüber gesprochen. Wie heißt es so schön: Tue Gutes und rede darüber! Zur Krönung des Ganzen ist noch anzumerken, dass der Patient recht bekam. Ich hoffe, der Kollege hat gute Nerven und eine noch bessere Haftpflichtversicherung. Wenn mir so was passieren würde, würde ich wahrscheinlich darüber nachdenken, wie ich dem Patienten genussvoll die Zähne wieder entfernen könnte. (Ohne Leitungsanästhesie.)

Irgendwie macht mir das Angst. Ich habe das Gefühl, dass wir uns dem Patienten in Zukunft nicht nur mit Grippeschutzmasken nähern werden, aus Angst vor Ansteckung, sondern gleich mit unserem Anwalt im Schlepptau. Ich habe zwar eine supertolle Anwältin, trotzdem will ich sie nicht überall dabeihaben. Außerdem brauche ich möglicherweise ein Diktiergerät, um wirklich alle Gespräche aufzuzeichnen, oder noch besser eine Kamera in Bild und Ton, um auch ganz sicher alle Interaktionen festzuhalten. Wenn das so weitergeht, wird die Hälfte unserer Arbeit in schonungsloser Aufklärung und die zweite in lückenloser Dokumentation derselben bestehen. Trotzdem, man muss mit der Zeit gehen. Deshalb begann ich vermehrt, die Patienten mit (überflüssigen?) Informationen zu beladen. So nach dem Motto: Wenn nicht A, dann folgt B, daraus kann sich D und F ergeben, oder aber wenn X herauskommt, dann wird doch K am sinnvollsten sein usw. Ich bin regelmäßig um zehn Uhr am Vormittag heiser und meine Patienten kommen nicht mehr zu Wort. Letztens hat mir einer Feedback dazu geliefert: Ich hatte aufgrund einer makrozytären Anämie Vitamin B12 und Folsäure verschrieben, geraten, den Alkoholkonsum ein wenig zurückzuschrauben und einen Termin für ein Kontrollblutbild vereinbart. Dann habe ich den Patienten weiter informiert, dass, wenn der Vitaminmangel bestehen bleibt, eine Magenspiegelung mit Biopsie und Histologie ratsam wäre. Irgendwelche Ausflüge ins Dünndarmende habe ich mir eh verkniffen, um den Patienten nicht zu beunruhigen. Als der Patient nicht zum Kontrolltermin erschien, fragte ich seine gerade anwesende Gattin nach dem Warum. Diese erklärte mir, dass sie beide es unerhört und auch sehr unsensibel von mir gefunden hätten, dass ich bei einer einfachen Blutbildveränderung gleich solche Vorgriffe tätigen würde. Das wäre eine unerwünschte und unnötige Belastung des Patienten. Er würde sich einen neuen Hausarzt suchen, bei dem er sich wieder sicher fühlt. Denn man wünsche sich einen Arzt, bei dem man sicher sei, dass dieser an alles denken und alles wissen würde, aber sein Denken und Wissen tunlichst für sich behalten würde und erst bei wirklichem Bedarf damit herausrückt. Ja, so einen Arzt wünsche ich mir auch und ich kenne sogar ein paar wenige. Da hat man wirklich das Gefühl, der weiß und kann alles, und wenn er etwas nicht sagt oder tut, war es auch nicht notwendig. Saublöd dabei ist nur, dass sich dieser Kollege vielleicht früher oder später vor dem Richter vorfinden wird und deshalb verknackt wird, weil er jemanden ordnungsgemäß behandelt hat, aber nicht alle Schauerlichkeiten, die unterwegs passieren könnten, heruntergebetet hat. (Und sich nicht davon überzeugt hat, dass der Patient auch jedes gruselige Detail richtig verstanden hat und das Ganze nicht schriftlich und am besten mit der eigenhändigen Unterschrift des Patienten versehen, dokumentiert hat.) Möglicherweise werden wir uns vor Gericht begegnen, denn ich habe beschlossen, wieder weniger Ausflüge in die wunderbare Welt der instrumentellen Weiterabklärungen zu machen und wieder mehr Sicherheit und Beruhigung zu vermitteln. Ich male nicht mehr den Teufel an die Wand, sondern kleine Erinnerungszeichen für mich in die Kartei und mache mir im stillen Kämmerlein so meine Gedanken. Und wenn Sie einmal das Pech haben, mich behandeln zu müssen: Lächeln Sie mich bitte an, erklären mir gar nichts, aber sagen Sie mir, dass alles gut wird!

Älter werden find ich gar nicht schön

Irgendwie habe ich nie gedacht, dass ich einmal ein Problem damit bekommen könnte, älter zu werden. Ich hab ja schließlich einen Mann, der mich liebt, einen Job, der mich auf Trab hält, ein paar Nebenjobs, die mich noch mehr zum Rennen bringen und viele Freunde. Also einen ganzen Haufen Beschäftigungen und jede Menge innerer Werte. All die hehren Gedanken an Würde und Weisheit verlassen mich jedoch derzeit beim Blick in den Spiegel. Dazu kommt, dass ich Kopfweh, Nackenschmerzen, radikuläre Symptome und pseudoradikuläre Symptome in den verschiedensten Wirbelsegmenten sowie Knie und Sprunggelenksschmerzen und ein wehes Fußgewölbe habe. In Summe fühle ich mich also wie mindestens achtzig. Das Gefühl an sich ist mir nicht fremd, ich hatte das auch schon auf diversen Trainingslagern oder nach dem einen oder anderen blöd gelaufenen Kampf im Karate. Allerdings fängt mittlerweile das äußere Erscheinungsbild an, sich langsam dem inneren Gefühl anzunähern. Und das finde ich beunruhigend.

Ich fange auch an, übersensibel auf die Äußerungen meiner Umgebung zu achten. Letztens haben wir unsere im Juni heimlich in Italien celebrierte Hochzeit groß mit Familie und Freunden nachgefeiert. Meine Mutter meinte am Nachmittag zu mir: „Fang endlich an, dich schön zu machen, denn bei dir wird das eh ein bisschen dauern." Wie soll ich das verstehen? Aber als ich dann zur Vollendung des Augen-Make-ups versucht habe, einen geraden Strich über schräge Lachfältchen zu ziehen, wurde es mir klarer. Der Lidstrich sah aus wie ein EKG bei Herzkammerflimmern. Sehr fesch. Also wieder runter damit. Viel hat es da auch nicht geholfen, dass der liebste aller Ehemänner ins Bad kam und meinte. „Na, liab schaust aus. Und was riecht denn da so penetrant nach Putzmittel?" Das penetrante Putzmittel ist meine Chanel-Bodylotion. Ich dachte, wenn ich schon alt aussehe, kann ich dabei wenigstens gut riechen! Am Handy bat ich dann noch schnell meine Trauzeugin Sicherheitsnadeln, Faden und Superkleber mitzubringen. Ich meinte, falls mir jemand beim Tanzen auf den Saum steigt, würde ich sonst den Rock verlieren. „Ein wahrhaft unschöner Gedanke!", meinte die beste aller Freundinnen und ließ mich damit noch verunsicherter zurück. Wenn die beste aller

Freundinnen plötzlich ohne Rock auf der Tanzfläche steht, findet das bestimmt keiner unschön. Ganz im Gegenteil. Zumindest für den männlichen Teil der anwesenden Gäste ware das sicher der Höhepunkt der Feier.

Offensichtlich sind die Vierziger anstrengende Jahre. Es fehlen, zumindest mir, noch die Würde und Weisheit, die später einmal (hoffentlich!) das Leben lebenswert machen. Auf der anderen Seite fehlen einem aber auch schon ein guter Teil der elastischen Fasern und andere Dinge. Während in den Zwanzigern das Gesicht wie bei Barbapapa nach jeder durchlernten oder durchzechten Nacht wieder in seine Ausgangsposition zurückgehüpft ist, plagt jetzt die Gravitation sichtbar das Gewebe. In den Zwanzigern soll man alles erleben, in den Dreißigern soll man alles erreichen und in den Vierzigern soll man dann alles genießen: Kinder, Karriere, gebautes Haus, Reisen, Freunde und die dritte Scheidung. Und dabei soll man sich aber seinen jugendlichen Teint bewahrt haben und eine gute Figur. Ich wage gar nicht daran zu denken, was in den Fünfzigern gefordert werden wird!

Was mit unseren wichtigen
Daten so passieren kann

Es gibt ja in unserem Praxisalltag so allerlei geliebte Nebenbeschäftigungen, die uns diverse Bürokraten des Staates, der Krankenkassen, aber auch der Privatversicherungen aufbürden. Meistens kommen ausgerechnet nach dem Urlaub, wenn sich Zeitschriften, Werbesendungen und zwischendurch wichtige Befundschreiben schon bis zur Decke türmen, auch noch Briefchen von Privatversicherungen mit der Bitte um Rückantwort im beigelegten Kuvert. Darin sind dann meist Fragen, die einen zwingen, den alten Karteikasten im Keller zu durchforsten oder zumindest die Diskette mit dem längst vergangenen Programm zu suchen und ratlos umzudrehen: Die gewünschten Informationen sind schließlich nicht mehr lesbar.

Aus der Sicht des Patienten ist das Ganze ebenfalls nicht so toll. Da hat man sich nun durchgerungen, um teures Geld eine Zusatzversicherung abzuschließen, statt ein neues Sofa zu kaufen und dann will man sie auch nutzen. Am besten für eine wohltuende Physiotherapie und Massagen. Doch halt: In dem Moment, in dem man die Rechnung einreicht, erwacht der Versicherungsapparat zum Leben. Kreuzschmerz auf der Überweisung klingt nach chronischem Leiden und damit unrentablem Kunden. Die Rückerstattung wird erst mal auf Eis gelegt und der zuweisende Arzt peinlich befragt. Denn wehe, wenn der Kunde schon einmal in seinem Leben Kreuzweh gehabt hat! Als Arzt steht man dann vor folgendem Dilemma: Entweder es handelt sich wirklich um einen der beiden Patienten in der Kartei, die noch nie im Leben Rückenschmerzen hatten, oder man beginnt fieberhaft nach weichen Formulierungen zu suchen. Anschließend ruft man am besten den Patienten an und rät ihm, nie wieder Rückenprobleme zu bekommen. Auch sollte der Patient es tunlichst unterlassen, eine Schilddrüse sein Eigen zu nennen. Denn schon die pure Abklärung derselben kann manchem die Zusatzversicherung kosten. Nicht auszudenken, was bei einer echten Unterfunktion oder gar bei einem Kropf passiert. Und finden Sie heutzutage mal noch eine Steirerin oder andere Alpenländerin ohne Schilddrüsenentzündung mit dem schönen Namen Hashimotothyreoiditis!

Vor ein paar Tagen habe ich zufällig einen Zeitungsartikel gesehen, in dem stand, dass eine namhafte Privatversicherung die an sie ergehenden Briefe von einer Tochterfirma der Post aufmachen, scannen und zuordnen ließe. Es bekommt dann jede Abteilung per E-Mail was ihr zusteht und die Versicherung spart sich 46 Tonnen Papier pro Jahr. Na, gratuliere. Es ist ja nicht so, dass die 46 Tonnen Papier insgesamt eingespart und damit die Bäume geschont würden. Die Entsorgung muss nur einfach ein anderer übernehmen. Und die teilweise vielleicht sensiblen Daten finden sich jetzt nicht nur in Händen irgendwelcher Sachbearbeiter, sondern gleich in irgendwelchen Händen. Datenverluste oder Weitergaben sind wahrscheinlich nie mehr nachzuvollziehen. Ich persönlich finde den Gedanken grauslich, dass immer mehr verschiedene unbefugte Menschen wissen können, wie meine Schilddrüsenwerte sind, ob meine Bandscheiben auseinanderbröseln, wo ich wohne und wie viele Jahre ich unfallfrei Auto fahre. Dabei habe ich eigentlich nicht viel zu verbergen. Aber stellen wir uns einmal vor, was da an Daten so durch die Scanner geht: wie es sich anfühlt, wenn man HIV positiv ist oder mit einer Erbkrankheit belastet und zu all dem damit verbundenen Elend auch noch weiß, dass diese Daten an allen möglichen Stellen gesammelt, eingescannt, verarbeitet und gespeichert werden und dass immer mehr und mehr Leute darauf Zugriff bekommen. Früher haben wir uns oft geärgert, wenn die Sekretärin eine Krankenakte verlegt hatte. Aber ehrlich gestanden finde ich mittlerweile den Gedanken, dass meine Akten irgendwo verloren gehen oder in die Unleserlichkeit vergammeln sehr viel angenehmer als die Tatsache, dass man nicht mehr sicher sein kann, wie viel der Nachbar, der Apotheker, der Müllmann und der Würstelverkäufer am Eck wirklich über einen wissen …

Sogar beim Essen sind wir
nur noch Gestörte

Gerade habe ich eine der Zeitschriften aus meinem eigenen Wartezimmer erwischt und darin geblättert. Ich bin an einem Artikel über das Essen und seine Anomalien hängengeblieben. Was sind wir doch gestört! Ich habe ganz viele neue Essstörungen kennengelernt, die mir bis dato völlig fremd waren. Und das obwohl ich, was das Essen anbelangt, durchaus eine Spezialistin bin. Erstens habe ich viele essgestörte Mädchen als Patientinnen in der Praxis und zweitens gibt es so etwas wie Spezialisierung durch Eigenerfahrung. Ein Expertentum im Bereich der Ess- und Diätwissenschaft, das praktisch vor keiner Frau, die ich kenne haltmacht. Was haben wir doch nicht schon alles gezählt, von Kalorien bis zu Weight Watcher-Punkten. Und was haben wir schon alles gegessen oder besser gesagt eher nicht gegessen, um die große Leere im Magen dann mit Ahornsirup, Shakes oder Vitaminpillen auszufüllen. Und erlebt haben wir auch schon alles. Von FDH über Atkins und Dinnercancelling nach Vegetarismus und TCM führt uns das Jo-Jo des Gewichts und die Achterbahn der Gefühle. Wir waren außerdem schon überall; zu Fuß, auf dem Rad, auf Skates oder Schiern, haben Gewichte gestemmt, getanzt oder uns in Maschinen eingeklemmt, in der Hoffnung, doch noch ein paar Kalorien mehr zu verbrennen.

Und wenn frau trotzdem endlich einen gewissen inneren Frieden gefunden hat, Waffenstillstand mit der Waage geschlossen und das letzte Kleiderstück der Größe 36 wehmütig seufzend zur Caritas getragen hat, kehrt immer noch nicht wirklich Sonnenschein in die Speisekammer ein. Denn was früher die äußeren Werte waren, gemessen in Jeans italienischer Designer, kehrt sich nun nach innen. Cholesterin, Diabetes, HDL und LDL lauern in jeder noch so kleinen Arterie und warten darauf, sie zu verschließen. Und während der Herzkatheter droht, sieht man seine Menüabfolgen vor dem geistigen Auge vorbeiziehen. Das Essen eines ganzen Lebens in einem Augenblick. Man bereut bitter jedes Mousse au Chocolat und jeden schönen reifen Käse. Man beginnt zu hoffen und zu beten, dass doch all die vielen grünen Salate, die Tonnen von Broccoli und die vielen qualvollen Stunden der sportlichen Bewegung Ablass für die bösen Sünden gewesen sein mögen. Und wenn nicht? Was hat uns auf dem Gewissen? Ist der Mörder immer die Bratwurst oder ist es eine Verschwörung aus Eis und Schokotorten?

Auf der nächsten Seite der Illustrierten findet sich auch gleich ein Test. Mit diesem kann man überprüfen, ob man ein normales oder gestörtes Essverhalten hat. Ich mache also kleine Kreuzchen und lese dann das Ergebnis. Natürlich hab ich einen Knall. Also lese ich auch die anderen möglichen Testergebnisse. Und siehe da: Alle spinnen auf ihre eigene Art. Ist das nicht schön? Egal welcher Esstyp herauskommt, es ist garantiert ein neurotischer. Das ist ja das Tolle beim Thema Essen: Egal wie man's macht, es wird einem ein Strick daraus gedreht. Zu wenig oder zu viel, zu roh oder zu gekocht, zu wenig oder zu viele Kohlehydrate und so weiter. Gott sei Dank ändern sich die Weisheiten und Leitlinien auch mit Lichtgeschwindigkeit. Übrig bleibt der oder die Einzelne hungrig und verwirrt mit zwei Möglichkeiten. Im ersten Fall zeigt sich ein gewisser Fatalismus, dass es ja eh egal ist, was man in sich hineinstopft, es macht ja sowieso alles nur fett und zum Schluss dann tot. Und im zweiten das Gegenteil: Man ersinnt immer raffiniertere Methoden der selektiven Essbeschränkung. In der Hoffnung auf kleine Kleidergrößen und niedrige Cholesterinwerte oder einfach nur aus Angst davor, etwas Falsches zu essen, ist fast alles möglich. Man kann stundenlang Salatblätter von einer Seite auf die andere wenden, um sicherzugehen, dass man nur das Richtige zu sich nimmt, man kann Essen durch Drinks oder Zigaretten ersetzen oder sich so viel Stress machen, dass man Gott sei Dank keine Zeit mehr zum Essen hat. Und wenn man trotzdem aus Versehen etwas verschluckt hat, kann man seinen Körper ja wieder davon reinigen. Brechmittel, Abführmittel, reinigende Tees und Darmlavagen befreien nicht nur von allgegenwärtigen Schlacken, sondern auch von gemeingefährlichen Kalorien. Essen ist lebensgefährlich. Es zerstört die Figur, es kann die Blutfette in die Höhe treiben, Diabetes verursachen und man könnte alle möglichen Gifte in den Körper aufnehmen. Jeder von uns ist zumindest einer dieser Gefahren ausgesetzt. Ich frage mich, wann wir endlich mit dem ganzen Wahnsinn aufhören, uns zurücklehnen und etwas wirklich Gutes auf der Zunge zergehen lassen. Und dann auch sehr dankbar sind dafür, dass wir genug zu essen haben!

Die Medizin wird weiblich

„Die Medizin wird weiblich", habe ich kürzlich in der Zeitung gelesen, da es mittlerweile deutlich mehr Medizinstudentinnen als Studenten gibt. Meine Reaktion darauf: „Jessasmariaundjosef, des is goar net guat." Sinngemäß für den Nichtsteirer: Um Himmels willen, dies ist unerfreulich. Bevor Sie, liebe engagierte Kollegin diesen Artikel enttäuscht weglegen und beschließen, nie mehr etwas von mir zu lesen, oder Sie, lieber Kollege aus dem Macho-Lager sich genüsslich zurücklehnen und ich Ihnen doch noch sympathisch werde, geben Sie mir noch die Chance, mich zu erklären.

Also erstens: Das Wort Medizin war sowieso und immer schon ein weibliches, sowie la medicina und viele andere. Daran haben sämtliche Rechtschreibreformen nichts geändert. Und zweitens: Vorsicht bei allem, was weiblich ist und was wir Frauen für uns gepachtet haben. Ich denke da an: die Armut, die Teilzeitbeschäftigung, die Arbeitslosigkeit. Sogar „working poor" wäre weiblich, hätten die Engländer so etwas wie Artikel. Wenn jetzt also die Medizin weiblich wird, können wir schon einmal anfangen, sie zu bedauern. Denn dann geht es bergab mit ihr. Die unteren Ebenen der Medizin waren eh immer schon für Frauen da: Die Krankenschwester, die Hilfspflegerin und die Ordinationshilfe waren seit Urzeiten weiblich. Seit Neuestem gibt es halt auch die Turnusärztin oder die Stationsärztin. Selten bis nie findet man aber die Professorin, die Primaria oder die Institutsvorständin (gibt offensichtlich nicht einmal ein richtiges Wort dafür, scheint also kein Thema zu sein). Auch im niedergelassenen Bereich gibt es immer mehr Wahlärztinnen (aber nicht für Kardiologie oder andere prestigeträchtige Fächer) oder auch die praktische Ärztin. Alles Jobs, mit denen weder großer Ruhm noch große Kohle verbunden sind. Und Ruhm und Kohle werden zusehends weniger in diesen Bereichen, Frust und Bürokratie nehmen überhand. Werden diese Berufe deshalb immer mehr von Frauen ausgeübt, weil sie immer unattraktiver werden und deshalb Männer nach Möglichkeit höher hinauswollen? Wir sind ja nicht wirklich in eine Männerdomäne eingebrochen, wir haben nur die von den Männern verlassenen Bereiche nachbesetzt. Oder wird ein Job in dem Moment unattraktiver, in dem er ganz klar ein Frauenjob ist? Wieso sonst ist zum

Beispiel der Unterschied im Kollektivvertrag zwischen Baugewerbe und Dienstleistungsbereich so groß? Wo ist also die Henne und wo das Ei? Machen wir Frauen einen Job an sich unattraktiv oder machen wir einen Job, weil er an sich unattraktiv ist?

Nun aber zurück zur Medizin. Auf den billigen Plätzen sitzen wir Frauen und glauben nach wie vor, dass ein wirklich guter Job nichts für uns ist. Wir können zwar nähen, Kinder austragen, alle Stunden nachts aufstehen, um den Nachwuchs zu stillen oder die Oma zu pflegen, aber wir lassen uns einreden, dass Chirurgie zu anstrengend für uns sei. Es gibt da eine geniale Chirurgin in Graz, die vier Kinder hat, toll operiert und ein netter Mensch ist. Statt uns aber an so einer Leistung zu orientieren, versuchen wir, uns die Mittelmäßigkeit schönzureden. Frauenreferate bieten keine Unterstützung bei Fragen nach Habilitation, Karriere oder Networking. Sie beschäftigen sich lieber mit Teilzeit und Kinderbetreuung. Wenn frau Teilzeitarbeit und Familienzeit wünscht, ist das ja auch wunderbar und legitim. Aber so manche hatte im Gymnasium noch Träume von der Wissenschaft und im Krankenhaus noch die Habilitation im Visier. Es wäre wahrscheinlich zu irrwitzig, in diesem Jahrhundert noch auf Karenzzeiten gleichermaßen für Mama und Papa und echte Unterstützung für Working Mums zu warten, auf die wirklich guten Jobs in den wirklich tollen Fächern und in der Chefetage. Stattdessen werden wir das Kindergeld weiter ausbauen und die Einkommensschere weiter auseinanderklaffen lassen, sodass der Küchentisch weiterhin im Vergleich zum OP-Tisch die logischere Wahl bleibt.

Wenn wir zu anderen Wissenschaften blicken, so ist hauptsächlich die Geisteswissenschaft weiblich geworden. Jetzt ist mein persönlicher Respekt vor Menschen, die Altgriechisch können, fast grenzenlos und ich beneide sie auch (hätte ich in der Schule wahnsinnig gerne gelernt). Allerdings ist der Wert des Geistes im Fallen. Troja ist längst entdeckt, Tutenchamun ausgegraben und Universalgelehrte sind nicht mehr gefragt. Und bei den Spezialisten ist eben das Ansehen des Mediävisten geringer als das des Kernphysikers. Leider wirft der Geist nicht viel Kohle ab und auch der Ruhm ist längst vergangen.

Adipositas – wehret den Anfängen

M einer Meinung nach ist es allerhöchste Zeit für den Aufstand der Dicken! Es reicht ja schon, dass Übergewichtige und Fettleibige in unserer Gesellschaft immer mehr diskriminiert werden. Ihnen werden Dummheit, Nachlässigkeit, mangelnder Ehrgeiz, Hässlichkeit und vieles mehr attribuiert. Kurz gesagt: Die Dicken sind faul, stinken und sind selber schuld. Dabei war es vor hundert Jahren zumindest für die Männer noch so, dass Bauch Ansehen machte, dass man einen „gewichtigen" Mann respektierte und dass „No Sports" durchaus ein akzeptiertes Lebensmotto sein konnte. Bei Frauen war es allerdings auch schon vor hundert Jahren so, dass jene, die reich und schön heiraten wollten, dünn, genügsam und billig in der Fütterung auszusehen hatten. Heutzutage gibt es jedenfalls nur einen einzigen respektierten Adipösen, den nicht sofort alle therapieren wollen und das ist der Weihnachtsmann.

Möglicherweise ist es okay, dass einer, der zwei Plätze im Flieger braucht, auch zwei Tickets zahlen sollte und ich gebe ganz ehrlich zu, dass so mancher Dicke mich bei dem Versuch, ihn zum Abnehmen zu bewegen, schon auf die Palme getrieben hat. „Es sind meine Drüsen, Frau Doktor" ist eine Meldung, die ich wirklich nicht mehr hören will. Dennoch geht es mir mittlerweile absolut auf die Nerven, dass sich unsere Gesellschaft auf dem Kreuzzug gegen die Beleibten befindet. Nicht genug, dass private Versicherungen teurer oder nicht zu kriegen sind, dass Jobs rarer sind und die Kinder in der Schule gehänselt werden. Auch nicht genug, dass wir Ärzte einen Dicken, der zur Ordi hereinkommt, schon ganz automatisch als Kranken einstufen. Und nicht genug, dass ein Dicker nie die Möglichkeit haben wird, „haute couture" zu tragen. (Na ja, das zählt nicht, denn die meisten Normalgewichtigen können das auch nicht.) Jetzt hat sich sogar eine staatliche Krankenversicherung gegen ihre pflichtversicherten Schwergewichter gewendet. Noch dazu die Versicherung der Selbstständigen, die ja bekanntlich die Versicherung derer ist, die selten krank sind, kein Krankengeld bekommen und auch kaum Zeit haben, zum Arzt zu gehen. Genau diese Versicherung hat ein neues Einsparpotenzial entdeckt: Mitglieder mit einem BMI über

30 bekommen einfach keine Kur mehr bewilligt. Vor mir sitzt Herr R. und tobt. Der gute Mann ist zwar fast gleich breit wie hoch, aber er hat sein ganzes Leben lang fleißig gearbeitet, hat jahrzehntelang Beiträge gezahlt und bemüht sich, seitdem er lebt, abzunehmen. Mit leider mäßigem Erfolg. Bei der letzten Kur vor ein paar Jahren hatte er Gewicht verloren. Jetzt würde er so gerne wieder auf Kur fahren, um einen neuen Anreiz zum Abnehmen und etwas gegen seine Gelenkschmerzen zu bekommen. Leider wurde ihm das verwehrt. Ohne Abnehmen keine Kur und ich fürchte, ohne Kur kein Abnehmen. Er hüpft vor Wut auf seinem Sessel auf und nieder und ich sitze ihm ratlos gegenüber, zumal er von mir fordert, ihm die Sache zu erklären. Wie soll ich etwas erklären, dass ich selber nicht verstehe? Es ist mir auch klar, dass viele Kurgäste am Abend in der Buschenschank anzutreffen sind und ihre Reduktionskost etwas aufbessern. Damit wird argumentiert. Um dieses Problem zu lösen, könnte man die Kurgäste nach dem Diätabendessen einsperren. Oder man müsste konsequenterweise Razzien in den umliegenden Konditoreien und Wirtshäusern veranstalten. Und da würde man nicht nur die Dicken finden, sondern auch die Normalgewichtigen mit Hyperlipidämie, die Gichtigen, die Säufer und möglicherweise auch die Depressiven. Das würde doch der Versicherung ein weiteres ungeheures Einsparungspotenzial bieten. Und wenn die Adipösen schon nicht auf Kur fahren dürfen, sollten die Raucher auch gleich zu Hause bleiben. Vielleicht gleich zusammen mit denen, die sich ihre Gelenke bei jahrelanger schwerer körperlicher Arbeit ruiniert haben. Die kommen ja chronisch immer wieder und wollen Behandlungen. Die Überarbeiteten und Ausgebrannten kann man ebenfalls daheim lassen, denn die werden nicht so schnell in drei Wochen wieder heil. Ich sehe das so: Derzeit sind es die Dicken, aber bald wird es uns alle treffen, also: Wehret den Anfängen!

Burn-out – ich bin auch
nur ein Mensch!

Mindestens 20 Prozent der österreichischen Ärzte und Ärztinnen zeigen Burn-out-Symptome und jeder bzw. jede zweite weist zumindest eine Burn out-Gefährdung auf, lässt sich in der Ärztezeitschrift lesen. Warum dann – wie auf der nächsten Seite steht – die über 70-jährigen Kollegen ihre Kassenverträge nicht hergeben wollen, ist mir schleierhaft. So wie der Job gelagert zu sein scheint, müssten die längst ausgebrannt und durchgegart sein.

Gerade habe ich ein Telefonat mit meiner Freundin und Kollegin M. beendet, in dem wir uns gegenseitig unser Leid geklagt haben. Die Patienten sind derzeit wieder mal besonders anspruchsvoll (Wetter, Urlaubsmangel, prolongierte Winterdepression, Vollmond?). Die eine Hälfte weint, die andere beschimpft uns. Die Emotionen schwappen hoch und wir sind die Endverbraucher dieser ganzen seelischen Anwandlungen. Empathisch mit den Weinenden, geduldig lächelnd mit den Tobenden stehen wir auch dann noch in der Ordination, wenn wir am liebsten vor Müdigkeit umfallen würden. Wir signalisieren Verständnis, selbst wenn manchmal im Inneren das Bedürfnis zu schreien hochkriecht. Oder das ganz dringende Bedürfnis, jemandem einen richtig guten, festen, genussvollen Tritt in den Allerwertesten zu verpassen. Tun wir natürlich sicher nie. Denn wir sind Ärztinnen. Wir verstehen, helfen, trösten und heilen. Als Frauen haben wir es noch ein wenig schwerer als unsere männlichen Kollegen. Wir sind ja angeblich von Natur aus sanftmütiger und verständnisvoller. Auch wenn ein genervter Chirurg zwischendurch schreiend mit Skalpellen um sich werfen mag, steht uns Frauen ein solches Verhalten keinesfalls zu Gesicht. Was bei Männern eventuell noch als Machtwort durchgehen kann, stempelt uns nur als emotional instabil oder zickig ab. Also lächeln wir.

Dabei wissen wir, dass dieses Lächeln der erste Schritt zum Krankwerden ist. Es ist ein überzeugendes Lächeln, nicht nur die Lippen bewegen sich, auch die Augen lächeln mit. Nur die Seele lächelt nicht. Aber mit einiger Übung wird dieses Lächeln zur zweiten Natur. Und wenn man noch länger weiterübt, glaubt man es sogar selber. Nur die Seele kann es nicht glauben. Aber die spürt man mit der Zeit nicht mehr. Man spürt sich selbst nicht mehr. Es bleibt nur das Lächeln, leere Hülle und Selbstbetrug.

Aus gutem Grund wird von Ärzten erwartet, gefestigte und stabile Persönlichkeiten zu sein. Aber genau diese Qualität wird weder im Zugangstest noch auf der Universität jemals abgeprüft. Und sie wird schon gar nicht gefördert. Ganz im Gegenteil. In der Medizin haben wir eher eine Kultur der Selbstzerstörung. Starre Hierarchien, schlechte Kommunikationsfähigkeiten, überarbeitete Kollegen und das fehlende Bewusstsein für persönliche und soziale Defizite. Und dann die Arbeitszeiten! Wo steht eigentlich geschrieben, dass Arzt sein, den Beruf lieben und engagiert sein gleich bedeutend mit 100-Stundenwochen ist? Es mag vielleicht als Assistenzarzt noch lustig sein, die eigenen Grenzen auszutesten, wie viel Arbeit, wie viel Schlafentzug und wie viel Koffein einen auf einen super Arbeitstrip schicken – ganz ohne Koks. Aber spätestens mit 40 fängt man an, sehr alt auszusehen. Wer hat festgelegt, dass gerne Arzt sein ein „24 h/Tag – 7Tage/Woche-Ding" ist? Ist ein schwer ranzig miefelnder Kollege mit Stoppelbart, der nach einem erschöpften Nickerchen aus irgendeiner Koje kriecht, wirklich so viel besser als ein entspannter „20 Stunden pro Woche-Arbeiter"? Es kommt nicht von ungefähr, dass Psychotherapeuten nicht mehr als 20 bis 25 Stunden in der Woche am Patienten bzw. Klienten arbeiten können. So viele Stunden des sich auf jemanden Einlassens sind genug. Dann ist man leer oder auch überfüllt, je nachdem. Wir sollten uns daran ein Beispiel nehmen und nicht wetteifern, wer am meisten aushält. 20 bis 30 Stunden Zuwendung, Behandlung und Betreuung sollten ein guter Richtwert sein. Es kommen eh noch einmal mindestens genauso viele Stunden Bürokratie, Organisation und Schreibkram dazu. Wieder viele Stunden des Lächelns statt des Brüllens und Tobens über unsinnige Entscheidungen des Arzneimittelbewilligungssystems, bornierte Beamte und sinnlose Tätigkeiten. Aber dann sollte noch Zeit sein, Partner oder Kinder, vielleicht Katzen oder den Hund an sich zu drücken und den Sonnenuntergang zu bestaunen. Und dabei zu lächeln. Ein echtes Lächeln, bei dem die Seele auch mitlächelt.

Die Erleuchtung

Neulich saß ich auf der Alm auf einer Bank vor unserer Hütte und blickte über das Tal. Blumen blühten, die Bäume trugen saftiges Grün und rund um mich explodierte das Leben an diesem wunderschönen Frühlingstag. Da hockte ich also und war hin- und hergerissen zwischen Sitzenbleiben und Wandern. Schließlich war Wochenende und das Sportprogramm wollte absolviert werden. Zu mir gesellte sich mein Kater und forderte lautstark maunzend seine Streicheleinheiten ein. Ich entschied mich fürs Dableiben, Kater knuddeln und holte mir noch sicherheitshalber ein Glas Wein. Irgendwann zwischen schnurrendem Pelzknäuel und Volumsprozenten traf mich die Erleuchtung. Plötzlich wusste ich es: Ich hasse Sport. Und es wurde einer der glücklichsten Tage in meinem Leben. Ich hatte mich noch nie so herrlich faul gefühlt und der Kater hatte noch nie so viele fette Leckerlies bekommen. Als am Abend die Sonne unterging, war ich nicht mehr ganz nüchtern, jedoch völlig entspannt. Und ich hatte keine Gelenkschmerzen, keine Kopfschmerzen, keine Muskulatur, die spannte oder stach. Selten war ich so glücklich gewesen. Am nächsten Tag befiel mich dann das schlechte Gewissen.

Schließlich hatte ich mein ganzes Leben lang Sport getrieben. Und damit meine ich nicht sanfte Bewegung, sondern Schweiß, Blut und Tränen, vor allem in meiner Jugend. Aus Ehrgeiz, aus Lust am Wettkampf, aus Gewohnheit und in letzter Zeit vor allem aus Pflicht- und Gesundheitsbewusstsein. Denn wer rastet, der rostet. Und wer sich nicht bewegt, ist selber schuld an Muskelerschlaffung, Gelenkschmerzen, Fetthintern, Krampfadern, Cellulitis, hohen Blutlipiden, Arterienverkalkung, Hässlichkeit, Unattraktivität, Lahmarschigkeit, Ganzkörpervergammelung etc.

Schon seit einiger Zeit hatte ich bemerkt, dass ich eigentlich viel zu müde zum Training gewesen war, dass ich Schmerzen schon beim Gedanken an Bewegung bekommen hatte, und dass sich wieder dieses gut bekannte innere Gefühl einstellte: Diese Hoffnungslosigkeit, wenn man immer und immer wieder auf die Laufbahn kotzt oder alleine in der Umkleide weint.

Ich habe fast Angst, es laut auszusprechen: Ich hasse Sport. Ich will mich nicht mehr quälen. Ich habe keine Lust auf Ausdauer- und

Muskeltraining, Koordination und Kondition und auf regelmäßige Termine im Turnsaal, Dojo, Schwimmbad oder Fitnessstudio. Ich will nicht mehr so und so viele Schritte tun, Kalorien verbrennen oder Koordination verbessern. Ich will nicht laufen, nicht schwimmen, nicht sprinten, nicht schlagen, nicht klettern und nicht tanzen. Ich will auf meinem Bänkchen sitzen, mit einem Glas Wein für mich und einem fetten Leckerbissen für das Kuschelmonster. Vielleicht auch mit einem mehr oder weniger fetten Leckerbissen für mich.

Und trotzdem stehen vor meinem inneren Auge ein Sportarzt und ein Trainer mit warnend erhobenen Zeigefingern und wollen einfach nicht verschwinden. Es ist politisch nicht korrekt, Sport nicht zu mögen. Es ist politisch nicht korrekt, mit einem Glas Wein und einem Kater (miauendes Pelztier, nicht Alkoholnachwirkung) auf einem sonnigen Bänkchen zu sitzen und an Leberverfettung und Muskelerschlaffung nicht den geringsten Gedanken zu verschwenden. Die zwei inneren Sklaventreiber liefern sich eine Doppelconference, reden über mich, als ob ich nicht da wäre und malen mir meine Zukunft in den dunkelsten Farben. Ich sehe mich schon mit wabbelnden Speckringen um die Hüften, zentimetertiefen Dellen in den Oberschenkeln, über die sich dunkelviolette Krampfadern schlängeln und in meinen Wabbelarmen ein ganzer Sack voll mit Medikamenten aus der Apotheke. Der Bluthochdruck sprengt meine Herzkammern und aus den Schlagadern quellen kleine Kalkhäufchen. Die Leber dient als Speicher für Bratwürstchen und Pommes, nur die Gesichtshaut ist rosig und faltenfrei, da genug Baufett darunter vorhanden ist.

Ich glaube, ich sollte meine inneren Ängste und Beweggründe einmal dringend hinterfragen. Ich sollte mir überlegen, was mich wirklich antreibt, was mich bewegt, was ich wirklich will und was ich wirklich liebe. Sport? Derzeit: nein, danke. Noch bin ich in einem Stück und nicht auseinandergefallen. Ganz im Gegenteil: Es geht mir gut, richtig gut. Mal sehen, was die Zukunft bringt.

Schöne neue Welt?

Es war einmal die Zeit, da war es für eine Frau richtig gefährlich zum Gynäkologen zu gehen. Denn hatte frau ein gewisses Alter erreicht und ihre Reproduktionsaufgaben bereits erledigt, konnte man die Gebärmutter samt Eierstöcken auf der Liste der bedrohten Arten suchen. Wenn dann zu Alter und Mutterfreuden noch ein klitzekleines Myom, irgendeine Zyste oder gar verstärkte Blutungen auftraten, so war es um die heiligsten Teile geschehen. Was doch ach so nutzlos war, wurde entfernt, und zwar total und cum alles. Wozu auch Organe behalten, die keiner mehr braucht? Das Recht auf körperliche Unversehrtheit galt definitiv nicht für den weiblichen Unterleib, und wozu braucht Frau eigentlich Sex? Ab einem gewissen Alter sollte doch Langeweile im Schlafzimmer eingetreten sein oder der Ehegespons eine um 15 Jahre jüngere Freundin haben. Fairerweise muss man sagen, dass die männliche Hälfte der Menschheit durchaus auch das Recht zur Sorge hatte, wenn man zum Urologen ging. Auch mit den Herren der Schöpfung wurde nicht immer ganz zimperlich umgegangen. Wer will schon kontinent bleiben, wenn es doch so flauschige Windeln gibt.

Wenn man heutzutage schaut, was die Kollegen von der schneidenden Zunft so alles leisten, kann man nur sagen: „Hut ab!" Dort, wo sich früher Narben quer über den ganzen Körper zogen, findet man heute nur bei genauestem Nachsehen ein kleines Knopfloch oder einen feinen Strich. Entfernt wird im Normalfall nichts mehr total und radikal. Es wird ausgeschält und verödet und teilreseziert und organerhalten. Je kleiner die Narbe, desto großartiger der Chirurg. Eine faszinierende und wunderbare Entwicklung. Understatement pur: Weniger ist mehr.

Eine ganz andere Entwicklung ist derweil bei den nicht schneidenden Zünften zu beobachten. Haben wir Hausärzte, Internisten und Neurologen früher eifersüchtig in die Operationssäle geschielt, diese Hallen der schier unbegrenzten Möglichkeiten, da unsere eigenen Mittel sehr beschränkt waren, so verfügen wir mittlerweile über Tausende von Pulverchen, Tabletten, Kapseln, Tropfen oder Infusionslösungen. Uns stehen Mengen und Möglichkeiten zur Verfügung, die unsere Großväter nicht einmal in ihren wildesten Albträumen vorhersehen konnten. Und wir sind gar keine Minimalisten, ganz im Gegenteil. Die immer neueren und spektakulären Segnungen der Pharmakotherapie werden großzügigst über unsere Patienten ausgeschüttet.

Früher konnte man am Patientenkörper Narben sehen, an denen man erkannt hat, welcher Chirurg sich wo verewigt hatte. Heute versuchen wir mit Medikamenten unsere ganz persönliche Spur durchs Patientenleben zu ziehen. Schon an der Frühstücksdosis sieht man, welcher Internist, welcher Neurologe und welcher Psychiater seinen Fingerabdruck im Medikamentenschachterl hinterlassen hat. Zu all dem kommt dann noch die ganz persönliche Note des Hausarztes, der ja den ganzen Segen koordinieren und noch seinen eigenen Senf dazu geben muss. Wichtig ist, dass man mit der Medikamentenkarriere früh genug beginnt. Wenn einer nichts Offensichtliches hat, so tut jedenfalls eine ausgedehnte und erweiterte Vorsorgeuntersuchung not. In den allermeisten Fällen kann man dann schon einen zumindest beginnenden Bluthochdruck erahnen, kombiniert mit suboptimalen Blutfetten. Damit befinden wir uns bereits auf der Lieblingsspielwiese aller Internisten. Druck, Fett und Zucker kann heutzutage nicht niedrig genug sein. Wir sollten am besten Zielwerte haben wie der Gummibaum im Eck: garantiert fettfrei, drucklos und nur komplexe Kohlehydrate in der Zellwand. Wer aller Vorsorge zum Trotz optimale Werte aufweisen kann, der macht bestimmt so viel Sport, dass ein regelmäßiges Entzündungshemmerchen bei schmerzenden Gelenken notwendig sein wird. Natürlich nur in Kombination mit einem Magenschutz. Und der, dem noch nichts weh tut, der kann sich ja wenigstens an Knorpelaufbauprodukten gütlich tun. Aber wehe, wenn der Mensch nun älter wird. Wenn er verwirrt und bettlägrig wird und sich nicht mehr wehren kann gegen das, was ihm die Pflegerin morgens in den Mund oder in die Sonde stopft. 12, 14, ja 20 verschiedene Medikamente, zerstampft, zerdrückt oder aufgelöst, müssen in den armen Körper. Und keine Chance auf Reduktion. Denn jede Diagnose ist die wichtigste und jedes einzelne Medikament unerlässlich.

Darf der Hausarzt auch Bedürfnisse haben?

Gestern war wieder einer von diesen Tagen. Diesen ganz besonderen, an denen ich mich immer frage, warum ich nichts Gescheites gelernt habe. Warum bin ich zum Beispiel nicht Tierarzt geworden oder Innenarchitektin oder manchmal noch besser: Eremit. Dabei war weder Vollmond noch Wetterumschwung. Es war ein ganz unschuldiger und lieblicher, warmer Sonnentag.

Begonnen hat es bereits vor der Ordinationszeit. Ich stand mit meiner Sprechstundenhilfe in der Rezeption, der Schreibtisch quoll über von Befunden und ich besprach mit ihr die Dinge, die wir unbedingt an dem Tag zu erledigen hatten. Zur Tür herein kam eine Patientin, die wir freundlich grüßten und um etwas Geduld im Wartezimmer baten, mit den Worten, dass wir erst in einer halben Stunde offiziell Ordinationsbeginn hätten. Sie ging ins Wartezimmer und kam nach einer Minute wieder, beobachtete uns beim Arbeiten und meinte dann: „Ich will eh nur eine Überweisung, die kann ich ja doch bitte gleich kriegen." Ich antwortete: „Ordination ist ab 14 Uhr!" Manchmal bereue ich es, dass ich es im kalten, bitteren Winter nicht übers Herz gebracht hatte, die Patienten draußen vor der Tür warten zu lassen. Statt sie dem Erfrieren auszusetzen (oder im Sommer dem Hitzschlag) können sie in einem angenehm temperierten Wartezimmer mit reichlich Lesestoff oder Kinderspielzeug verweilen. Das reicht offensichtlich nicht, denn die Dame urgierte: „Wieso soll ich noch warten, Sie sind ja eh schon da!" Als Konter fiel mir wieder einmal nur ein: „Wenn Sie zum Billa gehen, werden Sie vor der Öffnungszeit auch schon die Damen sehen, die die Regale beschlichten. Deshalb kriegen Sie noch lange keine Wurschtsemmel." Interessanterweise war damit das Problem dann beseitigt und die Situation völlig klar. Der Wurschtsemmelvergleich hilft noch immer.

Eine Stunde später stand Frau M. vor mir. Sie hatte es geschafft, mich beim Gang auf die Toilette abzufangen. Manchmal überlege ich mir, ob ich zwischendurch nicht aus dem Fenster steigen und mich außen herum über den Balkon schleichen sollte. Sie hätte solche Knieschmerzen. Ich sagte ihr, dass ich aufgrund des überquellenden Wartezimmers im Augenblick keine Zeit hätte. Entweder müsste sie einen Termin für später ausmachen oder zumindest eine Stunde warten. Entrüstet rauschte sie mit den Worten „Zu euch kann man auch überhaupt nicht kommen" wieder ab. Dazu ist zu sagen, dass sie im Stockwerk unter der Ordi wohnt. Sie könnte also sogar daheim warten, oder wie wir ihr anboten, auf Abruf wiederkommen. Offensichtlich war ihre einzige Option aber jetzt oder nie. Dass ich nicht die Fähigkeit zur Bilokation besitze, tut anscheinend auch nichts zur Sache.

Eine weitere Stunde später steht Frau B. in meiner Tür und verströmt bereits vom Eingang aus einen Geruch, dass ich wirklich allen Ernstes fast vom Schreibtisch kippe. Ich soll ihr Blut abnehmen und ihre Hämorrhoiden ansehen. Leicht grün im Gesicht stelle ich fest, dass dies über meine Kapazitäten geht. Ich muss kapitulieren. Ich bitte die Dame in wirklich sehr lieben und freundlichen Worten, morgen wiederzukommen. Und zwar bitte geduscht und mit frischem Gewand. Wenn's nach mir ginge, würde ich mich ja mit Wohlgerüchen umgeben, aber da hätte ich Floristin werden sollen. Aber zumindest will ich das Recht haben, ohne Anti-Kotztropfen im Magen und Mentholpaste in der Nase arbeiten zu können. Die Dame meint, dass meine Bitte eine Zumutung sei und sie wird sich überlegen, ob sie noch einmal hierher kommen kann oder zu einem anderen Arzt wechseln möchte. Tut mir leid, Kollege!

Zum krönenden Abschluss kam dann noch ein Pensionistenpaar, dem wir extra gesagt hatten, dass die Abendordination nur für Berufstätige sei. Das hielt sie nicht davon ab, um 18.00 Uhr zu erscheinen und als Zugabe noch zu fragen, wie lange nach der Ordinationszeit noch jemand anwesend wäre, wenn sie es beim nächsten Mal nicht rechtzeitig schaffen würden.

Eigentlich sollte ich ja die Königin in meinem kleinen Reich sein, aber manchmal glaube ich, ich bin eher der Hofnarr. Auf jeden Fall hab ich gelernt: Auch der Hausarzt hat Grundbedürfnisse. Dazu gehören respektvolle Behandlung, ein gewisses Maß an Höflichkeit, Geduld und Duschgel. Und wenn das alles nichts bringt, dann hilft es wenigstens, darüber zu schreiben.

Status post 40

Gerade habe ich in einer neurologischen Zeitschrift gelesen, dass ich durch die Überschreitung des 40. Lebensjahres geistig schon auf dem absteigenden Ast bin. Meine Merkfähigkeit hat angeblich nachgelassen, ich bin nicht mehr so flexibel und die Lernfähigkeit wird auch immer mieser. Das finde ich bedrückend. Denn eigentlich kommt mir vor, dass ich ziemlich auf der Höhe bin, hirnmäßig. Ich halte mich für kreativ, lernfähig und mein Namensgedächtnis ist noch genau so schlecht wie es vor zehn Jahren bereits war. Ich will mir nicht einreden lassen, dass ich auf dem absteigenden Ast wäre. Ich will auch noch nicht mit Tebofortan, Rätsellösen oder Sudoku beginnen.

Körperlich ist das mit dem Abbau und Verfall schon eine ganz andere Geschichte. Mit 20 glaubte ich, ein paar Problemzonen zu haben. Mit 30 hatte ich ein paar Problemzonen. Mit 40 habe ich keine Problemzonen mehr. Ich bin eine Problemzone.

Jetzt stellt sich die Frage: Altern in Würde oder das Altern negieren? Auf der Geistesebene weigere ich mich ganz schlicht, an den Schwachsinn meines derzeitigen Abbaus zu glauben. Das kann nur einer geschrieben haben, der glaubt, mit 25 schon alles erlebt und gesehen zu haben.

Was den Körper angeht, so kann ich schwer widersprechen: Regelmäßiger Sport, nicht allzu ungesunde Ernährung, nur qualitativ hochwertiger Wein und zumindest sechs Stunden Schlaf in der Nacht sind nicht mehr ausreichend, um dem Verfall vorzubeugen. Auch nichtinvasive Möglichkeiten wie Wechselduschen und Stützstrümpfe sowie regelmäßige Physiotherapien hemmen den fortschreitenden Verfall des Kadavers nur ungenügend. Teure Gesichtscremes lassen vor allem den Teint der auf Provisionsbasis arbeitenden Verkäuferin erstrahlen.

An und für sich ist so ein Waschbärbauch ja etwas Reizendes. An einem Waschbären. Weniger gut kommt das Teil in hüftigen Hosen und kurzen T-Shirts. Vor allem in der wärmeren Jahreszeit. Soll ich mich nun mit Sit-ups extra quälen oder darauf hoffen, dass die Sommersaison eh nur kurz ist und ich alsbald wieder das Äquivalent des Waschbärfells in Form eines dicken Kuschelpullis überziehen kann? Fettabsaugen kommt nicht infrage. Ich gehöre nämlich zu den ganz Tapferen. Allein bei der Vorstellung von diesem Prozess wird mir schlecht. Ganz zu schweigen von der Angst vor den Schmerzen.

Auch der Gedanke an eine Oberweite, die nicht von Jahren der Gravitation geplagt wird, scheint mir attraktiv. Doch auch hier hält mich die Angst vor dem Messer noch zurück. Außerdem habe ich so hohe Kredite laufen, dass ich mir das unmöglich leisten kann. Irgendwie erleichtert das. Mein Körper darf also in Würde alt und schlaff werden. Dass das mit Würde nichts zu tun hat, sondern nur mit Angst, brauche ich mir ja nicht einzugestehen.

Beim Gesicht ist die Versuchung schon größer. Gerade hat mir eine Freundin angeboten, das ihr in der Augenheilkunde von wirklich Bedürftigen übergebliebene Botox in die Falten um meine Augen zu verteilen. Ein sehr verlockendes Angebot, sich gratis und vertrauensvoll in die erfahrenen Hände von jemandem, von der ich sehr viel halte, zu begeben. Aber auch da will die Angst nicht so recht weichen. Was ist, wenn die ganze Sache doch schiefgeht? Wenn ich dann das Auge nicht mehr aufkriege, wie nach einem Schlaganfall?? Meine Nase spielt ohnedies bereits in einer anderen Kategorie mit. Apropos Nase. Da fällt mir ein, dass ich mir vor zehn Jahren den Riechkolben zertrümmert habe. Nicht beim Karate, sondern wie in einem schlechten Film beim Kaltstart in eine zu gut geputzte Glastüre. In meinem Schock habe ich sie auch gleich selbst wieder eingerichtet. Das Ergebnis kann man noch heute bewundern. Damals boten sie mir auf der HNO an, mir gleich eine neue Nase auf Krankenkassenkosten zu formen. Ich war schwer am Überlegen, da ich mit dem Ding mitten im Gesicht noch nie besonders glücklich gewesen war. Aber dann sah ich mich in den Spiegel und es kam mir die Erkenntnis: Dann bin ich nicht mehr ich. Und ich denke, abgesehen von allen Kosten einer optischen Verbesserung, abgesehen davon, dass ich ein Hosenscheißerchen bin, wenn Medizin an mir ausgeübt wird, ist das der Hauptgrund. Dann wäre ich nicht mehr ich.

.

Ohne Histaminintoleranz scheint man nicht mehr „in" zu sein

So ungefähr alle zwei Jahre widerfährt uns die bahnbrechende Neuentdeckung irgendeiner Krankheit in der Medizin. So wie die Modewelt die neue Kollektion feiert, freuen wir uns über neue Erkrankungen. Auf dem Laufsteg unserer Diagnosestraßen finden wir derzeit fast überall die Histaminintoleranz. Die ist sozusagen „the new black".

Jeden Tag kommen mehrere daran leidende Patienten zur Tür herein. Mit ernsten und gequälten Gesichtern erzählen sie mir, dass bei ihnen eine sehr schwerwiegende Erkrankung diagnostiziert worden sei. Sie hätten nämlich eine Histaminintoleranz. An guten Tagen lehne ich mich dann verständnisvoll zurück und höre mir die schauerlichen Geschichten von roten Flecken, Blähungen, depressiven Verstimmungen, Durchfall, Verstopfung, Appetitlosigkeit, Gewichtszu- und -abnahme und Pickelbildung an. Das Tolle an der Histaminintoleranz ist ja, dass sie anscheinend fast alles kann. Sie passt überall dazu. Das „neue Schwarz" eben. An den guten Tagen bleibe ich dann auch sehr verständnisvoll. Sogar, wenn mich die Patienten nach Fastenkuren, Ausleitungen und Gesundbetungen fragen.

An schlechteren Tagen, oder nach der zehnten Histaminintoleranz hab ich dann auch schon rote Flecken und die Geduld ist Bauchkrämpfen gewichen. Wenn dann einer hereinkommt und mich gequält anseufzt, dass er eine Histaminintoleranz hätte, mit dieser Aura des Exklusiven, dann knurre ich zurück: „Die habe ich auch." Bevor mich der Patient dann auffordern kann, mit ihm eine Selbsthilfegruppe zu gründen, bin ich gleich gemein: „Die hat übrigens jeder, denn Histamin ist ein pfui-böser Botenstoff, der bei uns allen das Jucken und Beißen macht. Allerdings nicht bei jedem in gleichem Maße."

Ich erlebe immer wieder, dass die Menschen dann enttäuscht sind. Ich rezeptiere gern ein Antiallergikum, das dann nicht gerne genommen wird, denn: „Frau Doktor, es muss doch eine Ursache geben!" Ja schon, sicher. Dann empfehle ich Rotwein, Schoko, Fertigprodukte und Junk Food von der Futterliste zu streichen. Ich gebe dann auch immer Nahrungsmitteltabellen aus. Manchmal empfehle ich ein paar Tage mit Tee und Reisbreichen, um das angehäufte Histamin wieder in Ruhe abzubauen. „Nein, Sie haben keine schwere Krankheit!" Sollte man meinen, das würde die arme Seele erleichtern.

Histamin hat mir schon viele enttäuschte Patienten eingebracht. Und die, die mich wegen ihrer Fructoseintoleranz schon nicht verlassen haben, werden mit ihrem Histamin jetzt weiter wandern. Bereits beim Obst hat es mir nicht nur Freunde eingebracht, zu raten: „Wenn Sie etwas nicht vertragen, dann essen Sie es einfach nicht. Und wenn Sie es doch gerne essen, müssen Sie halt schauen, dass Sie Ihre Blähungen heimlich loswerden."

„Nein, es gibt keine Medikamente, wir machen jetzt auch kein Ganzkörper-MR, ich halte die Bestimmung ihrer Aminosäurezusammensetzung für gut, jedoch nur für das durchführende Labor." So macht man sich keine Kundschaft, bin ich draufgekommen. Keine Angst, die Praxis geht trotzdem gut.

Aber viele wollen nicht hören, dass sie nicht schwer krank sind. Die sind regelrecht enttäuscht. Letztens wollte einer ein Attest für die Steuer. Er habe Diät zu halten. Er leide an einem nichterosiven Reflux, zu Deutsch Sodbrennen ohne Speiseröhrenentzündung. Der Internist hatte ihm geraten, nichts Blähendes, keinen Alkohol oder Kaffee und wenig Fett zu sich zu nehmen, vor allem abends. Ich fragte ihn entgeistert, wieso er sich dafür eine Steuererleichterung holen wollte. Schließlich würde ihn sein neuer Ernährungsstil ohne Kaffee und Alkohol und außerdem insgesamt weniger Futter ja sogar noch Geld sparen. Auch dieser verließ mich entrüstet. Er wäre schwer eingeschränkt und gehandicapt. Und ich wäre nicht bereit, seine mindestens Teilinvalidität anzuerkennen.

Ich frag mich oft, warum so viele Menschen darauf bestehen, schwer krank zu sein. Brauchen sie eine Entschuldigung, weil sie nicht zugeben können, manchmal schwach, müde und nicht gesellschaftstauglich zu sein? Oder ist es dieses umfassende körperlich-seelische-psychosoziale Wohlbefinden, das durch unsere Wünsche geistert? Und nachdem diesen Idealzustand kaum einer jemals erreicht, sind wir alle ständig krank. Und der Gesundheitsmarkt wächst weiter.

Darf das sein?

Vor mir sitzt Frau K., die gerade aus dem Sanatorium entlassen worden war, und fragt, ob ich noch ein bisschen Zeit hätte, sie müsse nämlich etwas fragen. Der Herr Professor und Internist, der sie im Sanatorium wegen ihres Herzens betreut hatte, hätte ihr gesagt, sie sei depressiv. Das wiederum findet Frau K. von sich überhaupt nicht. Sie lacht gerne und viel, liebt ihren Garten und wenn sie ihren Mann ansieht, strahlen ihre Augen noch immer. Und das nach 53 Jahren Ehe. Ich fragte, wie denn der Herr Professor zu dieser Annahme gekommen wäre. Sie meinte: „Wissen Sie, ich habe ihm erzählt, dass ich furchtbar Angst vor einem Schlaganfall hab. Ich habe keine Angst vor dem Sterben. Das ist unvermeidlich. Das gehört dazu. Aber wenn man das einmal gesehen hat, wie der Mensch, der einmal intelligent und frei war, sich plötzlich nicht mehr bewegen kann, wie er plötzlich nicht mehr denken kann, sich nicht wehren kann oder nicht mehr allein aufs Klo gehen – Frau Doktor, das muss furchtbar sein! Davor habe ich wirklich ganz große Angst." Ich nicke und sie fährt fort: „Aber ist das nicht normal, wenn man einigermaßen gescheit ist, dass man sich davor fürchtet? Der Professor hat aber gesagt, man müsste Medikamente nehmen, um diese Angst zu unterdrücken."

Ich glaube natürlich, dass der Kollege nur das Beste für die Patientin wollte. Trotzdem muss ich ihr recht geben. Ich finde, wenn eine 88-Jährige, die immer wieder Blutdruckkrisen von 200/100 mmHg hat und an Vorhofflimmern leidet, Angst hat, dass sie einmal der Schlag trifft, so ist das nicht pathologisch, sondern maximal realistisch. Und wenn sie trotzdem lachen, lieben und leben kann, darf meiner Meinung nach auch diese Angst Platz in ihrem Leben haben. Wir dürfen unseren Patienten ruhig etwas mehr Kraft und Lebensfähigkeit zutrauen. Auch oder gerade den Alten.

Wir haben heute keine Kultur des Schmerzes oder der Angstbewältigung mehr. Wenn wir jung sind, wird das dunkle Etwas in unserer Seele, das uns beunruhigt, weggeraucht, weggesoffen oder unter viel zu lauter Musik begraben. Notfalls stellvertretend in einem Computerspiel erschossen oder vom Fernseher zum Schweigen gebracht. Manche rennen und sporteln auch bis zum Umfallen, glauben fest an die Allmacht der eigenen Vorsorge und Vorbeugung, und wenn wir älter sind und die Ängste und Sorgen größer werden, winken Medikamente. Nun bin ich ein großer Fan von antidepressiven Medikamenten. Dort, wo sie notwendig sind. Dort, wo die Trauer und der Schmerz zu groß, die Ängste zu lähmend sind. Aber nicht in Kübeln undifferenziert über unseren Köpfen ausgegossen wie Pflanzenschutzmittel über einem Rübenfeld.

Denn zum Leben gehört auch Weinen. Wenn man sich tief und ehrlich freuen kann, lebendig fühlen und energiegeladen, so kann man ebenso tief trauern. So darf man auch einmal müde und schlecht drauf sein. Und wenn man Leid erlebt hat, darf man sich ruhig davor fürchten, dass es einem einmal selbst so geht. Nur ein Narr, der keine Furcht kennt!

Ich habe die Patientin in ihrer Meinung bestärkt, bei allem Respekt für den Herrn Professor. Ich kann sie besser verstehen als mir lieb ist. Mein Vater war fast zehn Jahre schwer krank und ein Pflegefall. Noch heute wird mir regelmäßig ganz schlecht, wenn ich ein Pflegeheim visitiere. Und natürlich habe ich eine Heidenangst davor, dass mir so etwas auch einmal passieren könnte. Diese Angst gehört zu meinem Leben. Andere haben andere Erfahrungen, andere Ängste, andere Sorgen. Je nachdem, was die eigenen Erfahrungen sie gelehrt haben. Auch diese Dinge machen uns aus. Vor allem, wenn wir es schaffen, damit umzugehen und wenn wir für uns etwas daraus machen können. Hilfe und Unterstützung sind wichtig. Sie müssen jedoch nicht immer aus der Medikamentenschachtel kommen. Lachen ist lebensnotwendig. Aber es kann auch ohne Glückspillen entstehen.

Und täglich grüßt das Murmeltier ...

Alle Sender strahlen ihn mit schönster Regelmäßigkeit aus: Deshalb hat wohl kaum einer diesen Film nicht gesehen, in dem jeder neue Tag derselbe wie der vorangegangene ist. Die Zeit will einfach nicht weitergehen und täglich wird dieser ein und derselbe Tag von ein und demselben Murmeltier begrüßt. Mit nervenaufreibender Monotonie läuft das Leben immer gleich ab und jeden Morgen erscheint ein und dasselbe Vieh.

Ich habe nun von mir selbst nicht immer nur die allerbeste Meinung. In einigen Bereichen halte ich mich jedoch fast für Superwoman. Das heißt, für mich bin ich noch immer jung, dynamisch, sportlich und relativ unkaputtbar. Deshalb glaube ich auch, dass mir Stress nicht schadet und dass ich ganz viel aushalte. Was ja manchmal sogar stimmt. Viele Patienten, viele Projekte nebenbei, viel Ärger und eine Menge Sorgen. Doch meinereine steckt das natürlich ganz locker weg. Dachte ich zumindest. Die Tage waren unerträglich heiß, manche Patienten waren unerträglich mühsam und ich war unerträglich müde. Trotzdem stand ich wie immer Tag für Tag mit einem Lächeln auf der Matte. Und täglich grüßt das Stelzltier ...

Bis ich eines Tages einen hässlichen Nervenschmerz verspürte. Und ein paar Tage danach den Kammerjäger kommen lassen wollte, weil genau an dieser schmerzenden Stelle vermeintliche Bisse eines unheimlichen Rieseninsekts zu sehen waren. Natürlich sahen die bläschenförmigen Läsionen irgendwann einmal nicht mehr nach Floh- oder Wanzenbissen aus. Aber Gürtelrose war ja nun wirklich etwas für alte Leute!

War sie nicht. Und täglich grüßt das Gürteltier ...

Statt in meinen ersten freien Tagen nach längerer Zeit wie jeder vernünftige Mensch in der Therme zu liegen oder in die freie Natur hinauszuspazieren, schloss ich mich mit Valacyclovirtabletten im verdunkelten Zimmer ein. Warum heißt das eigentlich Gürtelrose? So poetisch, viel zu schön. Gürtelkrätze würde es besser treffen. Ich litt an meinem Dasein als Grottenolm im verdunkelten Zimmer. Das Ganze war so gut in meine freien Tage getimed, dass ich am darauffolgenden Montag wieder mit einem Lächeln auf der Matte stehen konnte. Und täglich grüßt das Stelzltier ...

Im Film mit dem Murmeltier und im Leben mit dem Gürteltier geht jeden Morgen derselbe Tag los: vorhersehbar, eintönig, zermürbend. Das hatte etwas. Jeden Morgen der Wecker und dann begann das Lächeln. Mit Valacyclovir im Schädel und dadurch leicht benommen und ziemlich schwindlig vor mich hin schwankend und schwindelnd. Kein Sport, keine Sonne, kein Spaß. Und täglich grüßt das Gürteltier ...

War ich wirklich schon so alt, dass Gürtelrose ein Thema für mich war? Als ich mein Blutbild zurückbekam, war ich happy. Es gab da etwas an mir, das war noch „sweet sixteen". Nämlich meine Gamma GT (wichtiger Leberwert, kann Hinweise geben auf zu viel Alkohol). Manchmal wäre es mir lieber, wenn mein Hintern oder die Gesichtshaut noch „sweet sixteen" wären, aber man nimmt halt, was man kriegen kann. Und da Valcyclovir hauptsächlich die Niere schädigt und die Leber ziemlich ungeschoren lässt, konnte man mich seitdem im Weinkeller finden. Dort war es kühl und finster, keine UV-Strahlung störte die Haut. Und man hat wenigstens wirklich ein genussvolles Erlebnis, auch wenn man nachher vielleicht ein wenig schwindlig ist oder an Kopfweh leidet.

Der Weg ins Arbeitsleben nach dem Urlaub ist jetzt gepflastert mit guten Vorsätzen. Ich werde mich nicht mehr überanstrengen. Ich werde Pausen machen, ich werde Nebenjobs abgeben, ich werde mir eine Vertretung suchen, ich werde nicht mehr krank arbeiten gehen, ich werde auf genug Schlaf, vernünftiges Essen und Entspannung achten, ich werde die Schönheitspflege nicht vernachlässigen. Ich werde unerträglich fad werden, wenn ich mich so gebärde. Und „sweet sixteen" bleibt trotzdem nur meine Leber.

Mittlerweile bin ich erholt und das Lächeln geht wieder ganz von selber. Da steht man doch gerne in der Früh wieder in der Ordination. Und täglich grüßt das Stelzltier ...

Die Pflicht, gut drauf zu sein

Ist Ihnen auch schon mal aufgefallen, dass die meisten Leute, wenn sie einen fragen „Wie geht's?" gar keine Antwort haben wollen? Präziser gesagt, nicht keine Antwort, sondern nur eine bestimmte Antwort. Nämlich das Wörtchen „gut". Um sicherer zu diesem gewünschten Ergebnis zu gelangen, wird die Frage auch oft so formuliert: „Geht's dir eh gut, oder?" Und in besonders schwierigen Fällen gleich: „Dir geht's eh gut!" Und damit wird sicherheitshalber gleich ein Rufzeichen gesetzt, um eine Frage zu vermeiden.

Offensichtlich können viele nichts anfangen mit Worten wie „gar nicht gut" oder schlimmer noch „schlecht" oder sogar „be… scheiden". Ich frage mich oft, warum das so ist. Ist das Nichtgut-Gehen einfach nur unangenehm zu beobachten, oder ruft es irgendwelche Resonanzen im eigenen, ach so glücklichen und perfekten Leben hervor? Möglicherweise steht es auch für die Frage nach Lösungen oder den Anspruch auf Unterstützung oder ist ein Ruf nach Hilfe. Das könnte für den Frager unangenehm werden. Er oder sie wäre gefordert, zu reagieren. Und das wiederum klingt irgendwie nach Arbeit und Anstrengung und passt ganz sicher nicht in den Terminplan. Damit will ich niemandem zu nahe treten. Oft ist ein Hilfesuchender ja wirklich schwer zu ertragen und noch öfter ist der eigene Terminplan bereits zum Bersten voll. Wenn dann das Auto nicht anspringt, die Putzfrau kündigt und der Nachbar eine Lebenskrise hat, kippt das System. Man rutscht plötzlich von der Gratwanderung im eigenen Leben über die nächste Geröllhalde ab. Und das rasend schnell. Und beängstigend leicht. Da wird es oft zum Selbstschutz-Imperativ, um jeden Preis positiv zu bleiben.

Möglicherweise ist eine negative Antwort heutzutage auch schlichtweg zur Provokation geworden. Zum Ausdruck einer echten Frechheit. Zur Unerhörtheit, sich nicht zufrieden in unsere Hochglanzwelt einzufügen. Dabei ist eh alles so schön und wir haben es doch eh so gut. Und damit alles noch schöner wird, werden auf den Fotos die Beine gestreckt, die Taille verschmälert und die Falten geglättet. Klar, dass da ebenso im psychischen Bereich retuschiert werden muss. Natürlich wird auch in der Seele

der Kummer eingewickelt, die tiefen Gräben mit Schutt aufge-
füllt und die Ecken und Kanten glatt geschliffen. Imperfektionen:
pfui. Seltsamkeiten: nur bei anerkannten Künstlern. Leiden: nein,
danke!

„Schlecht gehen" ist heutzutage mehr out denn je. Heutzutage
verhindern nicht mehr Dankbarkeit den Eltern und der Gesellschaft
gegenüber oder die Demut vor einem strengen Gott, dass es einem
sch… gehen darf. Kein strenger Vater straft, kein Himmelvater
greint. Doch nach wie vor ist „schlecht drauf sein" ein Tabu und
„happy sein" das Gebot der Stunde. „Think positive" und der
Erfolg wird dich überschwemmen! Da er es meistens doch nicht
tut, bleibt nur eine riesige Enttäuschung. Und schon wieder einer,
der traurig ist, leidet, nicht glücklich sein kann.

Und traurig sein, leiden, unglücklich sein ist das ultimative Versagen in unserer Hochglanzwelt. Wie könnte man es auch
erklären, dass noch Hunger da ist, umgeben von Fast-Food-
Ketten und Gourmettempeln? Dass man Leere spüren kann, trotz
109 Kabelkanälen und Armut vor dem vollen Kleiderschrank?
Alles haben muss doch unweigerlich zur Zufriedenheit und zum
Glück führen! Es geht uns ja so gut wie nie zuvor! (Materiell,
ja. Vor allem wenn man weiß ist und männlich, in ausgewählten
Ländern der Erde wohnt, einen Job hat, der einen nicht auffrisst
und gelernt hat, Bindungen einzugehen.) Und wenn die Welt sogar
dann nicht positiv denken lässt, wenn sie trotz aller Versuche nicht
rosarot wird, gibt's auch noch Antidepressiva für alle.

„Ihnen geht's eh gut, nicht wahr?!"

Mann, oh Mann!

Vor Jahren – eigentlich sind es mittlerweile eher schon Jahrzehnte – sagte mir einmal ein Mann: „Weißt du, ein Männerkörper ist nackt immer schön. Bei Frauen ist das nicht so, da ist es besser, erotische Unterwäsche zu tragen." Ich verzichtete daraufhin, den nackten Wahrheitsgehalt dieser Aussage zu überprüfen.

Da glaubt frau, dass solche Aussagen Geschichte sind, und heute, im 21. Jahrhundert, alles ganz anders wäre. Ich bin nicht blauäugig genug, um zu hoffen, dass Frauen ihre Problemzonenkomplexe losgeworden wären. Aber ich hatte doch immerhin gehofft, dass die Männer ihren fairen Anteil an Aussehenskomplexen abbekommen hätten. Denn Gleichberechtigung muss sein. Sollen die Herren der Schöpfung ruhig ihre Dysmorphophobien (schönes Wort für Körperschemastörungen) pflegen, dachte ich. Sollen sie ruhig ins Fitnessstudio gehen und trainieren, Eiweißshakes in sich hineinschütten und sich regelmäßig duschen und eincremen. Von mir aus dürfen sie gerne auch gut riechen. Ich gönne außerdem jedem die Angst vor unattraktivem Haarbewuchs an Bauch, Brust und Rücken. Sollen sie ruhig mit Bartschneidern und Rasierapparaten durch den Urwald roden. Manch einem würde ich sogar eine Heißwachs-Enthaarung an besonders empfindlicher Stelle gönnen. Aber das ist jetzt gemein von mir! Der langen Rede kurzer Sinn: Ich war mir so sicher, dass wir jetzt gleichberechtigt unsere Komplexe, Neurosen und Körper pflegen könnten. Schmarren.

Bei einer großen Umfrage erklärten über 90 Prozent der Frauen, dass sie mit ihrem Körper nicht zufrieden wären und dass sie sich bewusst wären, mindestens ein oder zwei Problemzonen zu haben. Sie hielten sich für unterdurchschnittlich gutaussehend und mäßig attraktiv. Gut, das waren ja nicht wirklich Neuigkeiten. Dann aber fand ich eine fast identische Umfrage unter Herren der Schöpfung. Das Ergebnis: Über 80 Prozent hielten sich für außergewöhnlich gutaussehend und besonders attraktiv!

Meine erste Reaktion war: Wo ist diese Umfrage gemacht worden? Auf welcher Insel leben diese Traummänner? Und: Kann ich bitte dort Urlaub machen? Aber nein, die Umfrage wurde in Wien gemacht. Ich rekapitulierte meine letzte Fahrt mit der Wiener

U-Bahn und überlegte, ob mir dabei irgendwelche größeren Mengen außergewöhnlich attraktiver Männer begegnet wären. Ich musste passen. Allerdings lassen sich meine Beobachtungen auch auf die Grazer Straßenbahn und den Kitzbüheler Schilift übertragen.

Wieso können Männer von sich sagen: „Ich bin super!"? Und wieso können sie das auch noch selber glauben, und wieso findet das auch kein anderer irgendwie seltsam? Die umgekehrte Vorstellung, dass eine Frau erklärt, sie sei schön und attraktiv und wunderbar ist praktisch undenkbar. Entweder die Gute ist die Leiterin irgendeines Selbstbewußtseins-Workshops für postmenopausale Sinnsucherinnen oder wir denken, dass sie sie nicht alle hat. Frauen können einfach keine Problem-frei-Zone sein. Männer kriegen keine Probleme damit, wenn sie nicht aussehen wie Pierce Brosnan, Brad Pitt oder Robert Pattinson, während wir nicht einmal durch den Drogeriemarkt streifen können, ohne mindestens eine hautstraffende Lotion ins Einkaufswagerl zu tun? Und nicht nur das: Wir brauchen auch etwas, das Falten verhindert, Pickel hintanhält, Achselhaarwachstum hemmt, Füße nicht nur entstinkt, sondern sie auch noch verschönert, das Haupthaar zum Glänzen bringt, die Nägel festigt, die Lippen voller erscheinen lässt, die Cellulitis bannt, die Taille optisch verschmälert, die Haut nach der Wachsenthaarung seidenweich macht und uns einen glücklich strahlenden Teint aufs Gesicht zaubert. Dazu müssen wir noch entspannt, liebevoll, gute Mütter und ordentliche Hausfrauen sein, erfolgreich im Job und sozial im Leben. Und offensichtlich haben wir bei all dem Wahnsinn noch Zeit, unseren Söhnen zu sagen, dass sie toll sind. Natürlich sagen wir das auch unseren Töchtern, aber: Wir sagen ihnen auch: Sei aber schön lieb! Iss nicht zu viel! Pass auf, dass du dich nicht schmutzig machst! Sei schön brav! Sei schön bescheiden! Gib ja nicht an, wirk nicht zu stolz! Geh nicht wie ein Holzknecht! Zieh dir was Schönes an! Pass auf deine Figur auf! Futter nicht zu viel Süßigkeiten, das macht dick! Tu was gegen deine Pickel! Weil: Wenn die pickelige Tochter sich bewegt wie ein dicker Holzknecht und gar nicht lieb ist: Werden wir sie dann auch noch toll finden?

„Es" geht weiter!

Dieser Geschichte vorausschicken möchte ich, dass ich meinen Beruf immer sehr geliebt habe. Ich habe auch meine Patienten stets sehr geschätzt – zumindest die meisten – und ich habe meine Freunde immer sehr gemocht. Natürlich hat es Zeiten gegeben, wo mir alles auf die Nerven gegangen ist. Doch die gingen vorüber. In freundlichem Einklang mit mir und meiner Umgebung konnte ich danach wieder weiterarbeiten.

Heuer scheint alles ein bisschen anders zu werden. Seitdem „es" Anfang November begonnen hat, könnte ich fast täglich haareraufend aus der Ordination flüchten. Und Lichtmangel, Planetenschiefstand oder vielleicht doch extraterrestrische Mikroben machen nicht nur mir zu schaffen. Kollegin M. ruft mich jeden zweiten Tag an und fragt, ob sich die kollektive Psychose jetzt auch schon über mein Murufer gelegt hat. (Man kann Graz ganz grob in rechtes und linkes Murufer unterteilen, aber offensichtlich setzt sich derzeit nicht nur der Nebel über natürliche geografische Grenzen hinweg.) Jedenfalls kann ich durchaus bestätigen, dass sich etwas über die Köpfe von uns allen gesenkt hat.

Sogar meine Ordinationshilfe rollt schon die Augen oder schreibt mit großen Buchstaben HILFE!!!!!!!! in unsere interne Kommunikation. Dabei ist die Gute von uns beiden ganz klar die Freundlichere und Geduldigere. Deshalb sitzt sie ja auch mit einem Lächeln gleich gegenüber des Eingangs und ich bleibe am besten in einem Kämmerchen versteckt. Vielleicht tut es mir gut, einige von meinen Erlebnissen mit Ihnen zu teilen. Möglicherweise geruht mein Blutdruck dann wieder in den grünen Bereich zurückzukehren. Der heutige Tag fing ganz harmlos und unschuldig an. Es war Montag, der an sich mein Lieblingsarbeitstag ist. Ja, ich weiß, ich bin da ein bisschen seltsam. Aber montags bin ich immer noch unverbraucht, bin ausgeschlafen und voller Begeisterung für meinen Job. Montags will ich Leben retten, Tränen trocknen und den Amtsschimmel in die Knie zwingen. Um halb zehn war die Wochenration meiner Motivation verbraucht. Das Atmen fiel mir schwer, die Bewegungen wurden langsamer und das Lächeln musste ich mir ins Gesicht kleben.

„Frau Doktor, Frau Doktor! Bitte, ich hab so furchtbar Angst vor der Grippe! Ich will nicht sterben!" „Liebe Frau K., kein Grund gleich an das Schlimmste zu denken. Lassen Sie sich doch impfen." „Um Gottes willen, dann sterbe ich sicher." „Okay, warum???" „Meine Mutter ist zwei Wochen nach der Grippeimpfung gestorben. Das war die Impfung!" (Ihre Mutter war 93, sie hätte auch nach dem Gulasch vom Vortag mit dem Leben abschließen können.) Also die Patientin weder an der Impfung noch an der Grippe sterben lassen, welche Möglichkeiten blieben mir da noch? Sie kreischte noch im Hinausgehen: „Ich will nicht sterben, ich will nicht sterben!" Die Leute im Wartezimmer warfen einander beunruhigte Blicke zu. Die nächste Patientin fragte, wann ich vorbeikommen könnte, die Mama zu impfen. „Denn wissen Sie, wenn wir am Wochenende wohin fahren wollen mit ihr, da kann man sie schon transportieren oder zum Frisör, aber impfen? Da müssen schon Sie bei uns vorbeikommen." (Klar, stets zu Diensten!)

Draußen in der Rezeption erkärte Frau R., sie käme am Dienstag gleich in der Früh. Meine Assistentin wagte es, sie darauf hinzuweisen, dass sie bei uns einen Termin bräuchte, Dienstag in der Früh hätten wir zum Beispiel gar keine Ordination: „Nur damit Sie nicht vor verschlossener Türe stehen oder warten müssen." „Das ist ja doch wohl meine Sache und überhaupt ist das mit den Terminen eine Frechheit. So etwas hat man ja noch von keinem vernünftigen Arzt gehört." (Würden Sie dann bitte zu einem vernünftigen Kollegen wechseln?) Kurz vor Ordinationsschluss rief mich noch ein Patient an, am Privathandy. Ich sollte gleich zu seinem Sohn fahren. Ich sagte ihm, dass ich heute keine Zeit hätte und außerdem einen jungen Mann wegen 38 Grad Temperatur nicht gleich besuchen fahre. Der sollte zuerst mal ausschlafen, Aspirin und Hustentee trinken und morgen könnte er dann vorbeigebracht werden. Kranke müssten bei mir niemals warten und es spräche auch nichts dagegen, einen ansonsten gesunden Mann ins Auto zu packen und mit dem Lift in den ersten Stock zu fahren. Daraufhin entgegnete er: „Während Sie da lang blöd reden, wäre ein ordentlicher Arzt schon zweimal losgefahren." (Okay, bitte, such dir diesen und Frau R. kannst du auch gleich mitnehmen …)

Die Quintessenz des Frauseins

Ich stehe vor einer der schlimmsten Erfindungen, die die Menschheit jemals gemacht hat. Sie verwandelt nämlich einen ansonsten selbstbewussten, intelligenten und erfolgreichen Menschen von einem Augenblick auf den anderen in ein unsicher vor sich hinwinselndes Häufchen Elend. Besonders bösartige Exemplare dieser Erfindung geben auch noch Auskünfte über Körperfett und Magermassenanteil und sind damit imstande, einen Menschen einfach „mir nichts, dir nichts" in einem Augenblick zu vernichten. Genauer gesagt: einen weiblichen Menschen. Nein, die USA haben keine neue, besonders fiese Lenkwaffe erfunden. Ich spreche von dem Unding, das die meisten von uns in ihren Badezimmern horten: die Körperwaage. Vor Jahren noch hatte sie nur Striche in der Anzeige. Da konnte man durch ungenaues Hinsehen das eine oder andere Stricherl übersehen. Mittlerweile stehen grün auf weiß digitale Zahlen vor einem. In zehn Jahren wird sie einem wahrscheinlich noch ungefragt mit monotoner Stimme den BMI erzählen, den Kalorienintake vorgeben, die Medikamentenmenge ausrechen, die man zu schlucken hat, und auch noch etwas über das persönliche Diabetes- und Schlaganfallrisiko brabbeln, man mag es wissen wollen oder nicht. Weiters wird sie uns erinnern, welche Problemzonen wir wegsporteln müssen und an welchen wir gefälligst den Schönheitschirurgen dranlassen sollen, wann die Zähne wieder zum Bleichen dran sind und wann die nächste Botoxspritze zu empfangen ist.

Alles, was zählt, ist das Gewicht, dachte ich in meiner schönen Jugend, während ich genau wie der Großteil meiner Freundinnen sehnsüchtig nach einer Essstörung schielte. Und neben den Ergebnissen der Waage schien alles andere sekundär. Hoher IQ, tolle Leistungen im Sport, gute Noten, musikalische Begabung? All das hätten wir für ein paar Kilos weniger verkauft. Denn nur schlank sein, ist Frau sein, ist attraktive Frau sein. Und nur attraktive Frauen finden einen Partner, einen guten Job, die richtigen Freunde und so weiter. Waren wir blöd!

Mittlerweile haben wir uns weiterentwickelt. Jetzt sind es nicht mehr nur die Kilos. Jetzt muss auch die Körperzusammensetzung passen, die Blutwerte gesundheitsbewusst niedrig sein, die Falten sollten weggespritzt und das Fett aus einigen Stellen abgesaugt in andere implantiert sein. (Habe ich schon mal erwähnt, dass das dem Wort Arschgesicht eine ganz neue Bedeutung verleiht?)

Doch auch jetzt verblasst alles andere vor den erweiterten Folgen der Wiegung. Statt endlich über der Waage zu stehen, statt darauf, anstatt stolz zu sein eine tolle Karriere zu haben, sind wir Loser, wenn wir zu viele Kilos dazugewonnen haben. Statt froh zu sein eine glückliche Beziehung und halbwegs erzogene Kinder zu haben, statt sich zu freuen über tolle technische Fähigkeiten oder ein riesiges Repertoire an Küchenkünsten, lassen wir die Waage unser Glück bestimmen. Garantiert sind wir wieder mal zu schwer. Und selbst wenn das Gewicht passt, was ist mit der Körperzusammensetzung? Außerdem mag frau ja mit vierzig das Herz am rechten Fleck haben, die Fettpölsterchen oder Hautfalten aber wahrscheinlich nicht mehr. Und wieder reduzieren wir uns auf das, was die Waage von uns will.

Es ist schon schlimm genug, dass wir als Teenies von der makellosen, sprich superdünnen Prinzessin träumen, die aufgrund ihres Aussehens den wunderbaren Prinzen finden wird. Und offenbar nicht nur den allein, denn der Prinz beinhaltet im Kombipack auch gleich Glück, Liebe, Reichtum und Erfüllung aller Träume. (Armer Kerl! Dass der eher früher als später die Flucht ergreift, ist verständlich, aber davon vielleicht ein anderes Mal). Doch es ist noch schlimmer, dass wir dann die nächsten Jahrzehnte offensichtlich gar nicht viel an Reife und Weisheit zulegen. Denn sonst würden wir nicht so gerne in den Mode- und Schönheitsseiten der Illustrierten blättern, computerretouchierte Elfen und magersüchtige Prinzessinnen bewundern und dabei vom Glück träumen. Wir würden sonst vielleicht ernsthaft recherchieren, was die großen Monarchinnen, die mächtigen Hexen, die Nobelpreisträgerinnen, Pionierinnen, Pilotinnen, die eine oder andere Spitzenchirurgin oder Bundeskanzlerin zum Erfolg motiviert. Oder die Frauen, die ihren Weg gehen, entweder mit ihren Prinzen, oder sich einfach den einen oder andern Frosch halten. Wen kümmert es? Der Weg zur Schönheit, zum Glück oder zur Liebe ist sicher nicht gepflastert mit Waagen!

Alltägliches

Bei der letzten Fortbildung hab ich eine nette und sehr engagierte junge Kollegin kennengelernt. Eine mit ganz vielen Ideen und Vorschlägen zur Verbesserung unseres Berufslebens. Strotzend vor jugendlicher Kraft hat sie ihre Ansichten verteidigt. In mir und einer anderen (jetzt sind wir schon die älteren) Kollegin hat sie Kopfweh erzeugt und dazu auch unendliche Müdigkeit. Und vielleicht ein bisschen Neid. Auf jeden Fall große Sehnsucht nach einer Zeit und einem Geisteszustand, als wir noch Träume hatten und die Welt retten wollten. Mittlerweile wollen wir nur noch uns selber retten: am Abend möglichst früh ins Bett, tagsüber vor dem allzu großen Patientenansturm und dazwischen vor allzu ausufernder Bürokratie.

Ich denke seitdem viel darüber nach. Ob und wie ich etwas von dieser Begeisterung, die ich ja auch einmal hatte, wieder zurückbekommen könnte. Wo ich wieder zu dieser quirligen Lebenskraft und -freude finde und wie es um meine Liebe zu Job und Menschen so bestellt ist. Heute ist ein langer Tag. Und bis jetzt ist er ganz gut verlaufen. Hochmotiviert hab ich mir schon ein paar Extras überlegt, die ich den Patienten wieder anbieten könnte, ein paar Dinge, die ich unbedingt nachlesen und ein paar Kurse, die ich ganz sicher besuchen will. Doch halt: Mein Enthusiasmus ist leider gerade wieder verstorben. Todesursache: ersoffen im Klo.

Ich denke, das muss ich Ihnen nun ein wenig genauer erklären: Da das Telefon pausenlos geklingelt hat und meine Ordihilfe mit dem Ohr schon daran festgeklebt war, bin ich mit einem Stuhl-Test schnell zum Auswerten ins WC geeilt, um das Ergebnis ehestmöglich zu bekommen. Im Klo erwartete mich eine mit Papierhandtüchern vollgestopfte Muschel. (Neben der Muschel steht eh nur ein riesiger roter Müllkübel, der selbst für Blinde auf keinen Fall zu verfehlen ist.) Vor der Klotür beginnt eine Patientin zu klopfen: „Kann ich da jetzt nicht hinein?" „Nein, können Sie nicht." „Warum geht denn da nichts weiter?" Ja, warum ist da die große Frage. So eine Verstopfung ist halt eine blöde Sache! Kurz bin ich versucht, noch etwas Humor zu entwickeln und der Guten zu erklären, dass ich gerade eine Verstopfung diagnostizieren und behandeln müsste. Aber dann vergeht mir auch schon gleich wieder das Lachen. Ich murmle nur: „Wenn das jetzt jemand versucht hinunterzulassen, brauchen wir einen Klemptner." Was auch immer die Dame mit meiner Aussage angefangen haben mag.

Ich ziehe also sicherheitshalber zwei Paar Handschuhe über und beginne in der Muschel zu werken. Der HCC-Test daneben bleibt negativ und das Klo wird befreit. Ein gutes Gefühl, wenn es wieder funktioniert! Ich selbst fühle mich hingegen nicht befreit. Ich bin zwar froh, dass ich eine potenzielle Überflutung abwehren konnte, meine generelle Tendenz bleibt aber eher negativ.

Zurück in meinem Sprechzimmer bin ich froh, dass ich heute nur mehr eine Stunde Ordi habe. Hoffentlich jedenfalls. Denn manchmal ist es nicht so, dass es dunkel wird und der Arbeitstag endlich vorbei ist, sondern dass dann fünf Minuten vor Schluss plötzlich Massen vor der Tür stehen. „Jetzt sind sie aufgewacht", pflegen wir dann zu stöhnen.

Eine weitere Stunde später bin ich erleichtert darüber, dass sie doch nicht aufgewacht sind und wir den Laden zudrehen können. Leider sind auch meine guten Vorsätze irgendwie den Bach bzw. das Klo hinunter. Ich habe keine Lust mehr, Vorträge zu halten, einen Praktikanten zu unterrichten und Privatleistungen nach Ordischluss anzubieten. Ich will einfach nur nach Hause und meine Ruhe haben. Vielleicht kann die liebe, junge und energiegeladene Kollegin mich ja einmal vertreten. Dann kann sie viele ihrer Ideen umsetzen und ich werde zusehen. Mit einem lachenden Auge, weil ich mich freue, wenn jemand für die Medizin lebt. Mit einem weinenden Auge, weil meine Lebendigkeit, eingesperrt zwischen Patientenbedürfnissen und Kassenforderungen, zwischen Möglichkeiten und Notwendigkeiten, zwischen EDV und Fax, zwischen Dokumentation und Schreibkram einfach den Bach hinuntergegangen ist. Oder nicht einmal den Bach …

Demoversionen

Sicher haben Sie auch schon mit Demoversionen zu tun gehabt. Beispielsweise mit Software, die bei der Präsentation durch den Hersteller den Eindruck vermittelt, dass sie die Ordi ganz alleine schupft. Sie selbst haben sich dabei im Geiste nur einen Mausklick entfernt von ihrem Traumstrand gesehen. Auf den Bahamas oder auf Gran Canaria. Je nachdem, ob Sie Schönheitschirurg sind oder Allgemeinmediziner.

Auch dort ist das Leben voller Demoversionen. Der Katalog oder die Fotos im Internet zeigen blaues Wasser, grüne Palmen und suggerieren eine Aussicht über die unendlichen Weiten des Ozeans oder zumindest über eine romantische Bucht. Und in Wirklichkeit sitzen Sie dann in einem Betonbunker aus der Sechzigern und überblicken die Kläranlage.

Es gibt ja unzählige Demoversionen in unserem Leben. Menschen oder Dinge, die auf den ersten Blick perfekt für uns aussehen. Bis man sie näher kennenlernt oder merkt, wie unpraktisch sie wirklich sind. Ich denke an Autos, Architektenhäuser oder Schwiegermütter. (Ich bin hochzufrieden mit meinem BMW, meine Wohnung bröselt nicht auseinander und ich habe die liebste Schwiegermutter, die man sich vorstellen kann.) Aber mein Leben ist seit einiger Zeit auch um eine Demoversion reicher. Und das kam so:

Wir haben ja diese Hütte auf diesem einsamen Berg mit diesen Katzen. Zum letzten Jahreswechsel waren alle Tiere auf einmal schwer krank geworden. Nach haufenweise Amoxicillin, Novalgin und Infusionen erholten sie sich langsam. Ich verbrachte Tage mit Näschen putzen (ja, manchmal muss man rotzigen Katzen die Nase putzen), Kätzchen wärmen und Handfüttern. Alle erholten sich. Bis auf einen. Der bekam eine Innenohrinfektion und ein Gleichgewichtsproblem. Seitdem nennen wir ihn Schiefkopf. Er hält das Köpfchen ziemlich schräg und zusätzlich hat er dann noch einen seltsamen Watschelgang bekommen, durch ein Problem mit seinen Hinterbeinen. Koordination unter jeder Kritik, Schnelligkeit wie die einer Ente und Ausdauer wie ein Kurgast in der Herzreha. Das Ganze kompensierte er durch Anhänglichkeit und ein überaus kräftiges Stimmchen. Sein Krähen konnte man durch mehrere geschlossene Türen hindurch hören.

Das Leben ist grausam. Seine Geschwister und was da sonst noch vor unserer Hütte kreucht und fleucht, ließen ihn nicht mehr zum Futternapf. Wir fütterten ihn also extra. Er revanchierte sich mit unendlich viel Zärtlichkeit und dem lautesten Schnurren, das wir jemals gehört hatten. Wir wussten, dass er nicht jagen können würde und in der Zeit, wo niemand auf der Hütte war, nicht überleben konnte. Und wenn er dann sein Köpfchen vertrauensvoll in unsere Handflächen legte, mit den Vorderpfoten unsere Handgelenke umklammerte und uns aus großen Augen ansah, dämmerte es uns: Wir mussten ihn einfach retten. Er war einfach so süß: pelzumwickeltes Liebhaben sozusagen. Außerdem: Was eignete sich besser als Haustier für eine schöne Wohnung mit schönen Teppichen und von der Ur-Uroma ererbten Möbeln als ein verlangsamtes Kätzchen mit Behinderung? Also zog Schiefkopf bei uns ein. Wir waren glücklich, er war glücklich. Dann begannen wir ihn zu fördern, mit „Spieltherapie". Jetzt nach circa einem Monat hat er seine Größe und sein Gewicht verdoppelt. Den Kopf trägt er zwar immer noch schief, aber der Watschelgang ist weg. Die Hinterbeine sind lang und kräftig wie die einer Wildkatze. Mit den Vorderpfoten hat er eine unglaubliche Geschicklichkeit entwickelt. Der einst sprunggehemmte Kater begrüßt mich täglich vom höchsten Punkt des Kratzbaums und wenn er seine Spielphase kriegt, schießt er mit affenartiger Geschwindigkeit durch die Wohnung. Tagsüber ist er ein kleiner Engel. Er schläft, bis wir heimkommen und dann will er liebgehabt werden. Doch in der Nacht erwacht die Bestie. Dann beginnt „textiles Werken" an Teppichen, Decken oder Vorhängen. So gegen drei Uhr schreit er dann vor dem Schlafzimmer: „Mir ist fad. Habt mich lieb." Wir würden ihn ja ignorieren, wenn wir davon nicht wach würden und aufs Klo müssten … Dann werden wir aber so beschnurrt und niedergekuschelt, dass wir ihn wieder furchtbar liebhaben. In der Früh wird es dann spannend: Wo sind meine Brille und diverse andere Kleinteile des täglichen Lebens? Man sagt ja immer, dass Katzenhaltung den Puls verlangsamt und den Blutdruck senkt. Das tut es bei uns definitiv nicht, außer vielleicht, wenn wir schlaftrunken und meditativ sein Kisterl umgraben, wobei er uns interessiert zusieht, um danach sofort sein Geschäftchen zu verrichten. Eigentlich wäre er mittlerweile voll lebensfähig, um ihn auszuwildern. Aber dann sieht er uns wieder so an!

Der diagnostische Imperativ

Unlängst war ich beim Tierarzt. (Nein, mir fehlt nichts, obwohl manch einer behaupten mag, ich hätte einen Vogel, aber dem geht es sicher auch gut.) Also der Patient war nicht ich, sondern mein Kater, der abgesehen von notwendigen Impfungen irgendwelche abstrusen Atemwegserkrankungen präsentiert. Wenn er schläft, schnarcht er wie ein Holzknecht. Damit könnte ich noch leben, aber wenn er spielt, glaubt man, das Vieh erstickt. Er quietscht abwechselnd wie ein Badeentchen oder grunzt wie ein Trüffelschwein oder schnauft wie ein Lungenkranker nach seiner letzten Zigarette beim Stiegensteigen. Daher war wieder mal ein Besuch beim Lieblingstierarzt angesagt.

Ich genieße mittlerweile unsere Tierarztbesuche (ganz im Gegensatz zum Kater), denn ich stehe ziemlich auf die medizinischen speziesübergreifenden Diskussionen, die wir dabei führen. Diesmal jammert der Viehdoktor über seine eingeschränkten diagnostischen Möglichkeiten. Eingeschränkt nicht deshalb, weil die Veterinärmedizin nichts zu bieten hätte, ganz im Gegenteil. Die machen heutzutage schon Dinge, da könnte manch ein Humanmediziner neidisch werden. Nein, der Doc jammert, weil er gerne so viel mehr machen und wissen möchte über seine Patienten und man ihn nicht lässt. Zu teuer oder zu aufwendig, sagen die Tierhalter. Diagnostik kostet, und das wollen die Leute nicht zahlen. Am liebsten wäre ihnen, er würde es wie der alte Dr. P. machen. Der hat angeblich für und gegen alles eine Spritze gehabt, die immer und überall gewirkt hat. Jetzt wollen die Leute das auch von ihm. Gratis Hellsehen und dann eine billige Spritze. Dr. med. vet. beneidet mich und meine Zunft.

Aus seiner Sicht leben wir Humanmediziner ja im diagnostischen Paradies. Ich muss ihm leider seine Illusionen nehmen. Im Allgemeinen schätze ich natürlich die vielen diagnostischen Möglichkeiten, die wir Menschenärzte haben. Gleichzeitig leide ich aber auch unter dem „Diagnostischen Imperativ". Alles, was gemacht werden kann, muss auch gemacht werden! Bei uns ist die Diagnostik nämlich „gratis". Davon gehen zumindest die meisten Leute aus. Und wehe, wenn man einmal sagt: „Behandeln wir das mal ein paar Tage und dann können wir immer noch eine

Blutabnahme, ein MR oder eine Endoskopie machen!" Das kann heutzutage schon zur Zumutung ausarten. Kaum einer überlegt sich, dass Diagnostik keineswegs gratis ist, jedoch in vielen Fällen umsonst. Zu selten wird die Frage gestellt, wem denn das alles nützen soll? Vielleicht dem Produkthersteller oder -anbieter oder doch dem Patienten? Und außerdem: Wenn man nur genug Diagnostik macht, bekommt man sicher auch reichlich Zufallsbefunde und selbstgebastelte Krankheiten.

Oder nützt viel teure Diagnostik vielleicht dem Arzt? (Abgesehen von finanziellem Nutzen, wenn es abrechenbare Untersuchungen sind.) Wie viele diagnostische Parameter, die wir unseren Patienten entlocken, brauchen wir wirklich notwendig für dessen Behandlung? Dient Diagnostik nicht oft nur unserer Eitelkeit, dem akademischen Interesse oder noch viel schlimmer: Machen wir all die Untersuchungen nicht oft nur, um unsere Unsicherheit zu verdecken? Wir trauen uns ja schon nicht mehr, einem gesunden Patienten zu sagen, dass ihm nichts fehlt. Er könnte ja doch irgendwas Verborgenes haben ... Und oft machen wir einen Test nach dem anderen einfach zu unserer Absicherung. Genau dokumentiert und durchgeführt. So, dass uns vor Gericht keiner mehr etwas anhaben kann.

Und jetzt wird es wirklich anstrengend. Denn jetzt bleibt nur mehr die Frage, ob ich mehr Angst vor dem Richter habe, weil ich durch Nichtdurchführen irgendeiner seltenen Untersuchungsmethode etwas übersehen könnte, oder mehr Angst vor der Krankenkasse, die mich zum amikalen Gespräch zitiert, weil ich alle Limits überzogen habe. Wir dürfen dem Patienten keine Möglichkeiten vorenthalten, jedoch sollen wir gleichzeitig möglichst billig arbeiten. Das kriegen wir nie und nimmer unter einen Hut, nicht einmal unter einen breitkrempigen Sombrero. Interessanterweise tun aber alle so, als ob das ginge. Jeder soll die beste Medizin erhalten, aber zahlen soll er nicht dafür. Wir tun alles für die Patienten und verursachen wenig Kosten dabei. Wer es glaubt! Ich jedenfalls habe schon Muskelkrämpfe bei dem Spagat zwischen Kostengünstigkeit und diagnostischem Imperativ. Also ganz ehrlich: Manchmal beneide ich meinen Tierarzt um ein bisschen gratis Hellsehen und eine billige Spritze.

Spitalsbetten

Letztens habe ich mit einem lieben Kollegen geredet. Er ist Primar in dem einzigen Krankenhaus, in dem ich noch ein Bett für einen dringenden Patienten kriege, wenn ich eines brauche. Aber auch dieses Spital wird Betten reduzieren müssen. Panik! Wohin dann in Zukunft mit meinen Patienten? Und warum, wenn wir angeblich ach so viel zu viele Betten haben, ist keines zu kriegen, wenn man eines braucht?

Wir haben also in Österreich zu viele Spitalsbetten pro Einwohner. Das ist zu teuer. Da muss man sich etwas überlegen. Aber ich habe den Eindruck, das Hauptargument sind nicht die Kosten, sondern dieses: Wir liegen deutlich über der EU-Norm. Irgendwie ist die EU-Norm zur obersten Instanz in unser aller Leben geworden. Sie zu erfüllen, ist wichtigstes, erstes und scheinbar einziges Gebot und Ziel unseres Handelns. Egal wie sinnvoll diese Normen manchmal sind. Darüber wird nicht nachgedacht. Was, wir erfüllen die EU-Norm nicht? Also anstrengen! Nach dem Warum fragt schon lange keiner mehr. Das erinnert mich an meine Kindheit: Immer wenn ich sagte: „Mama, Mama, alle in meiner Klasse dürfen …" oder „… alle in meiner Klasse haben …", meinte sie: „Und wenn alle in deiner Klasse in die Mur hüpfen, hüpfst du dann auch?" Erst Jahre später ist mir die tiefere Weisheit ihrer Erziehung aufgegangen und ich habe gelernt zu hinterfragen. Nur weil die anderen etwas tun und haben, ist es deshalb unbedingt gut oder richtig?

Natürlich können wir uns so viele Betten in der derzeitigen Form nicht leisten. Zum einen, weil viel Geld dafür verwendet werden muss, um unsere Wirtschafts- und Finanzkonstrukte aufrechtzuerhalten. Zum anderen, weil wir zwar alle immer bessere Leistungen im Gesundheitsbereich fordern, aber nicht bereit sind, mehr dafür zu zahlen. Und dann gibt es da noch reichlich organisatorisches und planungsmäßiges Missmanagement. Davon vielleicht ein anderes Mal.

Ich denke, man muss sich auch einmal den Versorgungsanspruch vor Augen halten, der unser ärztliches Handeln heutzutage bestimmt. Es geht einfach nicht mehr, dass man die Altvorderen in irgendeinem Ausgedinge leise vor sich hin verenden lässt. Auch die Tradition des „Ahnl-Vertilgens" hat hoffentlich ausgedient, wenn die Alten zu gesund sind und das Erben zu lange auf sich warten lässt. Wir stellen glücklicherweise den Anspruch, dass jeder Mensch ein Recht auf eine optimale Abklärung und die bestmögliche Therapie hat. Und dass auch Alter und Gebrechen keine Kontraindikation dafür sind, sondern vielmehr ein Grund, sich noch besser um diese Menschen zu kümmern. Leider bedeutet dieses Kümmern nicht nur medizinische Diagnostik und ärztliche Behandlung, sondern schließt auch immer mehr die Sorge und Pflege des ganzen Menschen mit ein. Daher hilft es meiner Meinung nach nur begrenzt, wenn man den Bereich der niedergelassenen Ärzte ausbaut. Vielleicht bin ich zu pessimistisch, aber der Ausbau wird wieder einmal so aussehen, dass wir Allgemeinmediziner noch mehr Aufgaben übernehmen werden und dafür noch mehr Honorar gekürzt wird. Gruppenpraxen könnten eine Hilfe sein. Man kann vor allem in der Stadt auch gut mehrere Praktiker zusammenschließen. Aber bei den Fachärzten fängt es an zu hapern. Wie will man flächendeckend Bildgebung, Labor oder Endoskopie 24 Stunden am Tag anbieten? Und wie soll man vor allem alte, behinderte oder verwirrte Menschen durch oft weit entfernte ambulante Diagnosestraßen schleusen? Ohne Begleitung, weil entweder schon alle tot sind oder die, die noch leben, bei der heutigen Arbeitsmarktsituation kaum stundenlang mit der Omi beim Arzt sitzen können. Und das ist erst die diagnostische Seite. Dann gibt es ja noch die Therapie. Wer wird dreimal täglich das Antibiotikum für die Lungenentzündung anhängen oder täglich die Verbände wechseln? Von den Windeln ganz zu schweigen. Außerdem lebt der Mensch ja nicht von der Infusion alleine. Der Kranke will schließlich auch essen und pinkeln. Es ist mir schon klar, dass das alles keinen Platz in der leistungsorientierten Krankenhausfinanzierung hat. Aber das Problem sollte dringend Platz in unseren Hirnen bekommen. Die Kombination optimale Abklärung, „State oft the Art"-Therapie und die Berücksichtigung aller elementaren menschlichen Lebensbedürfnisse kann nicht nur mit Sparen und Erfüllung von EU-Normen beantwortet werden.

Immer öfter läuft es jetzt schon blöd: Letzten Freitagmittag ruft mich eine Chirurgie mit der Mitteilung an, dass sie meine Patientin heimschicken würden. Die Patientin hatte beide Arme gebrochen, den Schenkelhals frisch repariert, litt unter Diabetes und bekam die Schmerztherapie noch als Infusion. Die Dame lebt mutterseelenallein, der Sohn in Australien. „Kümmern Sie sich um sie, Sie sind ja schließlich ihr Hausarzt!"

Service is our success

Vor Kurzem stand ich in der Umkleidekabine einer Wäscheabteilung. In einer Filiale unseres größten Grazer Modehauses. Alles wunderschön und pipifein. Ich hatte zwei Exemplare eines Modells probiert, eines zu groß, das andere zu klein. Wie so oft im Leben würde der Mittelweg die ideale Lösung sein. Also fragte ich die Verkäuferin, ob sie mir das Teil organisieren könnte. „Tut mir leid", meinte sie. „Ist ein Auslaufmodell und kommt nicht mehr nach." Erst war ich enttäuscht, weil ich das Ding wirklich toll fand und unbedingt haben wollte, doch dann kam mir eine Idee. Ich fragte sie, ob es nicht vielleicht in einer anderen Filiale noch vorrätig wäre. Sie möge doch so lieb sein und diesbezügliche Erkundigungen für mich anstellen. In meiner Naivität dachte ich, dass es doch nicht zu viel verlangt sein konnte, einfach in den Computer zu schauen, wo das Ding lagernd wäre, zum Hörer zu greifen und der dortigen Kollegin zu sagen, sie möge es für mich reservieren. Es war zu viel verlangt. Nicht, weil die zwar freundliche, aber deutlich von ihrem Job, dem Leben, dem Kosmos oder sonst irgendwem genervte Lady nicht gewollt hätte. Sie erklärte mir: „Bei Ausverkaufsachen oder Dingen, die nur 30 Euro kosten, dürfen wir nicht nachschauen. Und schon gar nicht telefonieren. Das rechnet sich nicht für das Unternehmen. Ich kann das leider nicht machen. Ich kriege sonst Schwierigkeiten."

Ich will wirklich niemanden wegen 30 Euro in Schwierigkeiten bringen. Aber ich gebe zu, ich bekomme Probleme mit einer solchen Unternehmenspolitik. Nicht, weil ich sonst nichts zum Anziehen hätte, sondern wegen dieser gefühlten Missachtung als Kunde. Und da heißt es immer, Ärzte seien Götter in Weiß und würden über ihren Patientenanliegen schweben. Als Allgemeinmediziner telefoniert man ständig (und man wünscht sich, es ginge dabei um 30 Euro!). Oder man sucht aus irgendeinem Computer irgendwelche Informationen. Über Medikamente, über Fachärzte im übernächsten Bezirk, über Therapeuten am anderen Ende von Graz oder was auch immer. Meine Assistentin blättert oder scrollt ständig für irgendjemanden in irgendetwas herum. Dann gibt es auch noch die Befund- und Bildanforderungen aus Krankenhäusern und die ganz persönlichen Telefonmarathons, damit Herr Maier und Frau Müller eher einen Termin beim Facharzt oder auf der Spezialambulanz bekommen. Außerdem summieren sich die Gespräche mit besorgten Angehörigen, die Auskünfte und die Anfragen. Es gibt einfach Hunderte verschiedene Gelegenheiten zu searchen oder zu telefonieren. Und dabei geht es keineswegs um die Größenordnung von 30 Euro. Mit sehr viel Glück passiert das Service im Rahmen einer Erstordination oder man hat auch noch genügend Koordinationszuschläge offen. Meistens geht es dabei aber um Bedürfnisse von Patienten, die ohnehin schon 20-mal in diesem Quartal da waren und für die man sowieso nichts mehr bekommt.

Wie würde es klingen, wenn wir einmal sagen: „Also Frau Müller, es tut mir leid. Die Krankenkasse zahlt mir sowieso schon nichts mehr für Sie. Ich kann mich jetzt nicht in die Leitung hängen und versuchen, die Befunde von Ihrer Notfallversorgung aus Großhadern zu bekommen. Ein Service dieser Art rechnet sich einfach nicht für das Unternehmen Arztpraxis. Deshalb ist es auch meinen Mitarbeitern untersagt." Schon beim Schreiben dieser Zeilen läuft es mir kalt den Rücken hinunter. Wir würden das niemals tun. Weil es einfach unfreundlich und unmenschlich ist. Und weil Rundumbetreuung einfach dazugehört. Aber eigentlich hat das Modeunternehmen recht. Es rechnet sich nicht. Zu Buche schlagen sich nur Telefonkosten und Überstunden. Und wenn man die alle zusammenrechnet, nicht zu knapp. Wie wäre es eigentlich mit dem Gedanken, dass uns all diese Arbeit und Leistung bezahlt würde? (Höre ich da schallendes Gelächter?)

Ich bin am Abend noch einmal in die Ordi gegangen und habe mir die Telefonnummer einer Patientin herausgesucht. Die Ärmste war am Vormittag mit der schlimmsten Blasenentzündung dagewesen, die ich jemals gesehen hatte. Ich hatte den Eindruck gehabt, ich müsste sie eigenhändig wieder zurück ins Bettchen tragen. Jedenfalls habe ich ihr am Abend ein SMS geschrieben, ob es ihr schon besser geht. Zurück kam: „Ja, danke. Die Medikamente greifen. Kann schlafen und Schmerzen sind erträglich. Danke, dass du mir immer so lieb hilfst." Manche Dinge könnte man einfach gar nicht bezahlen!

Offensichtlich bin ich anders

Manchmal höre ich Dinge, bei denen ich mich frage, ob mich meine Patienten für einen normalen Menschen halten. Oder vielleicht doch für irgendein seltsames Wesen, für das die Gesetze von Raum, Zeit und Sollzinsen nicht gelten. Vor allem was Letztere anbelangt, scheinen die Menschen zu glauben, dass das Geld auf meinem Konto entweder sowieso laufend Junge kriegt oder zumindest für mich so etwas wie die allgemein üblichen astronomisch hohen Sollzinsen nicht existieren. Wie wäre es sonst zu erklären, dass mir sämtliche säumige Selbstzahler und Privatpatienten das Händchen schütteln, mir ein strahlendes Lächeln schenken und mir versichern, dass sie schon irgendwann zahlen würden. Nur derzeit hätten sie halt kein Geld, weil sie gerade Gott weiß was berappen müssten. „Wissen Sie eh, sonst komm ich zu viel ins Minus. Und das wird dann ungut, da muss ich dann irre hohe Verzugszinsen zahlen. Das verstehen Sie doch sicher!" Und ob ich das verstehe. Vor allem den Teil mit den Zinsen. Den kann ich leider nur zu gut nachvollziehen.

Besonders lieb habe ich auch folgende Taktik, meist angewandt von Menschen, die gerade gebräunt vom Golfurlaub zurückkehren und sich zwischen Swimmingpool und Cocktailparty doch noch einmal in die Ordination verirren: „Aber ich bitte Sie, Frau Doktor, über solche Beträge reden wir doch nicht!" (Gemeint sind 74 Euro) „Das ist ja wirklich lächerlich und unter unserer Würde!" Na ja, vielleicht unter ihrer, ich für meinen Teil bin unwürdig genug, um für 74 Euro auch länger zu reden …

Manchmal kommt mir vor, ich bin der einzige Trottel, der seine Rechnungen pünktlich bezahlt. Auf jeden Fall zahle ich momentan wieder einmal nicht nur Rechnungen, sondern auch Überziehungszinsen und haufenweise Gebühren, die der Bank so einfallen. Aber irgendwie kann ich mich nicht dazu überwinden, meinen Schuldenberg auf andere umzuwälzen. Ich möchte weder meinen Angestellten noch meinem Tierarzt, meiner Physiotherapeutin oder meiner Zahnärztin sagen: Sorry, Leute, kein Geld. Irgendwann wieder. (Ich will ja schließlich, dass die mich noch lieb haben …)

Was die Zeit angeht, höre ich auch immer wieder tolle

Entschuldigungen. Wir haben eine Terminpraxis und bei uns muss kaum mal einer warten. Ich bemühe mich wirklich, die Termine einzuhalten. Manchmal vielleicht ein bisschen zu sehr. Manchmal geht mir der tolle Service und der Versuch, es allen recht zu machen, ein bisschen zu viel auf den Magen und ich brauch dann die doppelte Dosis Magensäureblocker. Dafür bin ich immer pünktlich und sogar meistens freundlich. Letztens hab ich zumindest Zweiteres eingestellt, als mir eine Dame nach zwei nicht abgesagten, aber versäumten Extraabendterminen erklärte: „Ist sich halt nicht ausgegangen bei meinem Stress. Sie wissen ja, wie das ist!" „Nein, weiß ich nicht! Denn ich habe offensichtlich nie Stress, wie wäre es denn sonst zu erklären, dass ich meine Termine immer einhalte?" Obwohl ich ganz rot angelaufen war und ganz viel böse negative Energie geradezu aus meinen Ohren herausrauchte, hat die Gute mich nicht wirklich verstanden. Ganz im Gegenteil, sie hat auch noch gemeint, wie beneidenswert ich sei, weil ich doch offensichtlich nicht wüsste, was es heißt gestresst zu sein und keine Zeit zu haben. (Ich habe geschnaubt wie ein Nilpferd und ihr gegenüber behauptet, ich hätte eine Allergie).

Nicht nur den Gesetzen von Zeit, sondern auch denen von Raum scheine ich nicht unterworfen zu sein, denn immer wieder erwischt mich wer am Wochenende auf meinem Privathandy und meint, er oder sie würde jetzt gern in der Ordi vorbeikommen. „Es ist Wochenende, ich bin nicht im Dienst!" „Macht nichts, ich brauch eh nur ganz schnell was." „Ich bin aber nicht mal in der Nähe meiner Ordination!" „Macht nichts, ich hab's nicht weit!" „Hägä?" „Parlez vous Sanskrit?" Offensichtlich bin ich ein ätherisches Wesen, das sich bei Bedarf zu jeder Zeit aus jeder Gegend in die Praxis beamen kann oder der Bilokation fähig ist, selbige in Ruhe und Beschaulichkeit dahinschwebend ausübt, und einen Geldsch… Goldesel in seinem Bankschließfach versteckt hat. Wow, bin ich interessant!

Abgeklärt

Ich hab ja schon öfter mal geraunzt, dass ich besser Viehdoktor hätte werden sollen. Da kann man nämlich seine Patienten einfach mal behandeln, schauen, was das denn so bringt, und dann eventuell die Therapie ändern oder irgendwann doch intensivere Abklärungsschritte einleiten. Oft kann man auch einfach abwarten, wenn die wesentlichen Dinge geklärt sind (Frisst? Säuft? Kackt? – Wenn Sie das alles mit Ja beantworten können, kann es nicht so schlimm sein.) Zur Verteidigung unseres Viehdoktors muss ich allerdings anmerken, dass der Gute einen OP vom Feinsten hat, ein Labor, das total auf zack ist und mit seinem neuen Ultraschallgerät ist es richtig lustig zu spielen. Ich meine nur, prinzipiell ist der Zugang zur Krankheit offensichtlich ein bisschen gelassener und man muss sich nicht sofort mit allen Mitteln teuerster Diagnostik überschlagen.

Ich bin ja an und für sich jemand, der immer sehr genau abklärt. Schon im Studium habe ich immer die ganz klein gedruckten Differentialdiagnosen gelernt, später war ich als Wahlärztin gewohnt, die Patienten extra lange peinlich zu befragen, besonders gut abzuklären und zum Spezialisten zu schicken, und nur durch einen Kassenvertrag hat sich meine Grundeinstellung zur gründlichen Diagnostik nicht geändert. Was in gelegentlichen Briefen oder Anrufen durch diverse Krankenkassen bestätigt wird. Allerdings bei aller Liebe zum Labor, MR oder Herzkatheter: Ich besitze – noch – einen gesunden Menschenverstand. Glaube ich zumindest. Und ein ganz gutes Urteilsvermögen, was die Dringlichkeit und akute Bedrohlichkeit der diversen Wehwehchen ausmacht. Außerdem bin ich mittlerweile selbst alt genug, um zu wissen, dass es einfach immer wieder mal zwickt und zwackt, aber dass davon die Welt nicht untergeht. Abwarten, Teetrinken und wenn man es gern mag, eine Salbe zu schmieren kann Wunder wirken. Die Zeit heilt, wenn schon nicht alle, dann zumindest doch so einige Wunden. Wenn ich mich bei jedem eigenen Kreuzschmerz ins MR legen würde, könnte ich im Institut einziehen. Allein die Untersuchungen, die ich dann doch gemacht habe, weil das Wehwehchen therapieresistent war, kosten die Krankenkasse immer noch genug. Und ich denke, was ich mir selber zumuten bzw. Gutes tun kann, das sollte auch für meine Patienten geeignet sein.

Weit gefehlt. Zumindest im Moment. Ich weiß nicht, ob das nur ein Schub ist oder es wieder mal ärger wird mit dem Untersuchungswahn. Jedenfalls waren in dieser Woche schon mindestens zwanzig Leute da, die sich einfach nicht therapieren ließen. Ich habe mir ihre Beschwerden angehört, habe sie genauestens untersucht und dann meine Arbeitshypothese oder Diagnose abgesondert und wollte mit der Therapie beginnen. Man sollte annehmen, dass der Patient, wenn man ihm Linderung seines Schmerzes in Aussicht stellt, vor Glück und Dankbarkeit aufblüht. Nein, weit gefehlt. Medikamentöse Schmerztherapie im Akutstadium, schön ausreichend hoch dosiert, mit baldigem Kontrolltermin zur Evaluation des Behandlungserfolges: nichts da. „Wenn ich nicht weiß, woher das kommt, schluck ich das Gift nicht." Meine Entgegnung: „Oft kommen Schmerzen, Verspannungen, Beschwerden, ohne dass man die genaue Ursache kennt, das ist auch nicht immer notwendig, denn vieles geht einfach wieder weg. Schauen wir einmal, wie es sich entwickelt. Oder oftmals braucht es Zeit, bis wir Termine für weiterführende Diagnostik haben. Also behandeln wir doch in der Zwischenzeit." Mit beruhigender Stimme rede ich auf den Patienten ein wie auf ein krankes Ross. Nichts da. Keine Tablette, bevor die Ursache gefunden ist. „Okay, begleitend wäre eine Physiotherapie sowieso angesagt. Eine gute Therapeutin checkt sie noch einmal [und so manche Therapeutin, mit der ich arbeite, ist wesentlich genauer als jeder Orthopäde, den ich kenne. Sorry, Kollegen!]. Und wenn die Therapie keine ausreichende Besserung bringt, können wir immer noch ein MR machen oder einen Termin beim Facharzt." Keine Chance. Also geht der Patient unbehandelt wieder von dannen. Ein Termin beim Orthopäden findet sich in etwa zwölf Wochen, das MR im nächsten Sommer. Aber bitte, ich muss ja nicht leidend warten. Und manchmal läuft es doch anders. Da nehmen sie ihre Tabletten, gehen zu meiner Lieblingstherapeutin und sind nach ein paar Wochen wieder völlig schmerzfrei zur Abschlussbesprechung in meiner Ordination. Und dann höre ich: „Frau Doktor, ich will aber jetzt zum MR und zum Spezialisten. Weil ich muss ja wissen, was das gewesen ist und woher das gekommen ist." (Hilfe!)

Requiem

Schritt für Schritt trage ich meine ärztliche Tätigkeit zu Grabe und entwickle mich dafür zur Sekretärin. An manchen Tagen geht das ein bisschen leichter, an anderen tut es mehr weh. Heute ist einer von den anderen. Heute fing es schon damit an, dass eine Klinikabteilung von einer meiner Patientinnen ein großes Blutbild wollte. Zum Kontrolltermin mitzubringen. Aber es muss unbedingt vom Internisten sein. Hausarzt, nein, danke. Ich kann ja noch verstehen, dass man die OP-Tauglichkeiten vom Hausarzt nicht akzeptiert. Denn wie soll der blöde Allgemeindoktor denn auch einen Laborzettel interpretieren oder ein EKG lesen können? Aber einfach ein kommentarloses Laborblatt ohne Interpretation, denn diese übernimmt eh die anfordernde Klinikabteilung? Nicht einmal dazu genüge ich mehr. Ich werde es beizeiten meinem Labormediziner, der einen supermodernen Betrieb mit Spitzenqualität hat, ausrichten. Denn eigentlich gilt das „nicht genügend" ja auch für ihn. Bis heute habe ich keine Ahnung, was das vom Internisten gezapfte Blut – der es eh nicht selber abnimmt, weil die Ordinationshilfe „sticht" – so viel toller macht als das von mir abgenommene.

Schmerzhaft sind solche Laborgeschichten ja nicht nur für mein Ego, sondern auch für mein Konto. Labor gehört noch zu den Dingen, wo mit relativ wenig Aufwand doch ein bisschen Geld zu machen ist. Und das ist schön. Und es ist genauso schön, wie es selten ist. Deshalb mag ich Labor auch gern. Vor allem selber abgerechnetes. Man ist Teil einer sogenannten Laborgemeinschaft, zahlt ans Labor und kann dafür bestimmte Werte als seine eigenen abrechnen. Oft läuft es ja so, dass die Leute ihre Blutabnahme beim Internisten oder noch besser ihre Vorsorgeuntersuchung bei der Gebietskrankenkasse machen, und dann heißt es: „Die Werte besprechen und alles Weitere, will heißen Probleme erklären, Therapien finden und geeignete Medikmente suchen, tut der Hausarzt." Was im Klartext heißt: „Den anstrengenden Teil der Arbeit hat der Praktiker. Und natürlich auch den, für den es im Vergleich zur Laboruntersuchung kein Honorar gibt. (Oder zumindest kein nennenswertes, sprich eine Fünftordi im Quartal.)

Ich kann mit dem allen gut und lächelnd leben. Denn es gibt

ja schließlich auch noch genug für mich zu tun. Genug Patienten, die ich wunderbar rundherum abklären und die ich dann auch weiterbehandeln oder bei Bedarf an Spezialisten weiterüberweisen kann. Wo ich wirklich mitdenken und mittüfteln darf. Denn sonst macht die Medizin gar keine Freude mehr. Wenn die ärztlichen Tätigkeiten auf Schwitzehändchendrücken und Überweisungsscheine-Ausstellen reduziert wird, stirbt mein Hirn. Aber anscheinend muss ich mich jetzt darauf vorbereiten, es langsam zu Grabe zu tragen. Heute hatte ich einen jungen Patienten zur Abschlussbesprechung seiner Untersuchungsergebnisse und Planung des weiteren Procedere in der Ordi. Er war vor ein paar Monaten wegen erhöhter Leberwerte zu mir gekommen. Seine ganze Familie geht in Riesenschritten auf die Leberzirrhose zu. Nein, es sind keine südsteirischen Weinbauern! Seine Leberwerte sind auch schon seit er denken kann erhöht. Und jetzt bei der Kontrolle hat er wieder keine schönen Werte und ich habe ein bisschen nachgedacht und im Speziallabor ist man dann bezüglich eines seltenen und erblichen Leberleidens fündig geworden. Also nichts wie ab auf die Leberambulanz. Ich will einen Termin für ihn ausmachen, aber nichts da. Termine werden nur mehr und ausschließlich über den Internisten vergeben.

Jedenfalls muss ich dem Knaben jetzt einen Internisten suchen, der nicht schon komplett überlastet und terminlich überbucht ist. Der wird naturgemäß alle Untersuchungen wiederholen, denn er muss sich ja selbst ein Bild von der Sache machen. (Es lebe die Krankenkasse!) Dann wird er entscheiden, ob der Patient auf die Leberambulanz darf. Vielleicht reicht es ja beim Internisten, wenn die Sprechstundenhilfe anruft? Oder muss sich der gute Fachdoktor auch selbst ans Telefon klemmen? Dann wird der Patient Monate später einen Termin auf der Ambulanz bekommen. Dort muss er dann mit frischen Werten – nicht älter als zwei Wochen – erscheinen. Also alles noch mal (lebt die Krankenkasse?). Auf der Ambulanz machen sie dann so weit ich es bisher erlebt habe, die gleiche Blutabnahme noch einmal. Aber das ist ja ein anderer Finanzierungstopf. Und außerdem braucht mich das sowieso nicht mehr zu bekümmern. Schließlich bin ich ja nur Allgemeinmedizinerin.

Dafür tut sich mir ein völlig neues Aufgabengebiet auf. Das Telefonservice. Nicht dass wir nicht sowieso für unsere alten, dementen ausländischen und auch für die leicht einfältigen Patienten die Termine vereinbaren würden. Jetzt müssen wir das auch noch für die jungen, gesunden und intelligenten. Es reicht auch nicht mehr, wenn es die Sprechstundenhilfe macht. Nein, die liebe Doktorin muss jetzt selbst auf der Sowieso-Ambulanz anrufen. Das wollte sie dann zähneknirschend auch tun. Denn sonst bleibt ja wieder nur der Patient auf der Strecke. Doch als Zusatzzuckerl hieß es dort: Terminvereinbarungen nur um 15.00 Uhr. Das ist natürlich überhaupt kein Problem. Denn zwischen zwei Altersheimen und drei Kranken kann ich das Auto ja mal rechts ranfahren und mich in die Warteschleife hängen. Vielleicht werde ich dann einen Termin kriegen, vielleicht nicht. Und dann ist ja auch noch nicht gesagt, dass der Patient da Zeit hat. Schließlich kann ich schlecht die Leute in den Kofferraum packen, wenn ich auf Hausbesuch fahre. Aber ich könnte die Terminvereinbarung morgen machen. Da habe ich nämlich meinen freien Nachmittag. Schließlich hat man ja als Praktiker sonst nichts zu tun.

Big Brother is watching you

„1984 was not ment to be an instruction manual!" Also, ich finde den Satz genial. Auch wenn ich mich an den Inhalt des Buches nicht mehr so genau erinnern kann. Zu sehr ist die Fiktion von vor 30 Jahren mit der Realität von heute zu einem untrennbaren Konglomerat verschmolzen. Und zu sehr ist das, was als furchterregende Zukunftsvision vor ein paar Jahrzehnten noch Menschen zum Zittern und Beben gebracht hatte, heute ganz normal. Und nicht nur normal. Wir haben es nicht nur akzeptiert und uns der übermächtigen Gewalt gebeugt. Wir finden es auch noch cool und glauben brav daran, dass alles nur zu unserem Besten ist.

Lassen Sie mich das mit „cool" einmal genauer erklären: An manchen Tagen nach furchtbar viel Hektik und noch mehr Kommunikation tut mir das Hirn weh. Deshalb muss ich es an solchen Tagen in Ruhe zurück in seine Schädelkalotte sinken und vor sich hin dämmern lassen. Es regiert dann nur mehr der Hirnstamm, man will ja schließlich nicht aufhören zu atmen. Und ein bisschen autonome Muskelzuckungen brauche ich dann auch noch, damit ich es schaffe, einen Knopf an der Fernsehfernbedienung zu drücken. Dann ziehe ich mir Dinge rein wie zum Beispiel NCIS LA. Wie viel davon reine Fiktion und welcher Teil schon Realität ist, will ich lieber gar nicht wissen. Tatsache ist, dass die Bösen immer geschnappt werden und die technischen und elektronischen Möglichkeiten dazu einfach grenzgenial cool sind. Nur ein Beispiel: Das Team hat einen Verdacht, dass der Typ auf dem Foto ein gesuchter Terrorist sein könnte. Also wird erst einmal elektronisch in seine Wohnung, seine Führerscheindaten und seine Bankkonten eingebrochen. Ganz ohne gerichtliche Anordnung oder Durchsuchungsbefehl. Weiter geht es mit dem Anzapfen seiner Telefongespräche und des Navis. Damit zieht sich die Schlinge um den vermeintlichen, aber noch lange nicht sicher überführten Bösewicht langsam zusammen. Er wird gefunden und kann nun auf Schritt und Tritt verfolgt werden. Zuerst als sich bewegendes Pünktchen auf der Landkarte und dann als echtes Bild. Dank Verkehrsüberwachungskamera an allen Ecken, dank Kameras in Straßen, Geschäften und überhaupt überall. Bilder, Filme und Aufzeichnungen werden gemacht, gespeichert und ausgewertet. Niemand entgeht dem Netz der Kameras und dank Gesichtserkennungssoftware lassen sich auch schlechte Bilder sofort mit Sicherheit zuordnen. Bösewichter werden immer gefunden, dann meist unter Vandalisierung ihrer Wohnzimmer gefasst und ohne Anwalt verhört.

Während sich das Team von Menschen vom Computer zurückzieht, weil es auch irgendwann einmal schlafen muss, wachen andere Computer weiter über uns. Analysieren die E-Mails die wir schreiben, durchsuchen sie nach bösen Kennwörtern, sammeln Daten über uns. Angefangen von unseren Einkäufen über Fernsehgewohnheiten, Internetseiten, die wir besuchen etc. Und werten aus. Erstellen Analysen und bestimmen unser Potenzial. Ob als potenzielles Zielgebiet für Werbung und Wirtschaft oder als potenzielle Ruhestörer. Aber da wir ja alle die Guten sind und brave Bürger, kann uns das ja nichts ausmachen, oder?

Wieso sollte es uns stören, dass wir jetzt neue Pässe haben. Mit Fotos, auf denen uns die eigene Mama nicht erkennen würde, deren Qualität aber perfekt für die Gesichtserkennungsprogramme sein muss? Ganz geeignet sind solche Pässe auch für Babys oder Kleinkinder. Schon das Anfertigen des Fotos macht große Freude. („Still, jetzt! Nein, nicht weinen, nein, auch nicht lachen! Lass das!") Ist schon klar, dass so manch ein Kleiner ein Miniterrorist ist. Aber ob außer dem Nachtschlaf seiner Eltern auch die nationale Sicherheit gefährdet ist, wage ich zu bezweifeln. Und dass an jeder Ecke eine Kamera hängen muss, die zeigt, wie wir während des Einkaufens vielleicht in der Nase popeln, oder uns am Hinterteil kratzen? Ganz zu schweigen von GPS-Systemen im Auto oder in Handys, mit denen man jederzeit feststellen kann, wo wir uns befinden. Falls Sie die Hoffnung haben, dass die Dinger Sie retten, wenn Sie sich bei einer einsamen Wanderung am Hochschwab verlaufen haben, haben Sie Pech. Dort, wo man es wirklich brauchen kann, funktioniert nicht mal der Notruf.

Ich habe nichts zu verbergen. Aber ich will weder, dass mich „Big Brother" noch der kleine popelige Typ, der ihn wartet und seine Tastatur beklopft, bespitzelt. Es geht niemanden etwas an, wo ich bin, was ich kaufe und was ich tue. Welche Meinung ich zu welchen politischen und sozialen Themen habe, verkünde ich ausgiebigst und freiwillig von selbst. Früher haben wir uns aufgeregt, weil wir dahintergekommen waren, dass es Stapo-Akten über uns gibt. Jetzt regt sich nur mehr die damalige Stapo auf, weil sie nie die Möglichkeiten und die Effizienz hatte, die es heute gibt. Statt der dünnen Ordner von damals gibt es heute Gigabyte um Gigabyte Informationen über uns. Alles nur zu unserer Sicherheit natürlich. Falls Sie auch zu Ihrem Gute-Nacht-Gebet etwas hinzufügen möchten, hier ein kleiner Vorschlag: Lieber Gott, bewahre uns vor einem Regime wie vor 75 Jahren mit den Möglichkeiten von heute!

Mit der Gießkanne

Wenn ich mir so die Aufstellungen über meine Verschreibungen des letzten Quartals ansehe – hilfreicherweise bereitgestellt von meiner hochgeschätzten Gebietskrankenkasse und natürlich nicht ohne einen keinen Tadel in der Fußnote – so springt mir Folgendes ins Auge: Offensichtlich verursache ich irrsinnige Kosten durch die Verschreibung von Blutfettsenkern. Und das wundert mich insofern, als dass ich subjektiv das Gefühl habe, sparsam damit umzugehen. Der Großteil meiner Patienten ist unter 60 Jahre und damit relativ jung und vor allem gesund. Trotzdem verursachen nicht mal meine beiden Transplantierten zusammen oder meine immer wieder um Tausende Euro granulozytengedopte Lymphom-Patientin solche Kosten. Ganz zu schweigen von Heerscharen banal-normal grippiger oder anginageplagter Patienten. Und das erstaunt mich jetzt ziemlich. Ich habe von mir selber nämlich den Eindruck, ganz viel mit Beratung und Lifestyleintervention zu machen und wenige Tabletten zu rezeptieren. Und ich weiß, dass ich diesen antifetten Wundermedikamenten, genannt Statinen, gegenüber immer unsicherer werde. Zumal Statine ja mittlerweile nicht nur durch unsere Herzkranzgefäße geistern, sondern auch hemmend auf die Entwicklung völlig anderer Erkrankungen wirken sollen. Statine gegen Herzinfarkt, Parkinson und Krebs, oder so. Man glaubt manchmal, dass die Suche nach dem Stein der Weisen von Erfolg gekrönt wurde. (Eigentlich nicht der Stein, sondern das Statin der Weisen …) Und wieder sind wir dem ewigen Überleben ein Stückchen näher gekommen!

Keine Frage, ab einer gewissen Höhe der Blutfettwerte tickt die Zeitbombe. Aber da ist nun wirklich die Frage: Wo setzten wir diesen Wert sinnvollerweise an? War er sinnvoll zu meinen Studienzeiten, wo alles noch ein wenig lockerer war, oder sollten wir am besten gar kein Fett mehr im Blut schwimmen sehen? Und wer doch aufs Statin verzichtet, weil er nicht daran glaubt oder unter einer der vielen Nebenwirkungen leidet, ist halt selbst schuld an seinen Herzinfarkten oder Schlaganfällen und schlimmstenfalls an seinem Tod.

Jetzt möchte ich um Gottes willen nicht den Benefit einer sinnvollen Lipidsenkung verneinen, aber wohin wollen wir damit? Und wem nützt sie? Möglicherweise kann man Lipidsenkung ja auch übertreiben, so wie die Blutzucker-Senkung beim alten Menschen. Besser, weniger, niedriger war die Devise, doch dann stellte sich heraus: besonders niedrig = besonders tot. Ups. Blöd gelaufen.

Also: Cui bono? Jedenfalls nützt die Suche nach dem niedrigst möglichen Serumcholesterin ganzen Industriezweigen. Zuerst werden wir alle und überall gut gefüttert. (Ich finde das auch immer so lustig, wenn man nach einer Fortbildung über Schlaganfälle Vortragende wie Zuhörer ans Buffet stürmen sieht. Eigentlich sollten ja nach dem Dessert die Kellnerinnen nicht mit Schnapserl oder Kaffee umgehen, sondern konsequenterweise mit Blutfettsenkern.) Ich hab überhaupt nichts dagegen, wenn es der Wirtschaft gut geht und ich halte die Pharmaindustrie nicht für anders oder böser als die Autoindustrie oder die Nahrungsmittelindustrie. Wir verstehen ja auch nicht mehr, wie unser BMW wirklich funktioniert, aber trotzdem vertrauen wir darauf, wie all die kleinen dreibuchstabigen Abkürzungen am Display uns in der eisigen Kurve vorm Schleudern bewahren. Was Medikamente anbelangt, so bleibt uns auch kaum eine andere Wahl. (Bei Fertiggerichten übrigens ebenso nicht.) Der Großteil von uns versteht die Studien, Analysen oder Metaanalysen gar nicht mehr. Der Rest kapiert zwar, wie es zu den Daten gekommen ist, aber wirklich nachvollziehen kann er es auch meist nicht. Deshalb frage ich mich manchmal: Ist es wirklich heilbringend, Fettsenker mit der Gießkanne übers Land auszuschütten, sodass noch jedes Mastschwein zum Diätessen wird?

Irgendwie waren wir vor ein paar Jahren noch nicht alle krank. Wir hatten nur alle ein enormes Potenzial. Das Potenzial, krank zu werden und noch wichtiger das, zum Wirtschaftsfaktor zu werden. Und wenn man die Normwerte im Labor immer weiter senkt, wächst die Wirtschaft immer weiter. Und wenn es der Wirtschaft gut geht, geht es uns allen gut oder wie? Vieles dabei ist nicht objektiv und auch nicht die Wahrheit. Ein bisschen so, wie wenn man Ratings vergibt. Manchmal bekommt auch ein bankrotter Staat sein Triple A zurück. Umgekehrt ist es blöder: Wer sein hohes Rating verliert, stürzt automatisch ab. Genauso wird der, der nicht dem Normwert entspricht, automatisch zum Patienten, damit zum Kranken und zum Behandlungsbedürftigen. Und dann darf der einzelne kleine Doktor eigentlich nicht mehr selbst entscheiden. Sich auflehnen gegen Studien und Metaanalysen? Irgendwie will man ja doch für seine Patienten das Beste. Was das Beste ist, wird in klaren Richtlinien vorgegeben. Einerseits ist das wichtig, da vielen von uns der Überblick fehlt. Wir tun und behandeln manchmal Dinge, von denen wir eigentlich nichts mehr verstehen. Der Durchblick fehlt. Irgendwie macht das auf der einen Seite große Unsicherheit. Also müssen wir uns festhalten an Guidelines und gestützt werden durch fixe Vorgaben. Andererseits kriege ich dabei schon ein bisschen Beklemmungen und so ein Korsettgefühl.

Onlineangst

Vor einiger Zeit war ich auf der Praxiseröffnungsfeier einer ganz lieben Kollegin. Das Buffet war exzellent, der Wein ausgezeichnet und die Stimmung gut. Wie es aber so unter Kollegen ist, kommt man irgendwann auch auf ernstere Themen. Offensichtlich können wir nicht einmal mehr unbeschwert feiern, ohne sofort wieder irgendwelche beruflichen Probleme zu wälzen.

Plötzlich, irgendwo zwischen Rohschinkenciabatta und Erdbeertörtchen seufzt eine Kollegin tief und meint mit sorgenzerfurchter Stirn: „Ich fürchte, früher oder später wird die Online-Terminvereinbarung auch verpflichtend auf uns zukommen." Ich fand den Satz aus zwei Gründen äußerst interessant. Erstens wäre da einmal das Element des Fürchtens. Zeigt das, dass wir Ärzte einfach schon zu oft mit irgendwelchen Neuerungen überfahren worden sind und uns nicht wehren konnten? Hat sich einfach ein Ohnmachtsgefühl auf uns herabgesenkt, sodass wir uns jetzt nur mehr als Opfer oder Befehlsempfänger sehen, ohne Möglichkeit der Gegenwehr? Starren wir nur noch auf das, was da kommt? Wie das Kaninchen auf die Schlange.

Zweitens wäre da das Wörtchen „online". Also etwas, das unbürokratisch, schnell, ohne großen Aufwand und ganz nebenbei funktioniert. Wie alles, was uns die unaufhaltbare technische und elektronische Entwicklung bringt, ist es doch zu unserer Erleichterung, zu unserer Bequemlichkeit, ja zu unserem Segen. Oder etwa nicht? Die meisten Ärzte sind wirklich keine rückständigen Waldschrate. Aber die Allermeisten, die schon lang und gern mit EDV und ihren Auswüchsen arbeiten, haben sich schon oft gefragt: Fluch oder Segen? Auf jeden Fall ist die EDV ein Ding, das oft mehr Zeit und Zuwendung braucht als das jüngste Kind, oder mehr Geld verschlingt als der Familienurlaub. Ich zum Beispiel liebe meine aktuelle Praxis-EDV und hasse meine Internetverbindung. Erstere leistet mir treue Dienste, Zweitere funktioniert je nach Lust und Laune, schluckt wichtige E-Mails an Deadlines und verursacht bei mir Blutdruckkrisen. Und das, obwohl mein normaler systolischer Druck bei cirka 100 liegt.

Ich kann mich der Furcht der Kollegin durchaus anschließen. Denn ich finde, dass wir die EDV je nach persönlichen Bedürfnissen und persönlichem Bedarf nützen sollten. Sie sollte unsere Dienerin sein und nicht umgekehrt. Ich will Freiheit und Freiwilligkeit, in den Tools, die ich benutzen möchte. Wenn jemand online Terminvereinbarungen braucht und möchte: Wunderbar. Er soll sie haben. Wenn jemand mit dem iPad auf Visite geht, sensationell. Ich persönlich nehme halt lieber einen Zettel. Wichtig ist, dass wir noch individuell verschieden bleiben dürfen in unserer Arbeit.

Ich werde jedenfalls manchmal von Patienten angemault, warum ich online keine Termine vergebe. Und nicht nur das, denn sie wollen auch online ihre Rezepte, die Therapien und die Beratungen. Eigentlich sollten wir ja sowieso gleich chatten oder skypen. Und das am besten zu jeder Tageszeit und von überall her. Nein, danke. Manchmal steige ich trotzdem darauf ein und dann sieht das ungefähr so aus: Mail 1: „Bitte um einen Termin für nächste Woche." Ich schreibe Mail 2 zurück: „Wann wollen Sie denn und ganz wichtig: Worum geht es?" Danach sind vier Stunden Pause. Mail 3: „Blutabnahme." Zurück Mail 4: „Mi 8.30 Uhr, nüchtern?" Danach vergehen zwei Tage in Funkstille. Inzwischen wissen wir nicht, ob wir den Termin anderweitig vergeben sollen oder nicht. Geht also nicht.

Die zweite Variante sind einfach anonyme Zeitkasterln und jeder kann sich eintragen, wann er möchte. Das funktioniert aber bei meinen unterschiedlichen Leistungen nicht. Es ist ein Unterschied, ob es um eine Vorsorgeuntersuchung geht, eine Infektkontrolle oder eine Impfung, eine Blutabnahme, eine Akupunktur oder ein Gespräch. Ich kann keine Ernährungsberatung um 7.30 Uhr brauchen und keine Schilddrüsenwerte-Kontrolle um 18.00 Uhr. Außerdem will ich nicht, dass sich jene, die sich mit EDV am besten auskennen, immer die guten Termine reservieren oder noch besser die Frühpensionisten statt der Schüler oder Berufstätigen. Wir wollen auch die Länge der Konsultation mitabschätzen können und die Wichtigkeit oder Dringlichkeit. Außerdem kennen meine Assistenten unsere Patienten. Wir wissen, wer ein bisschen mehr Zeit und Zuwendung für die gleiche Problematik braucht, wer sich mit dem Gehen schwertut und wer langsamer denkt. Wir wissen, wer Ausnahmen und Extrawürste wirklich benötigt und wer sowieso keinen Termin einhält. Alles das kann ein Computer noch nicht feststellen. Aber nur so können wir gewährleisten, dass jeder optimal behandelt und Wartezeiten praktisch vermieden werden. Abgesehen davon haben meine Assistenten bereits zwei parallele Kriegsschauplätze: die Patienten, die live in der Ordi stehen und das Telefon, das permanent daneben läutet. Ich will nicht noch einen elektronischen Dritten für sie. Außerdem habe ich keine Lust, mir so einen Online-Kalender anzuschaffen. Der aus Papier war wesentlich billiger und blättern und ausradieren geht ebenfalls viel schneller. Und er funktioniert sogar bei Stromausfall!

Trübe Aussichten

Heute ist ein trüber Tag. Regenwolken hängen über der Stadt und ich bezweifle nicht, dass sie sich bald über unsere Häupter ergießen werden. Es ist Hauptvorsorgeuntersuchungstag, das heißt, schon vor der Ordinationszeit werden drei bis vier Vorsorgeuntersuchungen gemacht. An und für sich ist das etwas, das ich gerne mag, da ich mich ungestört von Telefon und Ähnlichem ganz ohne Ablenkung um die Patienten kümmern kann. Dabei kann ich auch wirklich gut mit den Einzelnen reden und schön auf sie eingehen. Ich mag das, denn es baut doch ein bisschen mehr Beziehung auf als die üblichen Fünf-zehn-Minuten-Konsultationen. Normalerweise also eine gute Zeit. Es sei denn, mir sitzt ein Stein gegenüber. Die heutige erste Patientin war weder durch Reden noch durch einen kleinen Scherz zu irgendeiner Gefühlsäußerung zu bewegen, schon gar nicht zu einem Lächeln. Facialisparese, also Gesichtslähmung, hatte sie keine, aber das Gesicht blieb zu Granit erstarrt und die Mundwinkel fanden ihren Weg nicht einmal in die Horizontale. In diesem Fall ziehen sich die Minuten für mich wie Stunden. Mein eingebautes schlechtes Gewissen fragt sich dann sofort, ob ich etwas falsch gemacht habe. Mit ordentlicher Anstrengung schaffe ich es dann doch, solche Selbstzweifel zu verdrängen. Trotzdem war ich froh, als es vorbei war. Irgendwie ist es nicht lustig, wenn dich 20 Minuten lang einer ansieht, als würde er dich meucheln wollen.

Die nächste Patientin war genau das Gegenteil der Ersten. Rund und gesund, strahlend und laut fegte sie durch mein Behandlungszimmer. So viele Energien in der Früh zu ertragen, ist für mich auch nicht ohne, aber immerhin eine willkommene Abwechslung zu dem emotionalen Gummibaum davor. Der Dame geht es prächtig, sie ist Anfang, Mitte 50, energiegeladen und unternehmungslustig und eröffnet mir, dass sie nächstes Jahr in Pension geht. Ich will sie würgen. Das ist nichts Persönliches, ich gönne es ihr ja, dass sie noch ein schönes „Leben danach" hat. Aber mir kommt die Galle derartig hoch!

Das gibt es doch nicht, dass diskutiert wird, ob meine Generation nicht vielleicht doch bis 75 arbeiten könnte und heute gehen immer noch Pumperlgesunde mit 55 Jahren in Pension. Geht's noch?

Wann hört der Wahnsinn endlich auf? Die psychisch Kranken und Berufsunfähigen können nicht mehr in Invaliditätspension geschickt werden, dafür gehen reihenweise die Kraftstrotzenden mit Mitte fünfzig. Ich weiß, da gibt es den klugen Spruch: „Gott, gib mir die Kraft, die Dinge zu ertragen, die ich nicht ändern kann, und die Kraft, die Dinge zu ändern, die ich ändern kann und vor allem die Weisheit zwischen beiden zu unterscheiden."

Und das wird wohl zu den Dingen gehören, die ich nicht ändern kann. Weil die Politiker zu feige sind oder weil wir alle zu dämlich sind oder weil was weiß ich denn. Jedenfalls kommt mir die Galle hoch und ich könnte brüllen. Ich verstehe den Einzelnen, der sein Zeug nimmt und die Flucht aus dem Unternehmen ergreift, wenn er die Gelegenheit dazu hat, sehr gut. Blöd wäre er oder sie, wenn sie es nicht täten. Vielleicht würde ich es auch tun, wenn ich eine solche Möglichkeit hätte. Was man gar nicht diskutieren muss, denn die Möglichkeit bekommen wir nicht mehr. Wahrscheinlich nicht einmal jene, mit 65 zu gehen. Also heißt das, keine Urlaube und Kreuzfahrten mehr in der Pension, sondern direkt vom Arbeitsplatz ab ins Altersheim. Keine Kaffeekränzchen mit Freunden oder Tennisstunden mit einem jungen, knackigen Trainer, solange man noch aufrecht gehen kann bzw. einem der graue Star noch nicht den Blick auf den Hintern desselbigen jungen Trainers trübt.

Dafür weiß ich, dass wir für all diese lieben Frühpensionisten mitzahlen dürfen. Wir dürfen dafür sorgen, dass sie regelmäßig ihre Pensionen bekommen und dass auch all ihre Gesundheitsleistungen gedeckt sind. Keine Ahnung, wer das für uns einmal erledigen wird. Wahrscheinlich ist das auch nicht wichtig. Denn bis dahin sind die Verantwortlichen für die jetzige Misere längst tot oder seit 30 Jahren in Pension und genießen ihre Chalets auf den Kanaren oder Balearen. Zu spät geboren, zu viel gehackelt. Pech gehabt. „Gott, gib mir die Kraft, zu hackeln, ohne umzufallen, zu lächeln, egal was für ein Troll mir gegenübersitzt, anstandslos all meine Beiträge zu zahlen, ohne an Murren nur zu denken. Und gib mir die Gelassenheit, dass ich niemanden erwürgen will, die Weisheit jetzt ein bewusstes Leben zu führen, die Möglichkeit, genug Urlaub zu machen und so oft wie möglich meine Freunde zu sehen. Denn ein Verschieben auf später, in die Pension, ein Leben danach (will heißen nach der Arbeit) wird es nicht geben.

Gemeinheiten

Kürzlich war ich auf einer Fortbildung, als ein Kollege am Buffet auf mich zukommt und fragt: „Stelzl, nicht wahr?" „Ja?" „Sie sind die Radiodoktorin!" „Ja, eigentlich war ich die Radiodoktorin, denn der ORF hat das Programm vor ein paar Jahren eingestellt." Worauf der Kollege mir doch tatsächlich ins Gesicht sagt: „Na, Gott sei Dank. War auch höchste Zeit, dass der Blödsinn endlich vorbei ist!" Nun habe ich wirklich nichts gegen konstruktive Kritik. Schließlich will ich wachsen und mich verbessern, lernen und weiser werden. Aber irgendwie fiel das nicht so ganz in meine Vorstellung von konstruktiv. Etwas konsterniert frage ich ihn, warum ihm die Sendung derart missfallen hätte. Mit echter Wut und Verachtung in Ausdruck und Stimme meinte er – nicht mehr zu mir, die er einfach ignoriert, sondern zum Kollegen daneben – in etwa Folgendes: „Das hättest hören müssen. Wenn die ihre Sendungen gehabt hat, sind in der nächsten Woche die Patienten alle deppert gwesen. Da hat mir doch glatt die Bäuerin beim Hausbesuch erklärt, dass ihr Blutdruck zu hoch ist und dass der auch bei älteren Menschen ordentlich eingestellt werden muss. Wo kommen wir denn dahin, wenn die Patienten glauben, zu wissen, was gut und richtig ist, nur weil sie die ganzen neuesten Moden da hören."

Platsch! Da war ich erst mal baff. Ich schätze, der Kollege leidet an einem zu kleinen ... nennen wir es Selbstbewusstsein. Denn ich finde auch bei langem Nachgrübeln keinen anderen Grund für seine Missstimmung. Wieso sollte es den Hausarzt stören, wenn sich die Bäuerin nicht nur beim Melken, sondern auch beim Blutdruckmessen auskennt?

Es ging in meinen Sendungen nie um hochtheoretische Hirnakrobatik fraglicher praktischer Relevanz. Meine Intention ist es immer, den Leuten in ihrer Sprache Gesundheitsinfos näherzubringen. Absichtlich nicht in unverständlichem Medizinerlatein, sondern in schönem Steirisch. Die Satzlänge auch noch angepasst an den Bildungsgrad des fragenden Anrufers. Einfach Basisarbeit, um Gesundheitsbewusstsein zu wecken und zu unterstützen. Das sollte eigentlich für keinen behandelnden Kollegen ein Problem sein, ganz im Gegenteil. So braucht er sich nicht mehr den Mund fusselig zu reden und spart Zeit, die er ohnehin nicht hat. Das scheint aber nicht für alle so zu sein. Offensichtlich gibt es immer noch zu viele unter uns, die Angst vor einer transparenten Medizin und einer informierten Patientenschaft haben.

Und mit informierter Patientenschaft meine ich die, die etwas über ihren Körper wissen wollen, mit ihrem Arzt sprechen möchten und ihm dann auch vertrauen und ihr Wissen verwenden, um gesund zu bleiben. Ist das nicht das angestrebte Ideal? Das wollen wir doch eigentlich alle, oder? Ich meine mit informierten Patienten natürlich nicht den Kreis der internetbesessenen Alleswisser oder so manch einen besserwissenden Pädagogen. Es ist ein feiner Unterschied zwischen wissen und alles besserwissen. Es ist auch ein feiner Unterschied zwischen dem Interesse am Funktionieren des eigenen Körpers und der permanenten Bauchnabelbeschau, die zum schlussendlichen Erkennen von mindestens fünfzehn verschiedenen Intoleranzen führt.

Oder wären wir nach wie vor gerne die Götter in Weiß? Götter hinterfragt man nicht, mit Göttern diskutiert man nicht. Man kann mit ihnen hadern, aber da sie ohnehin nie zuhören, stört sie das auch nicht besonders. Götter versteht man auch nicht. Weder ihren Zorn noch ihr Handeln noch ihre Macken. Die nimmt man einfach in Demut und Glauben hin und betet sie weiterhin an. Mag sein, dass das den Göttern gefällt, aber sollten wir als denkende und professionelle Mediziner nicht ein Stückchen weiter sein? Zugegeben, ich habe auch ein paar Patienten, die mich mit Fragen, Gelesenem und Recherchiertem bis zum Umfallen nerven können. Aber im Grunde genommen stehe ich auf die Diskussion. Ich bin froh, dass die, die mir gegenübersitzen nicht dumm wie Toastbrot sind. Die meisten, mit denen ich rede, wissen und wollen wissen. Natürlich, damit sind sie eine Herausforderung. Sie zwingen mich zu erklären, sie zwingen mich, sie dort abzuholen, wo sie gerade stehen und sie zwingen mich zu Fortbildung und Weiterentwicklung. Ist das schlecht? Ich glaube nicht wirklich! Manchmal lerne ich auch von Patienten, dass ich etwas falsch gemacht habe. Das tut dann schon ziemlich weh. Aber ich hab's bisher noch immer überlebt. Im Grunde stehe ich auf meine Patienten und umgekehrt. Weil sie fragen und hinterfragen können, Erklärungen verlangen und blinde Gläubigkeit ablehnen, ist es spannend mit ihnen zu arbeiten. Und ich weiß, dass sie mir dann voll und ganz vertrauen.

Ganz schlechtes Management

Gerade hatte ich ein sehr seltsames Erlebnis. Ich hatte heute einen „Erste Hilfe"-Kurs zu halten und in der Pause kommt R. auf mich zu. Wir kennen uns von vor Urzeiten, als wir zusammen im Karate-Anfängerkurs waren. „Hi", sage ich. „Na, wenigstens begrüßt du mich heute!", giftet R. mich an. „Letztens, als wir uns auf der Straße gesehen haben, da hast du ja nicht einmal hallo gesagt" „Na, hallo hab ich schon gesagt", verteidige ich mich. „Ja, okay, aber dann wolltest du kein Wort reden und wolltest unbedingt sofort weiter!"

Ich erinnerte mich. An diesem Tag war die Ordi besonders anstrengend gewesen und außerdem war irgendetwas Unerfreuliches vorgefallen. Ich habe mittlerweile verdrängt, was es genau war. Ist ja auch egal. Ich erkläre ihm, dass das nichts Persönliches gewesen ist und dass ich in dieser Situation einfach nicht mehr kommunizieren konnte. Worauf er meint: „Wieso, du bist doch Ärztin und du bist selbstständig! Offensichtlich hast du eine ganz schlechte mentale Balance und ein ganz schlechtes Life-Management." Mit diesen Worten lässt er mich stehen und ich beginne über ihre tiefere Bedeutung zu rätseln.

Zerlegen wir einmal den ersten Satz. Teil 1: Ich bin Ärztin. Da hat er zweifelsohne recht. Ich bin auch sehr gerne Ärztin. Und es bedeutet, dass ich beruflich mindestens fünfzig Leute am Tag sehe, mit denen ich sprechen muss oder möchte. Menschen, auf die ich eingehen will und die vielleicht aufgrund ihrer Erkrankungen oder auch ihrer Persönlichkeitsstruktur nicht immer ganz easy sind. Ich mache den Job wirklich gern. Und ich glaube, zumindest an den meisten Tagen, auch sehr gut. Da ich nebenbei auch noch Karatetrainerin bin, sehe ich an ein paar Abenden der Woche noch einmal mindestens dreißig Menschen. Auch die wollen bekommuniziert und verstanden werden. Auch die haben ein Recht auf freundlichen und kompetenten Umgang und auch bei diesen gibt es schwierige Fälle. (Sowohl koordinativ als auch bezüglich der Persönlichkeitsstruktur.)

Ich kommuniziere, rede und höre zu, also bin ich. Also bin ich Ärztin. Heißt das jetzt, dass ich zwischen Ordinationsschluss und Trainingsbeginn auch noch froh sein muss über jeden, der mich anquatscht? Muss ich mir in meinem bisschen Freizeit auch noch die Mundwinkel an den Ohrläppchen festtackern, damit mir das Lächeln nicht aus dem Gesicht fällt und mich für alles und jeden interessieren? Ich denke: nein. Immerhin bin ich Ärztin. Und nicht Mutter Theresa oder sonst irgendein heiliges Wesen. Und genau da scheint ein Problem in der Erwartungshaltung mancher Menschen zu liegen. Ein Arzt und noch viel mehr eine Ärztin ist offensichtlich ein außerirdisches Wesen, das nur darauf wartet, von jedem zu jeder Zeit und mit jedem Problem angejammert zu werden. Das dabei immer sonnenscheinartiges Strahlen und liebevolle Wärme verbreitet. Ein Wesen mit mindestens zwei offenen Ohren und mehr helfenden Händen, als ein Oktopus Tentakeln besitzt. Dieses Wesen, vor allem wenn es weiblich ist, muss der Inbegriff an Güte, Geduld und Zuwendung sein. Bitte, wenn das so ist, kann man mich bitte möglichst schnell umschulen? Bitte!

Teil 2: Ich bin selbstständig. Das stimmt und das ist gut so. Das passt optimal für meine Persönlichkeitsstruktur. Und es ist die ideale Arbeitsform für mich. So weit so gut. Auch da kursieren scheinbar die wildesten Vorstellungen bei manchen Menschen. Schon vor Jahren hat ein Freund einmal gemeint, ich hätte es gut. Denn wenn ich Urlaub machen wollte, bräuchte ich nur zuzusperren und mich um nichts zu kümmern. Ich bräuchte nur zu arbeiten, wann ich das wollte und könnte dabei auch noch schwarz Geld scheffeln bis zum Stinkereichwerden. Ich weiß nicht, auf welchem Planeten diese Jobbeschreibung zutrifft, aber bucht mir schon mal eine Raumkapsel dorthin. Natürlich bin ich glücklich mit meiner Ordination. Das heißt aber nicht, dass ich zu viel Urlaub oder zu kurze Arbeitszeiten hätte, ganz im Gegenteil. Statt stinkereich zu sein, gehöre ich noch für Jahrzehnte der Bank und Klo putzen darf ich auch selbstständig. (Schon wieder keine Putzfrau.) Ich weiß nicht, was die Leute glauben. Dass wir in unseren Ordinationen im Liegestuhl liegen, Cocktails schlürfen, Glückshormone verdampfen oder Hanfpflänzchen ziehen und die Opiate für die Schmerzpatienten selber schlucken?

„Vergiss den Koffer", denke ich mir, doch dann fällt mir noch sein zweiter Satz ein. Und natürlich frage ich mich dabei, ob ich wirklich so ein schlechtes Life-Management oder so eine miese mentale Balance habe. Dann dämmert mir, dass mein Hirn ganz offensichtlich sehr gut weiß, dass es sich bei Spaziergängen und Ruhe und Einsamkeit recht gut ausbalanciert. Die Tatsache, dass ich mit Leuten wie R. ganz instinktiv in einer Situation, in der ich fertig und leer bin, nicht kommunizieren will, zeigt, dass mein Life-Management doch noch ganz gut funktioniert.

Ich würde so gern ein
guter Mensch sein

Manchmal wünsche ich mir, ein besserer Mensch zu sein: gütig, liebevoll und allzeit geduldig. Na ja, ich übe und bin noch meilenweit davon entfernt. Die meiste Zeit bin ich na ja, halt: Ich. Und das hat durchaus seine Vorteile. Allerdings auch ein paar wirklich gravierende Nachteile. Ich ist ziemlich hell im Hirn, denkt und redet relativ schnell, hat meistens den Überblick und ist auch sehr effizient. Ich hat aber, als bei der Schöpfung die Geduld verteilt wurde, nicht aufgepasst und deshalb nicht „Hier, für mich auch ein bisschen davon!" geschrien.

Zusätzlich hat Ich auch nicht aufgezeigt, als die Immunität gegen herbst-winterliche HNO-Infekte in den Körper installiert wurde. Oder Ich hat als Kind seine Suppe nicht aufgegessen, seinen Spinat gespuckt und sein Sanostol nicht regelmäßig genommen. Was auch immer. Jedenfalls ist Ich im Moment nicht nur zappelig und ungeduldig, sondern auch krank. Deshalb sollte man sich zur eigenen Sicherheit eigentlich nur mit Betäubungsgewehr nähern. Denn man weiß nie, wann die Selbstbeherrschung aufgebraucht ist. Bis jetzt war Ich noch sehr zahm und freundlich, obwohl das nicht ganz easy war.

Schon das ganz normale Vollbild des herbstlichen Ordinationsalltages macht mir zu schaffen. Draußen ist es kalt, grau und regnerisch. Drinnen stinkt es. Die Ansicht, dass man sich mit einem fieberhaften Infekt nicht waschen oder baden dürfe, hat die Jahrhunderte überdauert und wird auch so schnell nicht aussterben. In meinen Nebenhöhlen wütet ein Taifun und meine Nase gleicht den Niagarafällen. Trotzdem hätte Ich größte Lust, quer über den Schreibtisch zu kotzen bei so mancher Geruchsbelästigung. Aber Ich ist gut erzogen und lächelt. Nachdem das überlebt ist, was beim Hemdchenausziehen unter der Achsel so manches Patienten herauskriecht, wird in die kranken Hälse geschaut. Offensichtlich darf man sich nicht nur nicht baden mit einem Infekt, auch Zähneputzen könnte schädlich sein. Und um den Grad der Erkrankung zu demonstrieren und die Schwere und Wertigkeit des Infekts noch eindrucksvoller darzulegen, wird mit einem tiefen Seufzer ausgeatmet. Genau dann, wann mein Gesicht vor dem des Patienten ist, um ihm in den Hals zu schauen. Eitriger Gammelatem mit oder ohne Spucketröpfchen weht mir ins Gesicht.

Spätestens jetzt wünscht Ich sich, dass das Christkind zu Weihnachten ganz viel Geduld und gute Nerven bringt. Zusätzlich auch noch antibakterielles Gesichtswasser, Vitamintabletten und Antibiotika, von denen ich keinen Dünnpfiff bekomme. Mit gequältem Lächeln und Knirschdefekten im Zahnschmelz werden die Patienten weiterhin freundlich behandelt und zu ihren Leiden befragt. Heute meinen alle, sie wären ganz besonders und außergewöhnlich, weil sie sich bei einem Infekt schwach und klapprig fühlen würden und nicht munter und kraftstrotzend. Außerdem würde der Husten jetzt schon chronisch. Immerhin bestünde er ja schon seit Mittwoch. (Heute ist Freitag.) Es ist mir klar, dass in einer Zeit, in der man sich nach einem Wochenendseminar als Meister einer fernöstlichen Heilkunst bezeichnen kann, das Kochen durch ein kurzes Einschalten der Mikrowelle ersetzt und der Kaffee als Instantpulver verkauft wird, drei Tage wie eine Ewigkeit erscheinen. Immerhin bin ich selbst jetzt schon seit zwei Wochen im Eimer und habe die Hoffnung auf Gesundung gänzlich aufgegeben. Also gehen mir die, die sich nach drei Tagen Husten als chronisches Bronchitisopfer sehen, unsagbar auf den Geist.

Tief durchatmen, nicht das eigene Elend den Blick auf die Patienten trüben lassen, und weiter geht es. „Archibald halte an dich!", pflegte meine Mama in stressigen und schwierigen Situationen immer zu mir zu sagen. (Wer ist eigentlich dieser Archibald und was hat er damit zu tun, dass ich gleich ausrasten werde? Irgendwann muss ich sie das fragen.) Also an mich halten, lächeln und Tür auf: „Der Nächste, bitte!" Vor einer Woche krankgeschrieben, schlurft die Patientin klagend zur Tür herein. „Frau Doktor, es ist noch nichts besser!" „Aha. Haben Sie die Medikamente genommen?" „Ja." „Gut vertragen?" „Nein, nicht so." „Was ist passiert?" „Ja, ich habe die erste Tablette gleich nach dem Einnehmen erbrochen." „Und die nächste?" „Ja, alle." „Warum haben Sie sich nicht gemeldet? Die Tabletten können ja nicht wirken, wenn Sie die gleich wieder speiben!" „Wie soll ich das wissen?", kam die erstaunte Antwort.

Und was soll ich jetzt dazu sagen? Speibt eine gelbe Tablette nach der anderen und findet es verwunderlich, dass der Körper nichts davon aufnimmt. Ich schicke sie zum Lungenarzt. Vielleicht hat der mehr Glück. „Der Nächste, bitte!" Herein kommt ein auf den ersten Blick recht intelligent wirkender junger Mann und meint: „Also der Infekt ist besser, aber die Nebenwirkungen von den Antibiotika ...!" „Die da wären?" „Seitdem ich die Medikamente genommen habe, tun mir beide Daumennägel weh, aber nur die Außenränder ..." Schnell, holt bitte das Betäubungsgewehr für mich!

Am Ende sind wir doch nur tot

Wenn man sich medizinisch ein wenig fortbildet, so merkt man, dass in jedem Buch und jedem Vortrag der Herzinfarkt lauert. Sozusagen als Endpunkt aller unserer Erkrankungen. Völlig gleichgültig, ob der Titel der aktuellen Fortbildung primär überhaupt etwas damit zu tun gehabt hat. Am Ende sind ja doch nur die Blutgefäße verkalkt und das Herz macht einen terminalen Rülpser. Und genau das darf offenbar auf keinen Fall eintreten.

Über die Schädlichkeit des Rauchens brauchen wir ja wirklich nicht mehr zu diskutieren. Also nehmen wir den Patienten den Glimmstengel weg und versuchen einen ganzen Industriezweig kleinzukriegen. Allerdings kann man dem Menschen nicht nur etwas wegnehmen, sondern man muss ihm auf jeden Fall unbedingt etwas dafür geben. Und außerdem soll die Industrie ja auch von etwas leben. Wenn der Mensch einfach nur nicht raucht und vernünftig isst und regelmäßig mit dem Hund spazieren geht, ist er völlig uninteressant für seinen Arzt, denn diesen braucht er nicht und die Nahrungsmittelindustrie wird auch nicht fett von ihm. Außerdem könnte er sich ganz sorglos und gesund fühlen und am Ende eines langen Lebens einfach sterben. Das aber muss verhindert werden. Also muss immer mehr Zucker und auch immer mehr grausliches Fett in unsere Nahrung und unsere Getränke. Es mag ja einige Wackere geben, die ihre Rüben selbst anbauen und ernten und fettarm, organisch und biologisch auf den Tisch zaubern. Die meisten von uns sind jedoch zumindest zeitweise auf Kantinenessen, Gasthaus oder das eine oder andere Fertiggericht angewiesen. Auch wenn man sich dabei eh das Auge ausrenkt, um das Kleingedruckte auf der Packung zu entziffern und seine imminente Bedrohlichkeit zu erfassen.

Also wird auch unser vernünftiger Mensch samt seinem Hund wahrscheinlich irgendwann einmal zu hohe Zuckerwerte bekommen. Und falls nicht, werden wir einfach die Normbereiche weiter senken. Wäre doch gelacht. Irgendwann kriegen wir ihn dann. Und bevor wir ihm sein erstes Tablettchen geben, schicken wir ihn erst einmal ins Fitnessstudio. Statt gemütlich mit seinem Hund, geht es ungemütlich in die Tretmühle. Statt die letzten Sonnenstrahlen im herbstlichen Blätterwald zu genießen, scheint nur Neonlicht auf die bleiche Haut. Kein Problem, Vitamin D kann man substituieren. Und den Hund zwecks Verrichtung seiner Ausscheidungen in den Vorgarten schicken.

Unser guter Mensch schafft es möglicherweise, seine Zuckerwerte in Grenzen zu halten. Blöderweise tut er sich bei seinem Cholesterin nicht so leicht. Immer stolz und glücklich ob seines hohen HDL-Cholesterins, erworben durch gute Gene und ausgiebige Wanderungen mit dem Hund erfährt er, dass darauf nun auch kein Verlass mehr ist. Zur Sicherheit muss das gesamte Cholesterin doch noch weiter hinunter und das LDL-Cholesterin sollte überhaupt am besten nicht mehr erkennbar sein. Spätestens da wird unser Mensch interessant. Für Hausarzt, Internisten und Labormediziner und für unzählige Firmen, die sich der Abschaffung von überflüssigem Cholesterin verschrieben haben.

Jahre später lebt unser Vorzeigemensch mit optimalen Zucker- und Fettwerten, geht regelmäßig ins Fitnessstudio und schluckt auch präventiv noch eine Pille gegen den hohen Blutdruck. Er ist ernährungsberaten, bewegungsberaten und hält sich brav daran. Schließlich haben wir ihm gesagt, dass er seine Zukunft selbst in der Hand hat und ganz alleine für seinen Infarkt verantwortlich gemacht werden wird. Hund hat er keinen mehr, dafür fehlen ihm Zeit und Geld. Denn Fitnessstudio, Arztbesuche und Rezeptgebühren wollen bezahlt werden. Dabei ist er auch ein bisschen einsam geworden und niedergeschlagen. Und dazu ängstlich und ein wenig zwänglerisch in der Befolgung aller präventivmedizinischen Regeln. Deshalb wird er sich bei seinem nächsten Arztbesuch ganz schön erschrecken.

Mittlerweile ist uns nämlich klar, dass es nicht nur die Raucher, die Hypertoniker, Metaboliker und Cholesteriniker sind, die ihrem Infarkt als Endpunkt entgegenblicken dürfen. Die ohnehin schon große Menge an Kandidaten hat sich explosionsartig weiter vermehrt. Noch sind es zwar nicht 100 Prozent der Menschen, aber den Rest kriegen wir auch noch. Man hat endlich herausgefunden, dass auch die Gestressten, die Deprimierten, Traurigen und Ängstlichen ein schnelleres Ende finden werden. Doch man kann zwar sagen: „Herr Maier, Sie fressen und saufen sich zu Tode. Hören Sie auf damit!" Aber: „Frau Müller, Sie ängstigen sich zu Tode" oder „Sie trauern sich um Ihr Leben. Hören Sie gefälligst auf damit!" wird, schätze ich, nicht so gut ankommen. „Leute, fürchtet euch nicht!" klingt irgendwie zu spirituell. Also müssen praktischere Lösungen her. Und alle Blutdruck- und Zuckergesenkten Patienten bekommen zu ihrem Medikamentencocktail am besten noch ein Antidepressivum dazu. Einfach, um das Risiko zu minimieren. Außerdem heißt es ja immer: Geht es der Wirtschaft gut, geht es uns allen gut!

Das kleine Glück

Wann haben Sie das letzte Mal einen Blick auf Ihren Arbeitsplatz, Ihre Ordi, Ihre Wohnung oder Ihr Auto geworfen und gedacht: „Wow, es ist irre: Ich bin so glücklich! Ich hab es so gut!" Sie müssen nachdenken, ob das überhaupt schon mal der Fall war? Umgekehrt, wenn ich Sie frage, wann Sie sich das letzte Mal über Ihre Kollegen, Ihre Patienten, die Arbeitszeiten und den Mechaniker geärgert haben, wissen Sie wahrscheinlich sofort, dass das nicht länger als fünf Minuten her sein kann. Geht mir ja genauso. Ich sitze jetzt vor dem Computer mit einem mittelmäßigen Chianti und dem langsam nachlassenden Gefühl, dass ich heute in der Ordi am liebsten – um einen Freund zu zitieren – „einen mit dem anderen erschlagen hätte". Dabei könnte ich genauso jubeln über die Mittelmäßigkeit des Chiantis, denn wenn es ein erstklassiger Brunello wäre, könnte ich mich eh nicht aufs Schreiben konzentrieren. Auch könnte ich stolz auf mich sein, dass ich eben keinen mit dem anderen erschlagen habe, sondern dass wir ganz brav und sehr gut gearbeitet und vielen Menschen geholfen haben, die uns vertrauen und mögen.

Aber aus irgendeinem blödsinnigen Grund hat es uns evolutionstechnisch offensichtlich mehr gebracht, über Probleme zu brüten als die Freuden des Neandertals zu genießen. Das ist bis heute so geblieben. Und zwar sowohl auf persönlicher als auch öffentlicher Ebene. Schlagzeilen wie: „Es geht uns so gut wie nie!", „Europa ist stabil und friedlich!", „Unser Wasser ist trinkbar und die Luft atembar!" wären undenkbar. Stattdessen klagen wir kollektiv über unser Elend. Wenn man nur zuhört, ohne die konkreten Fakten zu kennen, möchte man meinen, wir würden im London zu Beginn des industriellen Zeitalters wohnen: unmenschliche Arbeitszeiten oder gar keine Arbeit, Luftverschmutzung, die das Atmen unmöglich macht, Kriege vor uns, Kriege hinter uns. Ungerechtigkeiten, fehlende soziale Sicherheit … Mit dem Unterschied, dass das damals real war. Allerdings hatte die arbeitende Bevölkerung damals kaum Zeit, sich zu beklagen oder bekam nicht genug Luft dazu. Heute hingegen haben wir Zeit, unser Elend zu analysieren, zu beklagen und zu genießen. Wir haben auch die Zeit, Krisen ausgiebig zu betrachten und wenn sie noch nicht ganz gegenwärtig sind, sie wenigstens herbeizudiskutieren.

Das ist jetzt kein Aufruf zur Kleinkariertheit oder dazu, nichts mehr anzustreben oder nichts mehr verbessern zu wollen. Ich hab nur den allgemeinen Klagewahnsinn satt. Er zieht einen nämlich hinunter. Und darauf habe ich keinen Bock. Und zwar deshalb, weil man durchs Jammern nur Glücklichsein verliert. Während man auf den nächsten supertollen Urlaub wartet oder auf das neue Auto, geht das Leben einfach nur so an einem vorbei. Und zu dieser Jahreszeit auch noch so richtig grau in grau. Ich zum Beispiel bin gerade überglücklich, weil die Heizung funktioniert. Und das kam so: Voriges Jahr um die gleiche Zeit kamen wir eines Sonntagabends ausgefroren vom Berg zurück in eine eiskalte Wohnung. Nicht genug Druck im Heizungssystem, um auch den letzten Stock noch mit wohliger Wärme zu umspülen. Warmwasser war auch alle. 24 Stunden lang durften wir ausprobieren, was für viele Leute in Osteuropa einfach winterlicher Alltag ist: frieren. Und dabei haben wir glücklicherweise ein Backrohr, vor das wir uns dann gesetzt haben, bekleidet mit Kuschelpullis und Thermounterwäsche. Als wir heuer letztes Wochenende im unerwarteten Schneefall nach Hause kamen und alle Zimmer wohlig warm und die Badewanne mit heißem Wasser gefüllt waren, wussten wir, dass wir ein glückliches Leben haben. Seitdem denken wir immer wieder daran, wie schön es ist, dass es warm ist in der Wohnung und wie wunderbar es ist, dass wir uns die Heizkosten auch leisten können. Wir können sogar unser Wasser trinken, welches tatsächlich tagtäglich von selbst in unsere Wohnungen kommt. Schon mal kurz innegehalten und darüber gestaunt? Wohl kaum. Immer wieder, wenn ich aus irgendeiner Gegend dieser Welt zurückkam, wo einen das Wasser krank oder tot macht, habe ich mir unser Wasser bewusst genussvoll schmecken lassen. Im Normalfall fließt es einfach. Ohne dass man sich darüber freut, dem lieben Gott, dem Schicksal, Krishna oder wen auch immer man für zuständig hält, dafür dankt. Erst wenn es nicht mehr fließt, wird es einem bewusst und das Jammern fängt an. Ausprobiert im Frühling auf der Hütte, als beim ersten Eintreiben der Rinder nach dem Winter eine wirklich blöde Kuh die Hauptwasserleitung zertrampelt hat und damit Hof und Nebengebäude aufs Trockene gesetzt hat. So auch uns: verschwitzt vom Wandern und zum Futtern nur zu waschendes Gemüse oder Salat mitgebracht. Dreckig und hungrig ins Bett gehen ist sch…

Und es nervt gewaltig. Warum macht sauber, satt und zufrieden nicht mindestens genauso viel Spaß?

Jedenfalls, bevor ich jetzt noch glaube, dass ich auf irgendeiner höheren oder bewussteren Daseinsebene angelangt bin, hat mich das Leben eines Besseren belehrt. Das Orditelefon, welches normalerweise durch unentwegtes Läuten nervt, blieb heute still. Und den Schwachsinn, den unsere zuständige Company dazu abgesondert hat, will ich gar nicht wiedergeben. Also habe ich Gott sei Dank wieder etwas zum Jammern ...

Gute Vorsätze

So wie Ostern die Fastenzeit, hat Weihnachten den Advent als Vorlauf. Eine Zeit der Ruhe, der Besinnung und wenn man möchte, auch des Fastens. Aber wenn man sich den Advent einmal realistisch ansieht, dann ist da nicht nur keine Stille, sondern auch ganz sicher kein Fasten. Jede auch noch so kleine Magenfalte wird ganz gewiss mit irgendwelchen Vanillekipferln ausgestopft und dann mit Punsch oder Glühwein überschwemmt. Dazu kommen dann noch alle Futterorgien, die unter dem Namen Weihnachtsfeier auf unseren Stoffwechsel losgelassen werden. Bis zum krönenden Familienessen mit oder ohne Weihnachtsgans oder Karpfen hat man meist schon den Intake des Jahresfettbedarfs geschafft.

Obwohl es bei uns Biohuhn statt Gans oder Karpfen gibt, hat es die stillste Zeit im Jahr doch in sich. Zum einen sind wir meist in den Tagen vor Weihnachten auf Urlaub. Und natürlich geht man da gut essen. Und natürlich verwenden Tiroler Landgasthäuser ja fast überhaupt kein Fett zum Kochen. Zum anderen kann ich den Keksen, liebevoll gebacken nach uraltem Familienrezept meiner Oma, einfach keinen ernsthaften Widerstand entgegensetzen. Also kann man das Fasten gleich vergessen. Deshalb hatte ich die großartige Idee, den November zum Monat der alimentären Enthaltsamkeiten und sportlichen Höchstleistungen zu ernennen. Und ein bisschen Detox für die Leber kann ja trotz perfekter Leberwerte sicher auch nicht falsch sein.

Ein intensiviertes Sportprogramm vor Beginn der Schisaison empfiehlt sich sowieso. Noch viel mehr, wenn man sich im Sommer im Karate das Knie demoliert hat und das blöde Ding immer noch instabil vor sich hinstakst. Also betrachte ich meinen Zehnerblock fürs Fitnessstudio, den mir voriges Jahr zu Weihnachten eine Freundin in liebevoller Intention geschenkt hatte. Seitdem drückt das Ding auf mein Gewissen wie ein Mühlstein. Zuerst konnte ich nicht hingehen, denn da war ich den ganzen Winter krank, dann war es im Sommer so heiß, danach hab ich mir das Knie demoliert, und dann und dann. Dazu muss man sagen, dass ein Zehnerblock für das Fitnessstudio für mich ein bisschen ein Danaergeschenk ist. Ich bin jemand, der keine Menschen auf zu engem Raum um sich mag und sie noch weniger riechen möchte, und der außerdem bei fast jedem Wetter hinaus und an die frische Luft will. Ideal also fürs Studio. Zumal ich durch zwei Abende Karate pro Woche eh mehr an Turnsäle gefesselt bin, als mir lieb ist. Aber ich schweife ab. Also zurück zum Fasten-Detox-Sportherbst.

Alle Jahre wieder kommt … ja, Weihnachten auch, aber davor wie das Amen im Gebet die herbstwinterliche Infektsaison. So auch heuer. Ende September kam die erste Verkühlung, anschließend gleich der erste Dünnpfiffvirus, dieser übergehend in eine kleine Rachenentzündung, deren Kindeskinder ich jetzt immer noch bebrüte. Nichts davon war so gravierend, dass es mich vom Arbeiten abgehalten hätte, aber es hat mir meine sportlichen Anfälle gründlich versaut. Walken, Stretching und Qi Gong. Mehr war nicht drin. Der Muskelaufbau lässt zu wünschen übrig und das Knie schlottert immer noch irgendwie ganz unheimlich.

Also wenigstens Fasten und Detox. Im Kühlschrank stapeln sich Gemüse, Magertopfen und der 0,1%-Landfrischkäse. Mit schmackhaften Kräutern. Wässrige Gemüsesuppen mit einem Tröpfchen Öl und schmackhafte Kompotte stünden am Speiseplan. Roh kann man das Zeug bei den herrschenden Temperaturen und bei grauem Regenwetter wirklich nicht verdrücken. Eigentlich wollte ich ja schon vorige Woche anfangen. Ging aus verschiedenen Gründen nicht. Also war fix geplant, heute zu beginnen. Aber der Tag war so schlimm! Heute hat wirklich in der Ordi fast jeder Zweite losgeheult und der Rest hatte Blutdruckkrisen und unklare herzrasende Zustände. Irgendwann geht alles vorüber, auch dieser Arbeitstag. Daheim angekommen, begebe ich mich voller guter Vorsätze in die Küche, um ein Gurkensüppchen zuzubereiten. Als ich die grünen Dinger sehe, fange ich auch an zu weinen. Und ich merke, ich kriege die Krise, nicht die mit dem Blutdruck, aber die Krise. Nein, ich kann nicht, ich will nicht. Und alles andere, was ich heute noch tun sollte, angefangen von Buchhaltung über Badezimmerputzen will ich auch nicht. Also beginne ich in der Küche zu werken. Und Lage für Lage entsteht eine wunderschöne, duftende Lasagne. Während der schier ewigen Zubereitungszeit vergesse ich all den Wahnsinn aus der Ordi und der angenehme Duft aus dem Backrohr vertreibt alle Gedanken an Erschöpfung, so wie es die Gurkensuppe niemals gekonnt hätte. Und na ja, wer weiß. Vielleicht braucht meine Leber ja auch gar kein Detox …

Gesundheit und ein langes Leben

Wer möchte nicht gesund, friedlich und glücklich möglichst lange leben! Der Gedanke, dass dies von unseren Genen oder vom lieben Gott – je nach eigenem Glaubenssystem – abhängen könnte, hat etwas Beängstigendes. Der moderne Mensch hat gerne die Kontrolle über sein Leben und sein Sterben. Letzteres sollte möglichst niemals stattfinden, und wenn schon unumgänglich, dann wenigstens irgendwann möglichst spät und aus völliger Gesundheit heraus. Deshalb füttern wir unser Kontrollbedürfnis auch mit dem Glauben an Machbarkeit und Selbstverantwortung. Letztere ist ja nicht unbedingt etwas Negatives, nur wie so vieles im Leben mit Vorsicht zu genießen und in den richtigen Mengen zu verabreichen.

Da wären wir schon einmal beim Thema Menge. Jahrelang haben wir gehört, dass uns fünf Portionen Obst und Gemüse täglich vor Darmkrebs und Herzinfarkt schützen würden, uns ins Nirvana nie endender sexueller Leistungsfähigkeit und Bereitschaft katapultieren und uns faltenfrei konservieren könnten. Schon damals haben mir die Fructoseintoleranten und Reizdarmbesitzer leidgetan. Sie müssen in Falten und Krankheit zugrunde gehen oder Bauchkrämpfe ertragen.

Aber fünf Portionen sind nicht genug, will die Wissenschaft jetzt herausgefunden haben. Acht Portionen müssen her, um uns gesund, faltenfrei und glücklich zu erhalten, um vorangegangene und zukünftige Schäden in unserem Körper auszubügeln. Da ich in meiner schönen Studentenzeit geraucht, zu viel Kaffee und gelegentlich auch zu viel Bier getrunken hatte, und das durch so einige Semester hindurch, muss man an meiner Lebenstabelle eh schon Jahre wegstreichen. Höchste Zeit also, die Chance zu ergreifen und wieder etwas wettzumachen. Also sorge ich für acht Portionen Obst und Gemüse täglich. Selbstverständlich wollen wir dabei nicht an die Spritzmittel durchtränkten, Kunstdünger geschwängerten Teile denken, welche die Supermarktregale füllen. Nein, Bio muss her. Also selber anbauen und täglich frisch zum Markt gehen. Ich spüre jetzt schon, dass dies eine zeit- und kräfteraubende Angelegenheit ist. Es wird mindestens zur Halbtagsbeschäftigung und bald wird es sich nicht mehr ausgehen, in der Vormittagsordi meinen Job zu machen. Um die Mittagszeit kann ich auch nicht arbeiten, denn da muss ich schonend zubereiten und gut kauend essen. In der zweiten Tageshälfte kann ich dann übrigens auch nicht mehr mit Menschen arbeiten, weil ich vor lauter Blähungen sozial inkompatibel bin. Also nichts mit Grünzeug.

Meine nächste Hoffnung ist das Fasten. Menschen, die viel fasten und hungern, können uralt werden. Als Beispiel präsentiert ein Zeitschriftenartikel ein paar hutzelige alte Japaner. Möglicherweise ist das leichter und zeitsparender als die Grünzeugsache. Also fasten bis zum Altersheim. Auf jeden Fall bleibt mehr Zeit zum Arbeiten und Blähungen habe ich auch keine mehr.

Zusätzlich ist Sport ja so gesund. Aber staunend muss ich lesen, dass Sportler über 35 ein soundso-fach erhöhtes Risiko haben, einem Herztod zu erliegen als Nichtsportler. Da bleibt doch die Frage, warum ich mich quälen soll? Außerdem muss jeder über vierzig, der es noch wagen möchte, sich sportlich zu betätigen, zum Kardiologen. Um zu überprüfen, ob sein Risiko noch vertretbar ist. Auch ich bin nun schon in diesem fortgeschrittenen Alter und überlege die ganze Zeit, ob ich meinen Lieblingskardiologen anrufen soll und einen Termin machen. Inzwischen horche ich bei jedem Schritt und Tritt in meinen Thorax. Ob es schon eng wird darin und die Arterien langsam dicht sind.

Man sollte sich also mit acht Portionen Grünzeug pro Tag sportlich, aber nicht ohne seinen Kardiologen ins Altersheim fasten. Dort hat man dann allerdings die beste Lebenserwartung, wenn man einen leicht erhöhten BMI sein Eigen nennt. Sprich, ein bisschen dicker ist. Jetzt bin ich endgültig verwirrt: Hä? Was jetzt? Wie jetzt? Denn wie bitte schön soll der sportliche und fastende Kohlrabiläufer jetzt zu seiner zusätzlichen Speckschicht kommen?

Selber schuld!

Allseits bekannte Migränetrigger sind, wie wir alle wissen, Rotwein, Hormonschwankungen, Chinaessen, Wassermangel und psychische Belastungen. Und ich habe gerade einen neuen entdeckt: Seit einigen Stunden ziehe ich mir Ärztezeitschriften, Studien, Statistiken und Analysen rein. Und das mit mindestens halber Lichtgeschwindigkeit. Einiges ist in den letzten Wochen aufgrund von viel zu viel Arbeit liegengeblieben und ich will möglichst schnell wieder „up to date" sein und mitreden bzw. mitschreiben können. Also habe ich bereits 4,5 kg gedrucktes Papier inhaliert und mehrere Megabyte aus dem Internet gesaugt. Daraus resultierend weiß ich jetzt endlich, wie sich Migräne anfühlt. Ich nehme an, das Pochen im Kopf, die leichte Übelkeit und der Eindruck, dass mir das Leuchten des Bildschirms ein Loch direkt in die Netzhaut brennt, qualifiziert sich ganz gut als solche.

Ich denke, die Beschwerden sind die zeitverzögert aufgetretene ausgleichende Gemeinheit des Schicksals für einige wunderschöne Herbsttage in Venedig: Ästhetik, Kunst, Schönheit, und danach einem kleinen Kaff an der kroatischen Küste: Stille, sanftes Meeresrauschen, Leichtigkeit, Langsamkeit und Unbeschwertheit.

Nach solchen Erlebnissen könnte man fast dem Trug verfallen, dass das Leben schön sei und genießenswert. Ich bin zum Beispiel fast zwei Wochen glücklich gewesen mit fettem Käse, zu viel Olivenöl auf den Kartoffeln, unklaren Inhaltsstoffen in der Wurst und einem roten Hauswein, dessen Methanolgehalt ich nicht einmal schätzen möchte. Nach dem Essen brachte die Wirtin dann eine glasklare Flüssigkeit, die wir glücksduselig tranken, obwohl wir sie zu Hause nicht einmal zur Desinfektion des Badezimmers verwendet hätten. Dazu hüllten uns die Männerrunden vom Nebentisch in dicke Rauchschwaden billiger Zigarettenmarken.

Ich habe nicht einmal daran gedacht, dass Dinge wie LDL-Cholesterin, Blutdruck, BMI, regelmäßiger Ausdauersport und Passivrauchen existieren. (Oder eine Waage, hihi – völlig absurder Gedanke!)

Wieder zurück am Puls der Zeit, rückt sich mein Weltbild wieder gerade. Rein rechnerisch habe ich meine Lebenszeit durch diese paar Tage bestimmt um viereinhalb Monate verkürzt. Denn die Experten fordern die dramatische Reduktion des LDL-

Cholesterins! Die Grenzwerte der Hypertonie gehören völlig neu definiert! (Es fanden sich allerdings für große Studien über den Benefit eines Blutdrucks von 80/50 mmHG zu wenige Probanden, die in der Früh ohne fremde Hilfe und Kreislaufmittel aus dem Bett kamen.)

Das metabolische Syndrom, in meiner Erinnerung durchaus denen vorbehalten, die mit zu viel Gewicht auch noch zu viel Zucker mit sich rumschleppten und dabei der Blutdruckmanschette mehr Druck entgegensetzten, als ihnen gut tat, strebt seiner Reform entgegen. Wenn das weiter in die Richtung geht, kenne ich persönlich nur mehr einen einzigen Menschen, der nicht darunter leidet: Meine Freundin M., die seit Jahren probiert, ihren BMI über 17,2 zu bringen.

Nach mehreren Megabytes verschiedenster Weisheiten, die sich teilweise ergänzen und teilweise widersprechen, bin ich angemessen verwirrt: Kaffee ist einmal pfui, dann wieder mindestens sechs Tassen davon kardioprotektiv, allerdings in der einen Studie als decafeinado und in der anderen mit Koffein … – Kopfschmerz klopft gegen meine Schädeldecke –; Alkohol und Olivenöl in verschiedensten Konzentrationen werden uns umbringen oder retten; Sport ist entweder gar nicht nötig oder aber nur in hoher Intensität wirklich segensreich – Kopfschmerz klopft durch meine Schädeldecke, habe schon Haarspitzenschmerz. Und wir alle müssen dieses, jenes oder das Gegenteil tun, um den kardiovaskulären Todesfall zu verhindern.

Klar ist: Sterben ist etwas Ungehöriges und auf jeden Fall zu Vermeidendes. Und glaubt man dem gescheiten Geschreibsel, auch absolut Vermeidbares. Da es sich in der Praxis aber zeigt, dass die Vermeidung gar nicht so recht funktionieren will, scheint wohl der Mensch und Patient selbst schuld zu sein an seinem Tod. Er oder sie hätten ja den Richtlinien folgend leben können. Und selbst wenn im Moment die Risikoscores noch niedrig sind: Mit 50 Jahren könnte er bereits Hochrisikopatient sein und mit 80 hat sich sein Infarktrisiko um ein Unermessliches vervielfacht. Also Leute, verlasst euch nicht darauf, dass es euch so gut geht, wie ihr euch fühlt. In 20 Jahren seid ihr schwer krank, das heißt, ihr seid bereits latent leidend und dem Tode geweiht. Da Zeit ja bekanntlich relativ ist, könnte man sagen, ihr seid gegenwärtig bereits krank und eigentlich auch tot. Herrlich, Millionen Menschen werden zu Patienten und sie ahnen noch nicht mal was von ihrem Glück!

Sparpotenziale ohne Grenzen

Wo das Ohr nur hinhört, dröhnt es: Einsparungen! Diese sind ganz sicher nötig, deshalb werden auch immer mehr Arbeiter entlassen. Und immer mehr Menschen aus den Chefetagen werden bei vollen Bezügen in den Zwangsurlaub geschickt, nur um ihre Posten mit einem neuen Menschen zu besetzen, dessen grenzgeniale Ideen dann noch mehr Einsparungen bei den Arbeitsbienen bringen und noch mehr Abfertigungen in der Chefetage ...

Natürlich kann da auch das Einsparpotenzial bei Krankenhäusern nicht ungenützt bleiben. Zuerst einmal muss man ganz im Sinne der patientennahen Versorgung die kleinen Krankenhäuser in abgelegenen Gegenden schließen.

Wo früher die Mitzi aus Ober-Fuchs-und-Henne-sagen-einander-gute-Nacht-Dorf ihren Franzl noch zu Fuß im Spital besuchen konnte, weil das im Nebenkaff lag, kriegt Franzl heute keinen Besuch mehr. Mitzi hat wie die meisten Altersgenossinnen knapp unter neunzig im Dorf keinen Führerschein. Und wo einstmals eine Mutter mit vier Kindern das eine kranke im Spital besuchen und die drei anderen versorgen konnte, muss sie sich heute entscheiden, welches sie lieber vernachlässigen möchte. Ich bin mir sicher, dass sich alle Beteiligten optimal versorgt fühlen. Dazu kommen im Krankenhaus dann noch Einsparpotenziale im Bereich von Pflege und Betreuung. Der alte Franzl findet seine Zähne nicht und der kleine Franzl will ohne seine Mami nicht essen. Die eine diensthabende tschechische Schwester versteht das zahnlose Gemurmel nicht und ist mit der Fütterung von zwei Dutzend Patienten schlichtweg überfordert. Vielleicht wäre die Einstellung mehrarmiger indischer Göttinnen ein Ansatz zur Problemlösung? Hohe Effizienz bei unüberbietbarem Multitasking und echtes Sparpotenzial, da pro Kopf und nicht pro Hand bezahlt wird ...

Weil in großen Häusern zum Beispiel zehnmal mehr Blinddärme operiert und fünfmal mehr Schenkelhälse geschraubt werden, bedeutet das automatisch fünf- bis zehnmal mehr Erfahrung und damit fünf- bis zehnmal schönere Narben und geradere Knochen für die Patienten. Dass sich unter Umständen die zehnmal mehr Blinddärme des Großstadtkrankenhauses auf zwanzigmal mehr

Operateure aufteilen, hat sich noch keiner überlegt. (Dass es echt seltene Erkrankungen gibt, auf die man oder frau sich spezialisieren muss, will hier keiner abstreiten!)

Und es gibt zu viele Spitalsbetten in Österreich. Bitte Leute, sagt mir wo! Ich bin immer wieder verzweifelt auf der Suche nach Betten für meine Patienten. Unlängst habe ich eine Sechzigjährige nach zweimaliger Hirnblutung mit einem Blutdruck von 200/100 ins Krankenhaus geschickt (nachdem ich sie mit einem Cocktail aus Spray, Spritzen und Tabletten von 260/140 heruntergeholt hatte). Vom Krankenhaus bekam ich sie wieder mit: „Leider kein Bett", ich soll mich melden, wenn es ihr wieder schlechter geht. Na ja, ich such dann schon mal die Nummer der Bestattung.

Oder, und das kennen und lieben alle Hausärzte: Ein Patient mit Osteomyelitis im Oberschenkelknochen oder sonst irgendeiner -itis, sprich antibiotikapflichtiger Entzündung oder Eiterung, wird überraschend am Freitagabend aus dem Krankenhaus entlassen und klingelt so lange beim Doktor daheim, bis der sich erbarmt. Dem Arztbrief, den er diesem unter die Nase hält, entnimmt der Doc die unbedingte Notwendigkeit einer lückenlosen zweimal täglichen Infusions-Therapie. (Dass es sich dabei um Antibiotika handelt, vermutet er und weiß es erst mit Sicherheit, nachdem er im Austriakodex nachgeschlagen hat.) An chefärztliche Bewilligung vonseiten der Krankenkasse (manche Medikamente sind nicht so einfach verschreibbar durch den behandelnden Arzt, da muss noch eine höhere Instanz ihren Segen dazu geben) ist Freitag um 20.00 Uhr nicht mehr zu denken. Der Apotheker der nächstgelegenen, diensthabenden Apotheke hat beim ersten Anruf noch nie von diesem Präparat gehört. Beim dritten Anruf allerdings versichert er, dass er es Mitte nächster Woche aus Deutschland bekommen kann.

Eine weitere Herausforderung, die mich immer wieder begeistert, sind Verbandwechsel bei „den offenen Füßen". Dafür fährt man bzw. frau bewaffnet mit einem Verbandsköfferchen in der Größe eines Kleiderschranks – um ja alles dabei zu haben – in meist entlegene Gegenden. Oft ist noch die Konfrontation mit einem wachenden Hofhund zu überstehen und dann noch der Streit mit dem Patienten darüber, dass man durchgesabberte Verbände nicht ausschwemmt, sondern wegwirft. Einmal sind mir dann nach dem Auswickeln der Füße die Maden entgegengekrochen. Ich trinke niemals harte Getränke und schon gar nicht bei der Arbeit. Danach allerdings ging ich auf einen Schnaps. Dieser kostete übrigens mehr als das Brutto-Kassenhonorar für die Position Verbandwechsel bei großflächigen Wunden. Es lebe das Sparpotenzial!

Unterversorgte Diabetiker

Vor einiger Zeit habe ich einen Arztbrief von einer Diabetesambulanz bekommen, geschrieben einem kaum dem Windelalter entwachsenen Assistenzarzt, dessen Mutter ich sein könnte. Einem, der noch ehrlich daran glaubt, dass sich seine Theorien 1:1 in unseren Praxen umsetzen lassen. Im Brief erklärt mir der Nachwuchsspezialist auf vier Seiten in herablassendem Ton, dass ich doch wissen sollte, dass ein Diabetes Typ II auf Überernährung zurückzuführen sei (wer hätte das gedacht!) und stellt mit leicht vorwurfsvollem Unterton fest, dass des Patienten Gewichtsabnahme meine Aufgabe als Hausarzt sei (wie bitte?).

Da heißt es immer, Männer seien vom Mars. Was mich betrifft, ist der da aber zumindest vom Pluto, wenn nicht aus einer anderen Galaxie. Und wenn man den verschiedenen Untersuchungen Glauben schenkt, sind Mitteleuropas Diabetiker noch immer massiv unterversorgt. Daraus wird der Schluss gezogen, dass wir noch mehr Spezialisten auf dem Gebiet brauchen. Offensichtlich sind wir Hausärzte gar nicht gut zu unseren Diabetikern.

Mittlerweile bin ich dafür, mehr Spezialisten einzusetzen. Ich hätte auch gerne einen für mich. Einen, der sich dann an meiner Stelle einem adipösen Patienten gegenübersetzt und ihm die Sachlage erklärt. Und zwar so, dass der Patient sofort Krankheitseinsicht zeigen kann und sich akut bessert, am besten sofort mit einem Ernährungskurs beginnt und über die nächsten Jahre mit einer gesunden Lebensstiländerung Kilo für Kilo verliert.

Er kann für diesen Feldversuch wirklich gerne jeden meiner Diabetiker haben. Außer Herrn K. Den brauche ich für mich selber, weil ein Erfolgserlebnis meiner Seele so gut tut. Herr K. kam vor drei Monaten in meine Ordination (nachdem er zehn Jahre nicht beim Arzt gewesen war) mit einem Blutdruck von 220, den zweiten Wert hab ich verdrängt, einem Nüchternblutzucker von 320 (würde für vier Personen reichen), Blutfetten ausreichend für eine Großfamilie und einem HBA1c, also Langzeitzucker von 14,8 (stattlich!). Jetzt, drei Monate später hat er sieben Kilogramm verloren, treibt täglich Sport, hat eine Diabetikerschulung besucht, nimmt regelmäßig seine Medikamente, hat normale Lipide und einen gut eingestellten Blutdruck und seinen HBA1c immerhin auf 7,4 glatt halbiert. Und er arbeitet weiter an sich. Wie gesagt, der gehört mir. An allen anderen können Sie sich gern versuchen. Ich bin nämlich ordentlich frustriert.

Vor Kurzem hat mich eine Stammpatientin verlassen. Die Dame hat einen BMI von 39 und wir haben schon viele Gespräche über das Abnehmen hinter uns. Bei der heurigen Gesundenuntersuchung war dann doch der Blutzucker erhöht und der daraufhin von mir durchgeführte Zuckerbelastungstest stand unter dem Motto: „Die Hälfte wäre auch noch ausreichend." Daraufhin erklärte ich ihr, dass es jetzt wirklich höchste Zeit sei, sich dem Problem zu stellen. Ich schlug eine Diabetikerschulung vor und sie antwortete, dass sie sich von mir nicht unterstellen ließe, sie sei zu blöd, um richtig zu essen. Zu ihren Blutwerten erklärte sie mir, dass das keine diabetischen Zuckerwerte seien, dass sie sich von mir nicht das Schildchen „Diabetiker" aufdrücken lassen würde, anschließend rauschte sie wütend aus meinem Besprechungszimmer. Zurück blieb ich. Ziemlich verstört, muss ich zugeben. Ich beginne in solchen Situationen dann immer an mir zu zweifeln. Also fragte ich M., meine diabetologische Freundin, wie ich damit umgehen solle. „Du kannst nicht immer allen helfen", war die Antwort. Wahrscheinlich liegt es an meinem unheilbaren Zwang, die Welt irgendwie zu verbessern, dass ich das nicht so recht hinnehmen kann. Ich kann einfach nicht begreifen, warum man einem Patienten sagen kann: „Sie haben die Krätzmilbe" oder „… eine Blinddarmentzündung", „Sie haben einen Hodentumor", „… eine Lungenentzündung", „… die Gonorrhoe" oder „… Borreliose", „… einen hohen Blutdruck" oder „… einen Scheidenpilz". All das kann man dem durchschnittlich intelligenten und freundlichen Patienten mitteilen und ihm gleich dazu noch Therapiemöglichkeiten vorschlagen. Nicht so bei Zucker oder Übergewicht. Auch der freundlichste Übergewichtige kann einem dabei plötzlich an die Gurgel springen. Was ist es, das solche Widerstände verursacht? Sind es Diskriminierungen oder Verletzungen, Unverständnis oder Vorurteile? Für Lösungen, Anregungen und Hilfe wählen Sie bitte meine Telefonnummer oder schreiben mir ein E-Mail …

Die hausärztliche Kompetenz soll wieder mal gestärkt werden

Ich liebe das Wort Kompetenz, zumal wenn es im Zusammenhang mit dem Wort Hausarzt erklingt. Das vermittelt so richtig ein Gefühl von Wichtigkeit. Und wenn wir uns dann unserer Kernkompetenzen besinnen oder die hausärztlichen Kompetenzen gestärkt werden sollen, wird mir so richtig warm ums Herz. Bei all der in den letzten Jahren durchgeführten Kompetenzstärkung müssten wir ja vor lauter Kraft schon zu doppelter Größe angeschwollen sein. Irgendetwas scheine ich verpasst zu haben, denn das Einzige, was sich in meinem hausärztlichen Leben verdoppelt hat, sind die Stapel von Papierkram und die Rechnungen für die EDV.

Ich habe zum Beispiel das Gefühl, dass meine Kompetenzen chronisch schleichend und schwindsüchtig weniger werden. Einerseits kommt offensichtlich den mündigen Patienten immer mehr das Vertrauen in meine diagnostischen Fähigkeiten abhanden. Wie sonst ist es zu verstehen, wenn bereits Achtzehnjährige in der Praxis erscheinen und mit Bestimmtheit erklären: „Ich brauche ein MR der gesamten Wirbelsäule." Und ich weiß, dass sie mir die Verweigerung des unnötigen MRs nicht verzeihen werden. Anders herum fühle ich mich irgendwie inkompetent, wenn ich einen vor Schmerzen schreienden Patienten nach genauer Untersuchung seiner segmentalen neurologischen Ausfälle zum MR schicken möchte. Denn dann kann es sein, dass ein Kontrollarzt der Krankenkasse, der diesen Patienten nicht kennt und niemals gesehen hat, nicht wirklich an meine Kompetenz glaubt, und mir ohne Neurologen oder Orthopäden die Untersuchung verweigert. Gleichzeitig tönt es auch aus den Fachzeitschriften, dass jeder Kreuzschmerz zum Orthopäden sollte. Haben die Autoren eigentlich eine Ahnung, wie viele Leute Kreuzweh haben und wie viele Orthopäden es gibt? Man könnte natürlich auch an jeder Straßenecke statt einer neuen Tschibo-Filiale eine orthopädische Klinik eröffnen, denn sonst ist der Kreuzschmerz bis zum Termin entweder weg oder der Patient schon tot. Und ist ein orthopädisch verordnetes Schmerzmittel wirklich so viel wirksamer oder kompetenter als das vom Hausarzt?

Gerne höre ich auch, dass jede Akne zum Hautarzt gehört. Unsere Pubertierenden sind zwar aus den geburtenschwachen Jahrgängen, aber wir haben Gott sei Dank immer noch genug Jugendliche, um die Infrastruktur unserer Kassendermatologen zusammenbrechen zu lassen. Und so lange Patienten mit fraglichen Melanomen ewig auf Termine warten, sollte man dem an Pickeln interessierten und fortgebildeten Hausarzt doch die Kompetenz lassen, ein paar Wimmerln zu behandeln.

Auch hat der Hausarzt zwar die gestärkte Kompetenz nach entsprechender (sehr teurer!) Ausbildung zum Beispiel Oberbauchultraschalluntersuchungen durchzuführen, aber beim Verrechnen derselben hört sich die Kompetenz schon wieder auf. Das Gleiche gilt für das Einrichten von ausgerenkten Extremitäten oder verschobener Brüche. Mir kommt es eher so vor, als würde der Hausarzt schön langsam von dem, der Allgemeinmedizin betreibt, sprich der von allem eine Ahnung haben muss, zu dem, der nichts mehr tun darf. Und wenn er es dennoch tut, darf er es nicht mehr verrechnen.

Eine neue Kompetenz ist am Horizont erschienen. Der Hausarzt als Lotse. Da unkontrolliert zu Fachärzten und in Ambulanzen strömende Patienten zu teuer werden, soll der Hausarzt diesen Strom jetzt lenken und umlenken. Das heißt für mich genau das, was wir zu Zeiten des Krankenscheins und Überweisungsscheins gemacht haben: Wir haben uns die Patienten angesehen, behandelt, was zu behandeln war, den mit dem Zittern zum Neurologen geschickt und den anderen mit der Riesenblähung zum Gastroenterologen. Wir haben die Notfälle auf die Klinik geschickt und die Stimmenhörenden zum Psychiater. Es wäre uns auch damals nicht in den Sinn gekommen, Wahnvorstellungen zum Gastroenterologen zu überweisen, obwohl immer gesagt wird: „There is a brain in the gut". Mittlerweile ist es aber so, dass unklar wird, ob wir diese Lotsentätigkeit überhaupt erfüllen können. Schließlich wurde das im Studium nicht gelehrt und außerdem sind wir ja gar keine Fachärzte für Allgemeinmedizin. Bald bezweifelt noch einer, ob wir in der Früh alleine in die Ordi finden!

Eigentlich eine Zumutung

Stellen Sie sich vor, Sie sind ein gesunder Erwachsener. Sie fühlen sich gut, haben Spaß beim Sex und Freude an gutem Essen und einem schönen Rotwein und Sie gehen irgendwann zu einer Gesundenuntersuchung. Üblicherweise, weil die Frau darauf drängt oder eine Lebensversicherung abgeschlossen wird. Als gesunder Mensch betreten Sie frohen Mutes die Ordination. Wenn Sie ein paar Tage später zur Besprechung Ihrer Laborergebnisse, Lungenfunktion und Blutdruckwerte kommen, erklärt Ihnen Ihr Hausarzt, was alles nicht mit Ihnen stimmt. Bis vor zwei Minuten waren Sie zufrieden, gesund und voll funktionsfähig. Und im nächsten Augenblick bekommen Sie vierzehn Diagnosen umgehängt. Plötzlich werden Sie zum Kranken, zum Patienten. Und nicht genug damit, dass dieser Wandel mit Lichtgeschwindigkeit vor sich geht, nein, jetzt will auch noch der gute Doktor in zehn Minuten Ihr bisheriges Leben umkrempeln und Ihnen Pillen in allen Farben und Formen hineinwürgen. Eigentlich ist das Ganze eine ziemliche Zumutung.

Ich hab mir kürzlich bei der Lifestyle-Beratung gedacht: Wie kommt ein erwachsener, intelligenter Mensch dazu, dass ich plötzlich anfange, ihm zu sagen, was er essen darf und was nicht. Dass er sich bewegen muss, obwohl ihm das überhaupt keinen Spaß macht, dass statt Rotwein nur mehr Leitungswasser gefragt ist und dass statt Überstunden in der Firma ein Tai Qi Kurs zu belegen wäre. Natürlich bin ich auch immer sehr lieb und einfühlsam. Aber wenn ich es mir genau überlege, wundert es mich, dass nicht mehr Leute in so einer Situation entrüstet aufspringen und im Stechschritt die Ordi verlassen. Denn wie gesagt, es ist eigentlich eine Zumutung.

Vielleicht täte es uns Ärzten manchmal gut, das im Hinterkopf zu behalten. Natürlich beraten wir, weil wir die Folgen kennen. Natürlich wollen wir dem Patienten nur Gutes und den wissenschaftlichen Erkenntnissen Rechnung tragen. Außerdem wollen wir nicht die Angeklagten sein, wenn dem Patienten etwas passiert. Und wir sind als Ärzte gerne im Besitz der Weisheit, die wir dann über den Patienten gießen. Dazu ist ein gewisses Gefälle nötig. Normalerweise heißt das Aufklärung oder Beratung. Außer auf der Gyn. Da heißt es immer noch Belehrung. Klar, da sind die Patienten weiblich, da ist das Gefälle dann noch größer. Also ich persönlich könnte für nichts garantieren, wenn ein Kollege eine „Belehrung" an mir vornimmt.

Aber auch ein freundschaftliches Gespräch kann furchtbar sein: Wir sehen oft nicht, dass wir in einigen Minuten das gesamte Selbstverständnis des Patienten und sein Weltbild kippen. Das braucht Zeit, um verarbeitet zu werden. Und da ist es ziemlich egal, ob man es mit einem Mathematikprofessor oder einem Hilfsarbeiter zu tun hat. Plötzlich krank sein tut weh. Plötzlich Risiko über Risiko sein Eigen zu nennen macht Angst. Und Angst kann die seltsamsten Auswüchse haben. Ich habe schon oft gesehen, dass Raucher nach einem Beratungsgespräch (und wohlgemerkt einem ohne Schuldzuweisungen, Himmel, Hölle und Verteufelungen) sich eine Zigarette angezündet haben – um die bohrende Angst vor dem Lungenkrebs ein wenig zu lindern.

Und wenn man es einmal verarbeitet hat, dass man krank ist oder werden könnte, braucht es viel starken Glauben. Leben verändern, nur weil der Zucker und der Cholesterinwert am Laborzettel schon über die Höchstgrenze hinausgeschossen sind? Noch ist aber nichts passiert, nichts tut weh. Die Werte sind abstrakte Größen, die mit dem eigenen Leben nichts zu tun haben. Der Kuchen, das Bier, der Schweinsbraten sind konkrete Dinge, die das Leben angenehm machen. Hand aufs Herz, hätten Sie wirklich diesen unerschütterlichen Glauben an die Prävention, dass Sie die Schokolade/Zigarette/Weinflasche nicht mehr angreifen? Dass Sie fünfmal in der Woche sporteln, auch wenn es nervt und fünf Portionen Obst und Gemüse am Tag essen, auch wenn das bläht? Wenn ja, sind Sie sicher ein eher seltenes Exemplar. Heilige waren aber immer schon Ausnahmeerscheinungen zu allen Zeiten und in allen Glaubenssystemen. Für alle gewöhnlichen Sterblichen unter unseren Patienten müssen wir, denke ich, etwas lernen: Geduld mit ihren psychischen Verarbeitungsprozessen und Toleranz, was ihre Entscheidungen anbelangt. Manchmal entscheiden sich die Leute gegen unseren Rat und wir sollten ihnen nicht gleich mit der Hölle und dem Ausschluss aus unserem Gesundheitssystem drohen.

Ängste und Sorgen

Es ist noch nicht allzu lange her, da schockte ein Enthüllungswerk Österreichs Bürgerinnen und Bürger: Unsere Spitäler seien nicht sicher, ganz im Gegenteil. Reihenweise würden Patienten unterbewusst oder auch absichtlich verletzt und sogar gemeuchelt. Die Wogen haben sich etwas geglättet. Ich konnte letzte Woche sogar einen Patienten mit akutem Abdomen davon überzeugen, dass daheim im Bett liegenzubleiben potenziell tödlicher wäre, als die Chirurgie aufzusuchen. Also dachte ich, dass alles wieder gut würde. Wie naiv ich doch manchmal sein kann!

Heute Mittag fahre ich ganz unschuldig und nichts Böses ahnend auf Visite zu einem etwas komplizierten älteren Paar. Die sonst eigentlich recht fröhliche Stimmung bei meinem Anblick ist deutlich unterkühlt. Sogleich nach den Begrüßungsworten wird mir ein Magazin auf den Tisch geknallt mit den Worten: Kennen Sie diesen Artikel? Ich muss verneinen. In anklagendem Ton werde ich nun darüber unterrichtet, dass ein von mir verschriebenes Medikament in einer Studie nicht signifikant wirksamer als Plazebo sei. Zu einem anderen von mir verordneten Präparat gäbe es nicht einmal Langzeitstudien! In einer Atempause werfe ich schüchtern ein, dass ein Medikament, welches seit circa drei Jahren seine Zulassung in Europa hat, kaum über Langzeitstudien verfügen könnte. Eigentlich ist es bei genauerem Betrachten und Behirnen ja ein Widerspruch, einerseits das neueste Medikament am Markt zu fordern und dafür gleichzeitig Langzeitstudien sehen zu wollen, finde ich. Die Patientin weigert sich jedoch standhaft, das angeblich unwirksame Präparat zu nehmen und überhaupt schon gar nicht das ohne Langzeitstudien. Ihr Mann erhebt inzwischen Anklage gegen mich, da ich die beiden im Winter zu einer in einer Studie als völlig wirkungslos geouteten Pneumokokkenimpfung überredet hatte. Außerdem seien Studien ja nachgewiesenermaßen alle falsch, erstunken und erlogen und die beteiligten Professoren würden sich ja nur bereichern. Ich widerstehe der Versuchung zu fragen, ob ich das jetzt auch auf die gerade vorhin bemühte Studie über die Pneumokokkenimpfung anwenden könnte, denn wenn ja, hätte die Impfung ja doch noch Sinn gemacht ...

Auf jeden Fall ist das Ganze wieder ein grenzgeniales Beispiel für gelungenen Journalismus. Man nehme berechtigte Fragen, Annahmen und Teile von Wahrheiten und füttere sie den Menschen in großen und unverdaubaren Brocken, auf dass sie einfach Angst kriegen und hysterisch werden. Cui bono? Zu wessen Nutzen, hat sich schon ein altrömischer Anwalt gefragt. Es ist gut und wichtig, Missstände anzuprangern und Menschen aufzurütteln. Es ist unethisch, sich an gefälschten Studien zu bereichern, aber ist es so viel ethischer, die Leute mit aus dem Kontext gerissenen Stückchen nicht verstandener Informationen in Panik zu versetzen, um Auflagen und Einschaltquoten zu verbessern? Dient das so viel mehr dem Wohl der Menschheit?

Ich war über fünf Jahre Radiodoktor. Eines Tages waren im Süden von Graz ein paar Enten tot vom Himmel gefallen. Innerhalb von zwei Stunden durfte ich mit grenzenlosem Staunen im Studio mitverfolgen, wie aus dem toten Federvieh eine nationale Bedrohung wurde, die sogar mir vor Angst den Atem nahm. Beim Heimgehen nach der Sendung sah ich in jedem Vogel einen Boten des Untergangs: Nur nicht heruntersch…, bitte! Und glücklicherweise gibt es jetzt wieder eine neue Bedrohung, die auf uns zukommt. Für alle, die wider Erwarten einen Krankenhausaufenthalt unter Behaltung ihrer beiden Augen und vier Extremitäten inklusive aller Finger und Zehen überstanden haben. Für alle, die trotz fehlender Langzeitstudien und geldgeiler Professoren noch nicht an der bodenlosen Profitgier der Pharmakonzerne eingegangen sind. (Seltsamerweise ist das Streben nach Profit nur in der Medizinbranche pfui. Kein Mensch hat was dagegen, wenn die Autoindustrie Geld machen will. Da wären plötzlich alle ganz glücklich. Und wenn die Schokoindustrie boomt, hält auch keiner den Osterhasen für korrupt.) Für die, die nicht die Gelegenheit wahrgenommen haben, sich von einer aus Ostasien kommenden Pekingente mit H5N1 verseuchen zu lassen oder noch nicht dem Rinderwahn anheim gefallen sind, gibt es noch die Schweinegrippe. Und für den Fall, dass mich auch die nicht umbringt, muss ich gleich mal beim Tierarzt nachfragen, ob Katzenseuche wohl nicht ansteckend ist!

Keine schönen Menschen

Unlängst habe ich einen Film gesehen, der in Deutschland produziert worden war. Das ist für mich eher ungewöhnlich, da ich sehr wenig fernsehe und kaum ins Kino gehe. Und was ich mir in diesen wenigen Malen dann zu Gemüte führe, kommt in den allermeisten Fällen aus Hollywood oder zumindest sonst wo aus Amiland. Jedenfalls war ich ziemlich schockiert über den deutschen Film. Nein, es war nicht die Handlung, denn die war wider Erwarten spannend. Es war auch nicht die Machart, denn die Kameraführung, Maske, Kleidung, alles das war wirklich gut. Ich war entsetzt, denn ich sah – nach Hollywood-Maßstab gemessen – lauter hässliche Menschen über meinen Bildschirm flimmern. Da gab es junge Männer mit eher schmalen Schultern, ohne Sixpack und mit naturweißen Zähnen. In teilweise naturgegebener Zahnstellung. Und es gab Frauen jeden Alters, die niemand jemals im Bikini hätte sehen wollen. Und die Älteren hatten sogar Falten und Mimik im Gesicht, sowie Naturbrüste, die gravitationsbedingt in Richtung Boden strebten. Kurz und gut, die ganze Besetzung sah so normal und durchschnittlich aus, als hätte man sie in meinem Wartezimmer oder auf einer Party für meine Freunde rekrutiert. Nicht wirklich „arm und hässlich", aber schon gar nicht „reich und schön". Ganz normale Menschen eben.

Je länger ich darüber nachdachte, desto mehr war ich schockiert. Und zwar nicht mehr über den Film, sondern über mich. Offensichtlich hatte der herrschende Perfektions- und Schönheitswahn schleichend – chronisch, ohne dass ich es bewusst bemerkt hatte – von meinem Hirn Besitz ergriffen und meine Sinne vernebelt. Das gängige Schönheitsideal hatte sich scheinbar wie Weichzeichner über meinen Verstand gelegt und meine Urteilskraft retouchiert. Möglicherweise hatte es mein Verständnis von Schönheit ein wenig in die Länge gezogen und ein wenig geglättet sowie mit Botox unterspritzt und damit starr und unbeweglich gemacht. Mein Sinn für Proportionen schien gestrafft und verändert wie bei einem Gesichtslifting. Ja, mein Urteilsvermögen war verzerrt und mein Hirn geliftet worden. Anders konnte ich mir nicht erklären, warum ich ganz natürlich schöne Menschen als unnatürlich, ihre Proportionen als falsch und ihr Aussehen als verzerrt wahrnahm.

Was das eigene Zerrbild vor dem Spiegel anging, war ich mittlerweile ja schon ein Profi. Seit frühester Jugend war mir klar, dass meine Beine zu kurz und X-förmig waren, meine Nase zu groß und mein rechtes Oberärmchen aussah wie das einer ex-russischen Kugelstoßerin. In den letzten Jahren kamen dann zu den konstitutionellen Perfektionsmängeln noch verschleißmäßige hinzu. Oberärmchen sieht nicht mehr aus wie das von Jarmila Kratochvilova, sondern eher wie von Fred Feuerstein, die eh schon große Nase wächst zu meinem Entsetzen wirklich weiter, gemeinsam mit den Plattsenkspreizfüßen und über die Auswirkungen von Kollagenschwund und Gravitation wollen wir besser gar nicht sprechen.

Und ich habe meine Neurose auch auf meine Umgebung erweitert. Einer meiner besten Freunde, übrigens einer mit perfekt schönem Körper inklusive breiten Schultern und Sixpack, trägt dank meiner endlosen Beratungen jetzt Zahnspange, mit süßen 43 Jahren. Ich hielt seinen Deckbiss bei ansonsten perfektem, strahlend weißem Gebiss einfach nicht aus. Also habe ich ihn so lange bearbeitet, bis er einen Kieferorthopäden gefunden hat. Sein Diabetes hat lange nicht so viel Aufmerksamkeit und ärztliche Ratschläge bei mir hervorgerufen. So weit zu den inneren Werten!

Gestern jedoch hatte ich eine beruhigende Begegnung der erleuchtenden Art. Ich war am Bauernmarkt und sah einen wirklich schönen Menschen. Vor mir stand eine alte Bäuerin in einem missfarbenen Anorak mit einer seltsamen Mütze am Kopf, klein, aber aufrecht, das Gesicht voller Falten, der Teint strahlend. Ihre Augen leuchteten und nicht nur ihre Mundwinkel lachten, sondern ihr ganzes Gesicht. Eigentlich strahlte die ganze Frau. Und ich dachte: Wow, es gibt einfach umwerfend schöne Menschen!

Irren ist menschlich

Irren ist menschlich. Ärzte sind Menschen. Daraus folgt: Ärzte können und dürfen sich irren. Und genau da stimmt der Schluss plötzlich nicht mehr. Aus irgendeinem Grund erwartet man von uns, irrtumsfreie Un- oder Übermenschen zu sein. Ein Kollege hat einen Fehler gemacht. In einem Befund stand etwas Gutes und etwas Schlechtes. Er hat dem Patienten nur das Gute kommuniziert. Das andere hat er übersehen und jetzt hat der Patient ein fortgeschrittenes Karzinom. Keine Frage, das ist tragisch. Jetzt kann man natürlich sagen: So ein Einzelfall, so ein schwarzes Schaf! Eine Schande für den ärztlichen Stand!

Vielleicht war der Kollege ja auch wirklich eine Superdumpfbacke. Vielleicht war er auch ein echter A…, überheblich, nachlässig oder voll der Wurschtigkeit, was das Patientenwohl angeht. Viel wahrscheinlicher ist allerdings Folgendes: Nämlich, dass er einer von uns war. Ein ganz normaler Arzt und Mensch in seinem ganz normalen Berufswahnsinn und seiner ganz normalen Überforderung.

Selbst der beste Autofahrer wird möglicherweise einmal irgendwo dagegen fahren. Shit happens. Ist er deshalb ein schlechter Mensch? Natürlich darf es nicht passieren und soll nicht passieren. Und im Fall der Autos gibt es auch immer mehr Warnsysteme, Distance Controllers und Bordcomputer. Nur unser Hirn im echten Leben hat solche Frühwarnsysteme nicht immer serienmäßig eingebaut.

Jeden Tag meines Berufslebens wird meine Angst größer. Meine Angst, irgendwann einmal irgendetwas zu übersehen. Etwas, das Konsequenzen hat und Schaden anrichten kann. Ich fürchte um meine Patienten und ich fürchte um mich. Nach der Ordi sehe ich normalerweise die Befundlisten durch. Oft bin ich dabei müde, manchmal dröhnt mir der Kopf, zuweilen bin ich im Stress. Könnte ich wirklich schwören, dass ich noch nie etwas Wichtiges übersehen habe? Wohl kaum. Und Sie, wie geht es Ihnen dabei?

Letztens ist einmal ein extrem hoher Entzündungswert unter meinem Radar durchgeflogen. „Wie blöd kann man sein, um so etwas zu übersehen?", werden Sie sich möglicherweise fragen. Nun, man kann, wenn man darauf fixiert ist, dass die pathologischen Laborbefunde immer irgendwie herausgehoben sind. Dann muss man nur die Seite überfliegen und die fettgedruckten, mit Sternchen oder Pfeilchen versehenen Werte genau behirnen und den Rest wieder in ein sanftes Vergessen zurücksinken lassen. An diesem Tag bekam ich Befunde aus einem neuen Labor, das keine Markierungen am Ausdruck verwendete. Alles okay, dachte ich in einem flüchtigen Augenblick. Keiner ist davon gestorben, aber so schnell kann es gehen, dass man sich in falscher Sicherheit wiegt.

Die Befunde der Fachärzte aus meiner Umgebung sind meist kurz und bündig und übersichtlich. Dabei habe ich ein gutes Gefühl und glaube nicht, etwas zu übersehen. Ganz anders sieht es schon bei den Krankenhausbriefen aus. Es gibt Kliniken und Kuranstalten, die schreiben Werke, neben denen „Der Herr der Ringe" aussieht wie ein Reclamheft. Ich gestehe, dass ich mir da dann nur die Diagnosen, Therapien und das Procedere zu Gemüte führe und inständig hoffe, dass der Teufel nicht in einem nebenbei hineindiktierten CT-Befund auf Seite 17 hockt. Ist es fahrlässig zu hoffen, dass die Kollegen auch wissen, was sie tun und sagen? Oder ist es notwendig, sich Tag für Tag seitenweise schlechte Literatur reinzuziehen?

Und irgendwann, wenn ich am Abend geschafft bin oder wenn ich Fieber habe, werden Legasthenie und Ermüdung mich vielleicht ein „auffällig" für ein „unauffällig" halten lassen. Bin ich dann auch ein schwarzes Schaf und eine Schande für den Berufsstand? Wenn das einer liest, der ohne Fehler arbeitet, werfe er den ersten Stein. Und bitte nicht nur den ersten, sondern auch noch ganz viele weitere. Begrabt mich dann unter einem großen, schweren Haufen Geröll, sodass ich nicht mehr heraus und nichts mehr anstellen kann!

Und ab ins Krankenhaus

Kürzlich war ich bei einer Fortbildung und kam während des Abendessens in den Genuss, ein sehr interessantes Gespräch unter Spitalsärztinnen zu belauschen. Die Kolleginnen beklagten sich ausgiebig, wie überlastet sie seien. Gut, das ist nun wirklich nichts Neues und auch nicht mehr interessant. Interessant daran ist eigentlich nur, warum immer noch nicht wirklich und ernsthaft etwas dagegen unternommen wird. Wenn man zum Beipiel mit Metallarbeitern oder ÖBB-Bediensteten umginge wie mit Spitalsärzten, könnten wir uns unser Besteck selbst aus Holz schnitzen und zu Fuß nach Hause gehen.

Aber ich will mich jetzt nicht weiter dem Elend der Spitalsärzte widmen, sondern dem interessanten Lösungsansatz der betroffenen Kolleginnen. Dazu muss man sagen, dass jeder niedergelassene Arzt genügend Erfahrung mit Spitalsarbeit hat: Mit vielen endlosen Diensten, überbordendem Bürokram, oftmals Brechreiz erregenden Hierarchien und teilweise schmerzhaft inkompetenten Vorgesetzten sowohl im medizinischen als auch im Verwaltungsbereich. Und das Ganze wird auch noch überstrahlt von unbezahlten Überstunden, dämlichen Praktikanten und kampflustigen Stationsschwestern. Ohne eigenes Arbeitszimmer, in einer Ecke im Gang sitzend und Briefe diktierend, weil am Bett des Dienstzimmers eh schon fünf andere hocken und ihre Hausaufgaben machen. Ich denke, wir alle haben mehr oder weniger von diesen glückspendenden Erfahrungen machen dürfen.

Nicht so umgekehrt, bei Spitalsärzten, die nicht in einer Praxis arbeiten, sind die Vorstellungen über die Niederlassung etwas nebulos. Und das ist ein Manko, wie ich glaube. Zum Beispiel meinten diese Kolleginnen allen Ernstes, die Lösung, um Spitalsambulanzen zu entlasten, sei, dass die Niedergelassenen endlich anfangen würden einmal zu arbeiten. Das war nicht böse gemeint, denke ich mal. Aber wenn man nur die Ordinationszeiten auf den Tafeln sieht und dazu die von manchen Zeitungen irrigerweise kolportierten Millionengewinne berücksichtigt, kann man schon auf solche Gedanken kommen.

Und wenn man dazu Tag für Tag Leute in seiner Ambulanz betreut, die dort aber auch schon überhaupt nichts zu suchen haben, ist es durchaus legitim, anzunehmen, dass wir draußen unsere

Arbeit nicht erledigen. Ich weiß, dass ein Teil des Ambulanzchaos auch selbstgemacht ist. Wozu muss eine Spezialambulanz den Patienten zum Beispiel zur Blutbild-Kontrolle einbestellen, und warum hat das Terminmanagement immer noch so auszusehen: In der Früh als Patient nüchtern erscheinen, anmelden, Zelt aufschlagen, bis zum Abend campen und warten, und keiner weiß, warum nichts weitergeht.

Das ist der Teil, den ich verstehe. Was ich nicht kapiere, ist Folgendes: Bei uns hier im Bezirk sind unsere Ordizeiten so, dass fast immer zumindest einer offen hat, in der Nacht und am Wochenende gibt es einen Ärztenotdienst und die Fachärzte sind äußerst kooperativ bei dringendem Röntgen, Ultraschall, Labor etc. Trotzdem fallen die Patienten in Scharen über das drei Kilometer entfernte Landeskrankenhaus her. Ich frage mich oft, was die Leute dazu antreibt. Ist es der Zeitgeist, dass alles jetzt, sofort und auf der Stelle erledigt werden muss und nicht mal ein oder zwei Stunden warten kann? Oder ist nur das Beste gerade gut genug? Reicht ein einfacher Doktor mit Stethoskop und Lampe nicht mehr, muss es zur Diagnosestellung eine Abteilung sein, die zumindest über eine Herzlungenmaschine und Bronchoskopie verfügt? Braucht jeder Schnupfen zumindest potenziell den Zugang zu einem Intensivbett? Und was haben wir dem gesunden Menschenverstand angetan? Muss ein Sechzehnjähriger mit Halsweh sofort auf die HNO oder kann man nicht einfach Tee trinken und abwarten (und ein Aspirin schlucken)? Möglicherweise liegt die Lösung darin, dass man den freien Zugang zum Internet verbietet, sodass nicht jeder gleich die Info zu allen Krankheiten und Symptomen haben kann und sich akut zu Tode fürchten muss.

Und „last but not least" schicken auch wir Allgemeinmediziner immer mehr Leute ins Krankenhaus. Als Frucht und Ergebnis der Absicherungsmedizin. Weil wir mittlerweile schon Schiss haben, wenn ein ansonsten Gesunder mal drei Tage Durchfall hat und das ohne Bestimmung von Entzündungswerten und Elektrolyten. Oder weil ein selbstgehörter negativer Horchbefund mit dem guten, alten Stethoskop vor Gericht nicht so viel wert ist wie ein CT, oder weil es fast schon heroisch ist, einen Kopfschmerz ohne vorheriges MR zu behandeln. Da stellt sich doch die Frage: Dürfen wir überhaupt im niedergelassenen Bereich noch einfach so vor uns hinarbeiten?

Zuwendungsmedizin

Frau E. ist wieder einmal in meiner Sprechstunde gelandet. Die arme Seele leidet schon seit Jahren an Schmerzen, Infektanfälligkeit, Fibromyalgie, Histaminintoleranz und multiplen Nahrungsmittelunverträglichkeiten. Und sie leidet wirklich. (Ich dabei übrigens auch.) Vor allem, weil ich seit circa sieben Jahren versuche, ihr näherzubringen, dass sie eigentlich eine Depression hat und endlich etwas dagegen unternommen gehört. Na ja, vielleicht wird es ja noch. Jedenfalls haben wir es heute geschafft, an einer banalen Befundbesprechung eine Dreiviertelstunde lang zu kauen. Und ich habe wieder einmal das Thema Depression angesprochen, eh schön verpackt darin, dass chronische Schmerzen einen eben mürbe machen und auch erschöpft und depressiv. Und dass deshalb Schmerzbehandlung mit Depressionsbehandlung zusammen oft viel besser funktioniert. Dann hab ich sie zu einer guten Psychiaterin überwiesen. Und ich habe ihr erklärt, dass sie eine Gesprächstherapeutin braucht, weil ich mir diese langen Sitzungen einfach nicht leisten kann. Was ich normalerweise ja nicht tue, ist den Patienten zu sagen, was ich für meine Arbeit kriege. Aber manchmal juckt es mich wirklich und ich muss es einfach tun. „Wissen Sie, ich rede gerne einmal länger mit Patienten, weil ich das sehr, sehr wichtig finde. Aber es ist heute ja nicht das erste Mal, und auch nicht das letzte. Sie brauchen jemanden, der Ihnen zuhört und mit Ihnen arbeitet. Und das kann ich nicht sein. Ich bin keine ausgebildete Psychotherapeutin und außerdem: Ich bekomme für unsere 45 Minuten heute etwa 3,50 Euro brutto. Das kann ich mir nicht leisten auf Dauer." Da die Praxis offensichtlich ziemlich leer war, als die Gute angekommen war, meinte sie: „Wieso, Sie haben heute ja sonst eh nichts zu tun."

Na bumsti! Was kann man dagegen noch einwenden? Unterbeschäftigt und unausgelastet kann ich wahrscheinlich noch froh darüber sein, dass ich mit ihr reden darf, oder so. Jedenfalls geht es mir gewaltig auf die Nerven, dass wir für solche Fälle keine adäquate Honorierung bekommen. Gut, im speziellen und besonderen Fall weiß ich gar nicht, ob ich mit ihr in Zukunft Zuwendungsmedizin machen möchte. Mir ist nämlich fürs erste einmal die Zuneigung, die ja irgendwie Voraussetzung für die

Zuwendung ist, abhanden gekommen. Aber es gibt ja Unzählige, die in irgendwelchen Situationen, Depressionen oder Schmerzen feststecken und die einfach Zeit, Verständnis, Begleitung und Führung brauchen. Genau das können wir ihnen nicht geben. Und dieses Nichtkönnen hat absolut nichts mit fehlender hausärztlicher Kompetenz zu tun. Diese hausärztliche Kompetenz wird zwar angeblich jedes Jahr aufgewertet und verstärkt, aber damit sind wahrscheinlich die Vermehrung des Papierkrams und die Verschärfung von Dokumentationsauflagen gemeint. Ansonsten habe ich noch keine Kompetenzerweiterung bemerkt. Wenn ich Bürokauffrau wäre, wäre ich sogar stolz auf meine Fähigkeiten und hätte meinen Lebenstraum verwirklicht. So werde ich nur wütend. Meine eigentliche Arbeit kann ich immer weniger tun und wenn doch, mit immer stärkeren Behinderungen. Unsere Dauerbedürftigen hat uns noch keiner honoriert. Gut, beim ersten Mal haben wir die therapeutische Aussprache, netto gibt es dafür eine Kugel Eis oder zwei sehr kleine. (Das Beispiel dient nur dazu, um Größenverhältnisse klarzumachen.) Beim zweiten und dritten Kontakt versuchen wir, wenigstens noch ein paar Laborparameter oder ein EKG durchzuführen und zu verrechnen. Durchuntersuchen kann ja nie schaden und wird wenigstens ein bisschen bezahlt. Doch dann ist Schluss. Und dann können wir versuchen, uns einen Heiligenschein zu verdienen oder wir schieben diese Patienten ab. Ins Krankenhaus, zum Facharzt. Nur damit sie irgendwen anderen belabern. Zur Psychotherapie wollen leider nur die wenigsten. Also werden sie in der nächsten Woche wieder in unserer Ordination sitzen und wir werden wieder zuhören. Vielleicht sollten wir mal in Therapie?

Stadt – Land

Fluss – Berg – Beruf – Persönlichkeit etc. Das ist ein beliebtes Spiel, um mit geografischem Wissen oder Allgemeinbildung zu protzen und sich mit Papier und Bleistift gemeinsam die Zeit zu vertreiben. Und es ist nicht so abhängig vom Zufall wie „Schifferl versenken". (Allerdings weiß ich gar nicht, ob heutzutage noch irgendjemand mit Papier und Bleistift spielen würde, außer ein an Einfallslosigkeit knabbernder Designer.) Der Rest der Welt scheint ohne irgendetwas, das Tasten und ein Display hat, nicht mehr so recht zum Spielen zu bringen zu sein. Aber eigentlich wollte ich zu einem ganz anderen Thema, nämlich Stadtarzt versus Landarzt. Die Vorteile des Stadtarztes, vor allem für Allgemeinmedizin sind leicht erklärt. Man kann relativ geordnet seiner Arbeit nachgehen, ohne die Ordizeiten ums Doppelte überziehen zu müssen. Im Urlaubsfall gibt es den Kollegen um die Ecke, der einen vertritt. Bei fachlichen Problemen sind Facharzt und Krankenhaus nicht schwer zu erreichen. Hausbesuche lassen sich zum größten Teil zu Fuß oder mit dem Rad erledigen oder überhaupt vermeiden, weil Öffis und Taxi für Patienten an jeder Ecke zu finden sind. An Nächten und Wochenenden winkt im Allgemeinen viel seltener ein Dienst als auf dem Lande. Unterm Strich verdient der Stadtarzt meist ausreichend, selten jämmerlich und selten wirklich gut. Auf der Minusseite gibt es außer dem eher mäßigen Potenzial reich zu werden, jedoch fachliche Einschränkungen, denen der Bergdoktor nicht unterliegt. Je nachdem, wo man seine Stadtpraxis betreibt, ist es möglich, dass alle fachliche Kompetenz für A und F ist, weil einen entweder die Patienten sowieso nicht verstehen und selbst wenn, es sie nicht interessiert. Oder sie werkeln als Arzt in einem der besseren Viertel und da kommen Herr und Frau Hofrat halt gerade mal für ein Rezept oder den Antrag auf neue Gummistrümpfe vorbei. Alles, was an medizinischer Tätigkeit darüber hinausgeht, wird Ihnen nicht zugemutet. Labor und EKG gehören doch unbedingt zum Internisten, das Kreuzweh auf jeden Fall zum Orthopäden und jedes Wimmerl braucht hautärztlichen Segen. Auf den schüchternen Versuch hin, selbst ärztlich tätig zu werden, erntet man nur unwillige Verweigerung und die etwas beleidigt klingende Bitte nach einem Überweisungsschein zum Spezialisten.

Wie konnte man sich auch erdreisten, einen Schnupfen selbst behandeln zu wollen! Ich habe ja da vergleichsweise noch recht viel Glück. Meine Patienten fragen mich tatsächlich, was ich in dieser oder jener Situation für sie tun könnte und akzeptieren auch meine Untersuchungs- und Behandlungsmethoden. Und wenn ich meine, dies und jenes gehört jetzt fachärztlich weiter untersucht, nehmen sie folgsam ihre Zuweisung entgegen. Aber ich kenne Kollegen, die haben bereits schnellende Finger vom Zetteltippen, aber dafür schon seit Ewigkeiten kein Blut mehr abgenommen. Geschweige denn eine Wunde versorgt, eine Zehe eingerenkt oder einen Notfall behandelt. Ist natürlich irgendwie frustrierend: Als Arzt begonnen, als Schreibkraft geendet.

Ganz anders am Land. Je entlegener, desto besser. Knochenbrüche, Herzinfarkte und Sturzgeburten beim Hausbesuch auf einsamen Bergbauernhöfen sorgen dafür, dass der Doktor auf Zack und sein Blutdruck hoch bleibt. Am Land kann, soll und muss man als Praktiker alles machen. Irgendwie ist das mein Traum vom Allgemeinmediziner. Wenn da nicht die Kehrseite wäre. Und die wird immer schwerwiegender. Erstens muss man dafür gebaut sein, in irgendeinem Kuhdorf nebst Pfarrer und Oberinspektor zur örtlichen Prominenz zu gehören und sich am Stammtisch mit dem Bürgermeister zum Frühschoppen zu treffen. Eine Qualifikation, die die meisten Frauen von vornherein nicht mitbringen, genauso wie alle Kollegen mit schwachem Magen. Zweitens flüchten zwar alle gestressten Städter zur Erholung aufs Land, dessen Bewohner jedoch zieht es in die Stadt. Übrig bleiben all die alten und gehbehinderten Opis und Omis. Das bedeutet völlig fehlendes Sozialleben und außerdem endlose Hausbesuche. Wenn man sehr heroisch ist, auch Ordinationszeiten bis Mitternacht, damit die heimgekehrten Pendler doch noch ihren Hausarzt im Ort konsultieren können. Wenn man krank ist, hat man Pech gehabt und arbeitet. Kein Kollege weit und breit, der die Vertretung übernehmen kann. Und letztendlich dürfen wir zwar noch ultraschallen, nähen, gipsen etc., aber bezahlt wird es nicht mehr. Dafür überschwemmt die Bürokratie jetzt auch schon das letzte Kuhdorf und den letzten Misthaufen. Und ob es auf Dauer so lustig ist, einsam, ohne Rückendeckung und unterbezahlt 24 Stunden am Tag, 7 Tage die Woche der gute Doktor zu sein, bleibt dahingestellt.

Kranke Kasse?

Wie sieht eigentlich der optimale Patient aus, bezogen auf die Honorierung?, könnte man sich im Rahmen wirtschaftlicher Optimierungsversuche in einer Allgemeinpraxis fragen. Ich bin zu dem Schluss gekommen, dass das finanzielle Optimum durch einen ganz bestimmten Typus zu erreichen ist. Nämlich die Mitzi-Tante, die ein paar Mal im Quartal auf ein Rezept für Acemin oder Dulcolax und einen feuchtwarmen Händedruck vorbeikommt. Die außer ihrem Rezept und ein bisschen gutem Zuspruch nichts braucht und deshalb in 3,5 Minuten auch wieder aus dem Sprechzimmer draußen ist. Wenn die Mitzi-Tante plötzlich anfängt unter Langeweile und Einsamkeit zu leiden und dann jeden zweiten Tag im Wartezimmer lauert, wird sie unrentabel, weil sie einem dann mindestens 25 unbezahlte Händedrücke abverlangt.

Genauso ist es, wenn die Mitzi-Tante schließlich einmal ins Krankenhaus muss und dann eines Tages der Anruf ihrer Enkelin kommt: „Die Omi wird übermorgen entlassen, sie kann aber nicht mehr gehen und Windeln braucht sie auch. Ich muss morgen beruflich nach Amerika, kümmern Sie sich bitte darum, dass sie alles hat. Ich maile Ihnen auch gleich die Liste mit den Medikamenten." Und dann beginnt das Organisieren. Seitenweise Heilmittelbehelfscheine und Rezepte werden geschrieben, eine Hauskrankenpflege wird organisiert und meine Assistentin versucht sogar, die Anwesenheit der Hauskrankenpflege mit dem Eintreffen des Heimtransportes durch die Rettung auf den gleichen Zeitpunkt zu zwängen. Und dafür zu sorgen, dass Rollstuhl, Windeln und Medikamente auch noch vor der Mitzi-Tante daheim einlangen. Insgesamt sind das immer ungefähr eine Stunde Schreibkram und Telefoniererei sowie Fax, Mail, Telefon und Druckerpatronen, die dabei verbraucht werden. Ich weiß jetzt, was eine Stunde beim Anwalt kostet sowie die Telefonate, das Faxen und Schreiben, das seine Sekretärin freundlicherweise erledigt. Um das Geld könnte man sich gleich die Mitzi-Tante als Ganze kaufen! Da diese aber blöderweise noch im Krankenhaus liegt, gibt es für uns überhaupt kein Honorar dafür. Keinen Cent. Denn ein Patient, der stationär in Behandlung ist, kann nicht zur selben Zeit den Hausarzt beschäftigen. Was auf den ersten Blick logisch erscheint, wird im Angesicht all der alten Leutchen, die wir ja möglichst nahtlos und übergreifend versorgen sollten, ein Witz. Eigentlich müsste man bis zum Entlassungstag warten, dann nach der E-Card verlangen und dann erst mit der Bearbeitung loslegen. Das tut natürlich keiner, man kann die Mitzi-Tante ja nicht ohne Rollstuhl, Windeln und slowakische Schwester daheim verkommen lassen. Da die Mitzi-Tante dann unerwarteterweise noch länger im Spital war, mussten wir alles verschieben und die Enkelin verlangte noch nach einem täglichen Gespräch mit mir, per E-Mail oder Skype. Da sie aber keine Patientin ist, kann ich dafür auch nichts kriegen.

Ach ja, das ist auch so ein leidiges Thema. Ich hab in meiner Ordi hauptsächlich junge Leute als Patienten. Ein Traum zum Arbeiten. Denkt man. Aber Achtung: Erstens hat jedes Lebensalter seine Leiden und Schmerzen, und nur weil man jung ist, muss man nicht gesund und glücklich sein. Also sind meine Patienten auch medizinisch gesehen durchaus herausfordernd und glücklicherweise ist genug zu tun. Organisatorisch sind sie aber ein Albtraum. Sie wollen nämlich alles sofort, am besten vor 7.30 Uhr oder nach 20.00 Uhr. Und wenn's geht, nicht in der Ordination. Ich darf sie gerade mal zur Blutabnahme in die Praxis zerren. Zur Befundbesprechung wiederzukommen, ist allerdings meist nicht drin. Diese erledigen wir dann telefonisch. Und das auch meist auf meine Kosten, weil es mir dann doch lieber ist, ich rufe an, als ich werde mitten aus einem Patientengespräch herausgerissen. An manchen Tagen hänge ich stundenlang am Telefon. Alles im Service inbegriffen? Und die Mails werden auch immer mehr: „Sehr geehrte Frau Doktor! Im Anhang finden Sie meinen Röntgenbefund. Ich bitte um Durchsicht und dann um Rückruf zwecks Besprechung unter meiner Nummer …" Einem habe ich einmal gesagt, dass ich per E-Mail nicht ordiniere. Da meinte er, er wäre der Kunde und damit bestimme er die Art der Kommunikation. Aber am allerliebsten sind mir die, die schon bei der Anmeldung deponiert haben, dass sie zum ein Mal jährlichen und einzigen Besuch vorbeikämen. Beratung über Ernährung, Impfungen, Familienplanung, Blut, Muttermale und BMI usw. und mindestens eine Stunde bräuchten. Auf die Antwort, dass das nicht möglich sei und man das aufteilen müsste, meinen sie: „Wieso, ich zahle das ganze Jahr über Versicherungsbeiträge, da werde ich dann doch einmal im Jahr zum Arzt gehen können!"

Hochkonjunktur für Depressionen

Heute war wieder mal einer dieser Tage. Jeder zweite, der bei der Tür hereinkam, litt unter einem „Burn-out" oder einer Depression. Der Rest war abwechselnd Fructose- oder Histaminintolerant. Mir schwirrt jedenfalls der Kopf. Ich arbeite sehr viel mit Depressiven und mit Angstpatienten. Ich arbeite dabei auch mit einer superguten Psychotherapeutin, einem engagierten Neurologen und einer feinen Psychiaterin zusammen. Wie gesagt: Das Thema interessiert mich, ich mag es gern und ich kenne mich relativ gut aus. Wenn ich nicht gerade in der Seele der Leute herumkrame, bin ich auch immer wieder mit ihren Geschichten von Blähungen, Winden und Durchfällen zu begeistern. Ich mag also auch meine Nahrungsmittel-Histamin- oder Stressintoleranten oder die, die ganz einfach allergisch gegen ihr Leben zu sein scheinen. Nur heute ist es mir wirklich schon ein bisschen zu mühsam. Es ist noch nicht einmal Mittag und ich stütze mich mit letzter Kraft am Schreibtisch auf, nur mit Mühe kann ich meinen Kopf noch am Hals halten.

Irgendwie kann es das nicht sein: 50 Prozent der Menschen sind depressiv oder sonst irgendwie gestört? Früher hätte es das nicht gegeben. Wobei ich schon eine geraume Zeit lang darüber nachgrüble, woran das wohl gelegen haben mag. Weil es wirklich weniger Depressionen gegeben hat, oder weil die Melancholie eine Zeit lang als Ausdruck einer noblen Seele gegolten hat, oder war immer schon alles da und alles so furchtbar und man hat nur nicht darüber geredet? Und dann auch noch die Frage: Tut reden wirklich immer gut? Keine Frage, Angst oder Depression, die sich nicht ausdrücken kann und nicht verstanden wird, ist die pure Hölle. Aber manchmal glaube ich, man kann sich auch krank reden. Man kann so lange mit dem Arbeitskollegen oder mit der Mitzi-Tante beim Kaffee Symptome vergleichen, dass man auf jeden Fall auch an derselben Krankheit zu leiden beginnt. Und dann natürlich unbedingt dieselben Tabletten braucht. Also habe ich heute wieder mal mit Antidepressiva um mich geworfen.

Irgendwie scheine ich in letzter Zeit immer mehr und mehr davon über die Leute zu kübeln. Es gibt außerdem keine November-Entlastungs-Winter-Lichtmangel-Depression mehr. Depressive

Verstimmung und Leiden haben ganzjährig Saison. Und ich schwinge immer öfter die chemische Keule, obwohl ich sehr sorgsam mit Medikamenten umgehe, viele Leute in Psychotherapie habe und überhaupt durch das junge und aktive „Patientengut" eine Klientel kenne, die ziemlich gute Möglichkeiten und Copingstrategien besitzt. Die meisten Pillchen habe ich also selber erstverschrieben. Und wenn ich die Leute dann zur Sicherheit zur fachärztlichen Kontrolle schicke, dann gehen sie oft mit einer Pille hin und kommen mit dreien wieder zurück. Auch da quält mich oft die Frage: Muss das sein oder gibt es ihn noch, den ganz normalen Wahnsinn?

Laut meinem alten Psychiatrieprofessor ist normal versus krank immer eine Frage der Quantität. Aber da liegt für mich der Hund begraben. Wie viel Trauer darf überhaupt sein, in einer Gesellschaft, die sich dem „Positiv-Denken" und dem „Immer-aktiv-und-glücklich-Sein" verschrieben hat? Wenn man mal schlecht drauf ist oder frustriert, wird man schnell zum Ärgernis für seine Umgebung und noch schneller zum potenziell Kranken. Möglicherweise macht uns einfach auch unsere Erwartungshaltung fertig. Wenn man vom Leben einen Rosengarten erwartet und stattdessen gelegentlich ein Brennesselgestrüpp bekommt, kann das schon frustrierend sein. Wenn man tief drinnen weiß, dass man den Auftrag zum Erfolgreich-glücklich-reich-schön-und-besonders-Sein niemals erfüllen können wird, dann macht das frustig.

Und wie viel Angst vor dem Tod darf sein? Ist es nicht normal, dass man sich davor fürchtet? Auch wenn wir ständig so tun, als könnten wir ihm davon joggen oder uns bei besonders niedrigem LDL-Cholesterin unter seiner Sense durchschleichen. Wenn man einigermaßen intelligent ist, kapiert man aber, dass nichts von Dauer ist. Und wenn man einigermaßen alt ist, dann ist es real, dass keiner mehr da ist, der einen noch kennt und liebt. Wie lange darf man also eigentlich um einen Menschen weinen? Wie sehr hat man das Recht, im Job zu versagen, weil man einfach überfordert ist. Hat man das Recht auf Auszeit, ohne sich mit der chemischen Keule am Funktionieren zu halten? Fragen über Fragen und ich weiß auch keine Antwort drauf. Im Einzelfall entscheide ich nach Gefühl. Das ist wahrscheinlich auch nicht mehr okay, bald gibt es sicher klare Guidelines für unklare Zustandsbilder. Ich hoffe halt, dass meine Entscheidungen richtig sind, denn ich kenne meine

Pappenheimer, weiß, wie sie ticken und kenne ihr Umfeld. Und vielleicht hilft manchmal die Erinnerung daran, dass wir weinen dürfen, versagen dürfen und Angst haben dürfen. Und am Ende dürfen wir auch sterben. Glücklich oder nicht, ganz normal oder vielleicht doch ein kleines bisschen wahnsinnig.

Oh Herr, hast du vielleicht schon Hirn vom Himmel geworfen, nur keiner hat es gemerkt?

L etztens habe ich noch darüber philosophiert, dass Dummheit sehr wohl weh tut. Und dass ich deshalb schreien könnte. Heute habe ich geschrien. Vorige Woche habe ich höchsteigen und persönlich eine Bestellung bei meiner Medizinproduktefirma aufgegeben. Es kann also auf keinen Fall irgendein Missverständnis oder irgendein „Stille Post-Fehler" durch meine Assistentin aufgetreten sein. Zum Beispiel habe ich zwei Liter Flächendesinfektion in Sprühfläschchen bestellt. Wir haben auch noch genau über Volumen und Marke gesprochen. Heute bekomme ich zwei Sprühfläschchen. Leer, aber mit einem hoffnungsvollen Fassungsvermögen von jeweils einem Liter. Diese Dinger, die man bei Bellaflora um 1,90 Euro bekommen kann. Kostenpunkt immerhin über 7 Euro. Offensichtlich ist ein sehr wertvoller Liter heiße Raumluft darin. Beim darauffolgenden Anruf bei der Firma erklärt mir der freundliche Büromensch – derselbe, der meine Bestellung aufgenommen hatte und genau gegengecheckt hatte – dass es das gewünschte Produkt gar nicht als Sprühflasche gibt. Okay, ruhig bleiben, denke ich und bestelle dasselbe, das ich beim letzten Mal hatte. Dieses Produkt würden sie gar nicht führen, kam die Antwort. Wütend schmeiße ich den Hörer auf die Gabel und brülle irgendetwas durch den Raum von wegen, dass es damals wahrscheinlich der Osterhase gebracht hat, denn wie sonst käme es in unser Patientenklo? Na ja, immerhin habe ich jetzt zwei leere, aber sehr luxuriöse neue Sprühfläschchen.

Nach der Kontrolle der Lieferung legt mir meine Assistentin die Post vor die Nase. Dabei ist eine Mahnung von der Gebietskrankenkasse über Ausstände bei den Dienstgeberbeiträgen. Da ich zwangsneurotischer Pünktlichzahler aller mir vorgeschriebenen Abgaben bin, frage ich nach. Eine wirklich sehr freundliche und hilfsbereite Dame findet dann auch den Betrag in meinen Unterlagen. Es stellt sich heraus, dass die Summe erst im nächsten Monat fällig wird. Offensichtlich hatte man mir mal vorsichtshalber eine Mahnung dafür geschickt. Dass die Kasse schon so pleite ist, konnte ja auch keiner wissen …

Unser zuständiger Briefträger hat auch noch immer keinen Grundkurs im Lesen und Schreiben der deutschen Sprache besucht. Wir kriegen zwar immer wieder mal Post, aber der große Zettel, auf dem steht, dass alles, was zu groß für unser genormtes und zwangsweise erneuertes Postkasterl ist, unbedingt vor der Ordinationstür abgelagert werden soll, geht ins Leere. Genauso wie die schriftliche, bei der Post deponierte diesbezügliche Anweisung. Da man das Postamt um die Ecke zugesperrt hat, um die Servicequalität für uns Bürger zu verbessern, fährt mein Liebster immer wieder mal ein paar überflüssige Kilometer, um Packerl, Kataloge und Unwichtiges abzuholen. Auch das haben wir heute schon erledigt, bevor wir in freudiger Erwartung die Tore für die Patienten geöffnet haben.

Und sie haben unsere Erwartungen nicht enttäuscht. Herr K., ordentlich übergewichtig und auch sonst mit allen Dingen gesegnet, die sein Ableben statistisch in nahe Zukunft rücken, erklärt mir freudestrahlend, dass er jetzt seine Ernährung umgestellt habe. Er würde jetzt ganz viele Orangen essen. Abgenommen habe er dadurch allerdings noch nicht. Aus einer Eingebung heraus frage ich, wie viele und statt welcher anderen Nahrungsmittel er denn die Orangen zu sich nehmen würde. Na ja, mindestens drei am Tag und zwischendurch, zusätzlich zu allem anderen. Ich muss über eine Antwort nachdenken. Inzwischen will ich sein Cholesterin und seine Leberwerte kontrollieren. Ich hatte ihm Simvastatin zur Blutfettsenkung gegeben, ihm eingeschärft, sich bei potenziellen Nebenwirkungen zu melden und ihm erklärt, warum eine Therapie- und Verträglichkeitskontrolle nötig sei. Na ja, jedenfalls hatte er es eh vor einem Monat schon selbst abgesetzt. Er hätte nämlich ganz deutlich die Leberschmerzen gehabt (und zeigt in die linke Leistengegend). Warum ich ihm dann heute kein Blut abgenommen habe, versteht er bis jetzt nicht.

Danach will eine Patientin neue Schilddrüsentabletten. Die 100er seien so schwer zu vierteln, das wäre jetzt nach drei Monaten echt nervig. Ich frage nach dem Arztbrief der Spezialistin wegen der Dosier- und Kontrollanweisungen. Wieso sie den mitnehmen hätte sollen? Also rufe ich bei der Kollegin an und natürlich war 1–0–0 gemeint und das Viertel nur zum Einschleichen. Danach habe ich hinter mindestens einem halben Dutzend Patienten hertelefoniert, damit sie ihre wichtigen Befunde wohl mitgeteilt bekommen, denn von sich aus hat sich wieder keiner gemeldet, als wir einen Anruf von der Klinik kriegen. Patient F. präsentierte sich dort, willig und bereit, sich ins MR zu legen. Mitzunehmende Überweisungen und Nierenwerte allerdings vorsorglich daheim lassend. Natürlich habe ich alles ausgedruckt und wir haben es gefaxt. Koordinationszuschlag konnten wir keinen verrechnen, denn damit sind wir schon so etwas von über dem Limit. Also einfach weiter telefonieren, kümmern, denken und bürokratieren. Hausarzt sein ist schööööön!

Der menschliche Faktor

Irgendwann zwischen meiner Zeit als Ärztin im Krankenhaus und niedergelassenen Ärztin mit eigener Praxis, als ich alle möglichen und unmöglichen Jobs gemacht habe, war ich auch ärztliche Leiterin in einem Gesundheitszentrum. Und wie es sich bei so einem Betrieb gehört, gibt es nicht nur einen ärztlichen Leiter, sondern auch einen Menschen, der für das wirtschaftliche Wohlergehen des Unternehmens verantwortlich zeichnet. Prinzipiell ist das, wenn man den Umgang vieler Kollegen mit dem Thema Finanzen ansieht, eine ausgezeichnete Idee. Doch wie so oft, lag auch dort der Teufel im Detail, nämlich in den Vorstellungen des betriebswirtschaftlichen Menschen. Eines Tages zitierte er mich zu sich, um mir zu verkünden, dass ich die Zeit der Patientengespräche um ein Drittel kürzen müsste. Er überreichte mir einen Zeitplan, in dem genau eingeteilt war, wie lange ich mit wem brauchen durfte. Exakt und genormt wie ein Lieferplan für kleine Roboter. Zum Abschluss des von meiner Seite aus frustrierenden Gesprächsversuchs erklärte er mir auch noch: „Kein Mensch geht zum Arzt, um mit dem zu reden." Nach dieser Verkündigung ward ich entlassen. Na ja, andererseits: Was wäre auf diese Weisheit hin auch zu sagen? (Übrigens ein halbes Jahr später sind wir pleitegegangen. Wer hätte das gedacht? Mich hat es nicht mehr gekratzt, denn mich hatten sie schon gefeuert. Wegen mangelnder Arbeitsmoral. Ich war nämlich einen ganzen Tag im Krankenstand gewesen, aufgrund einer zertrümmerten Nase.)

Ich weiß nicht, was dieses Individuum und Lehrbeispiel an Intelligenz und Wirtschaftlichkeit mittlerweile treibt. Ich wage aber gar nicht, mir auszumalen, was er während unserer ohnehin schon angespannten Wirtschaftslage in allen möglichen Branchen anrichten könnte. Aber ich fürchte, dass es noch ein paar solche Schlaumeier gibt, die durch unser Gesundheitssystem spuken und Unwesen im Gesundheitswesen treiben. Ich will mich jetzt nicht über Sinn und Unsinn von Kosteneffizienz und Sparmaßnahmen auslassen. Möglicherweise fehlt mir auch die Kompetenz dazu. Ich will einfach nur über etwas philosophieren, das im Verschwinden begriffen ist: Der menschliche Faktor. Während ich ein größtmögliches Maß an Automatisierung in der Herstellung von Impfstoffen oder künstlichen Hüftgelenken als begrüßenswert empfinde, halte ich eine persönliche und individuelle ärztliche und pflegerische Betreuung noch immer für das beste Heilmittel. Es ist der Arzt, die Ärztin, der Pfleger, die gesund machen. Natürlich auch mit Hilfe all der teuren Tabletten und Operationen und Infusionen. (Und manchmal auch trotz derselben ...)

Natürlich spricht nichts dagegen, im Notfall anonym und kompetent versorgt zu werden. Und natürlich muss man seinen Zahnarzt nicht mögen, es reicht, wenn er exakt und sorgfältig arbeitet. Und natürlich gibt es auch Kollegen, die von ihrer Kommunikationsbegabung her gut daran getan hätten, sich einen Job im Forschungslabor zu suchen und die sich trotzdem eines Tages aus Versehen als Praxisinhaber oder stationsführender Oberarzt im Krankenhaus wiederfinden. Aber die allermeisten von uns machen den Job doch, weil wir ihn gerne machen. Und weil wir es mögen, mit Menschen zu arbeiten. Und weil wir im Allgemeinen mehr Tage erleben, an denen unsere Patienten liebenswert sind als Tage, an denen wir ihnen den Hals umdrehen könnten. Unsere Patienten haben uns ja auch ausgewählt. Mit dem Zwischenfeiertagsschnupfen oder der postweihnachtlichen Gallenkolik kann man ja ruhig einmal zum vertretenden Kollegen gehen. Aber über die Erschöpfung, den trinkenden Alten oder den Kinderwunsch redet es sich doch leichter mit der vertrauten Hausärztin. Es ist den Leuten nicht gleichgültig, wer ihnen gegenübersitzt. Und es ist ihnen schon gar nicht egal, ob der- oder diejenige Zeit zum Zuhören hat und mit dem Patienten eine individuelle Lösung sucht oder Guidelines herunterbetet. Es gibt dem Patienten nicht mehr Sicherheit, wenn der Ordiboden mit dem normgerechten Desinfektionsmittel in genau gemischter Konzentration gewischt ist oder seine Krankheiten in ein Codierungsschema passen. Sicherheit gibt nur das Gefühl: Mein Arzt, meine Ärztin kennt mich und weiß, was gut für mich ist. (Natürlich soll die Ordi trotzdem blitzesauber und der Doktor gut fort- und weitergebildet sein!) Und der Doktor soll möglichst nah und gut erreichbar sein. Nicht zu unklaren Zeiten in einem anonymen Zentrum in irgendeiner fremden Stadt herumgeistern. Es ist auch schade, dass die kleinen Krankenhäuser schließen werden. Natürlich muss man vernünftige Angebote haben. Mariazell für Lebkuchenherzen, nicht für Herztransplantationen. Aber wird die Qualität der Versorgung besser durch Zentralisierung? Kann das wirklich so viel heilbringender sein, wenn der Chirurg nicht 100, sondern 500 Blinddärme operiert hat? Wird das die Tatsache wettmachen, dass man in einem unbekannten Krankenhaus an einem fernen Ort liegt, und keinen Besuch bekommt, weil es zu weit ist? Während daheim alle Schulfreunde vorbeigeschaut hätten und die Oberschwester auch die Tochter vom Nachbarbauern gewesen wäre. Und den Doktor hätte man auch gekannt, und überhaupt. Es wäre einfach ein anderes Gefühl gewesen: sicherer und geborgener. Menschlicher.

Reden ist Silber, Schweigen ist Gold!

Eines der wichtigsten Dinge, die wir Ärzte für unsere Patienten tun können, ist, mit ihnen zu reden. Kommunikation, Information und Aufklärung sind die Grundlagen unserer Arzt-Patientenbeziehung. In einer idealen Welt sagen wir etwas und der Patient versteht und merkt es sich. Außerdem befolgt er oder sie dann auch unsere Anweisungen. In einer idealen Welt.

Hier auf Erden läuft es meist etwas anders.

Zum einen liegt es oft am Fachchinesisch vieler Kollegen. Dieses wird meist nicht einmal, wie oft unterstellt, aus böser Unachtsamkeit gesprochen. Versuchen Sie doch einmal eine disseminierte intravasale Gerinnung oder einen Lupus Erythematodes in einfachen deutschen Worten zu erklären. Und damit ist es ja nicht getan: Sie brauchen nicht nur einfache deutsche Wörter, sondern auch Oststeirisch, Oberkärntnerisch etc. für Anfänger und Fortgeschrittene. Ganz zu schweigen von den Missverständnissen, die entstehen, wenn der Empfänger Ihrer ärztlichen Beratungen nur Türkisch oder Urdu spricht. (Welches dann meist von einem ca. 12-jährigen Kind übersetzt wird, nachdem noch weitere 15 Familienmitglieder ihre Meinung dazu geäußert haben.) Mich fasziniert dann immer, dass es dabei nicht zum Massensterben kommt. Ich führe das im Wesentlichen auf drei Gründe zurück: 1.) Der Patient war gar nicht krank, das heißt, er blieb, wie er war: gesund. 2.) Der Patient war ernsthaft krank, die Selbstheilungskräfte des Menschen sind jedoch erstaunlich und er wurde gesund. 3.) Die meisten Medikamente haben doch eine eher große therapeutische Breite, will heißen, ob ein Drittel oder das Doppelte der verordneten Dosis verschluckt wird, ist egal: Der Mensch hält viel aus. (Viele Cremes kann man auch essen und Zäpfchen sind nicht so schwer verdaulich wie sie aussehen.)

Zum anderen gibt es da noch den Typus Patient, den man eigentlich gar nicht aufklären dürfte, da die Aufklärung per se einen sofortigen Therapieabbruch bzw. eine vollständige Verweigerung derselben nach sich zieht. Betroffen davon sind vor allem junge, gebildete Patienten, unter denen sich auch viele Lehrer finden. Aber im Ernst: Lesen Sie niemals den Beipackzettel Ihrer Medikamente. Die Dinger sind hochgradig gesundheitsschädlich!

Lassen Sie sich auch niemals vor einer Operation über die Risiken aufklären! Vor ein paar Monaten wollte ich ein paar kosmetisch störende Krampfäderchen loswerden. Was war ich doch tapfer, dass ich mich getraut habe, trotz all der möglichen Infektionen, Komplikationen oder allergischen Reaktionen. Beim nächsten Mal, da will ich mit einer rosa Brille bewaffnet, im Glauben an meine allwissende Ärztin, dumm sterben.

Und dann gibt es noch einen Typus Patient, an dem wir scheitern, nämlich der, der den IQ eines Gummibaums hat. Eines Tages vertrat ich einen Kollegen und untersuchte in seiner Praxis ein hoch fieberndes Kind in Anwesenheit seiner Oma. Nach Rachen, Ohren, Bauch und Lunge prüfte ich auch, ob eine Hirnhautentzündung vorhanden wäre. Was ich und warum ich das tat, erklärte ich der Oma ausführlich und in meinem besten Weststeirisch. Sehr verständnisvoll nickend zog die Dame mit Enkel und Rezept wieder ab. Zwei Stunden später rief mich ein wütender Praxisinhaber an, den die Dame auf seinem Privathandy angerufen hatte, um ihm mitzuteilen, dass es sehr ernst um den Buben stünde. Ich hätte nämlich gesagt, dass wenn das Fieber noch mehr ansteigt, wir ihn aufstechen und Hirnwasser ablassen müssten. Da habe ich es endlich verstanden: Reden ist Silber, Schweigen ist Gold!

Kein Wintermärchen

Ich mag Winter. Ungefähr vier oder fünf Wochen lang im Dezember. Ich liebe nämlich Weihnachten: Strohsterne, Tannennadeln, den Duft von frisch gebackenen Keksen, Weihnachtslieder und vor allem diese Vorfreude auf das Weihnachtsfest. Außerdem sind wir im Dezember oft in Tirol zum Schifahren, dann genieße ich Schnee und Berge und bin einfach happy.

Kurz nach Neujahr beginnt mich der Winter dann zu nerven. Der Urlaub ist vorbei, das Christkind ist auch längst weg und der Kater hat in einer stillen und unbeobachteten Stunde den Christbaum abgeräumt. (... alles schläft, einsam wacht ...) Draußen ist es grau in grau und die Kälte kriecht einem bis in die Nieren. Ich friere und fühle mich wie meine Großmutter, nur dass ich mir schlecht beim Arbeiten eine Wolldecke über die Knie legen kann. Die Menschen um mich sind krank und leiden. (Das ist berufsbedingt.) Nur zum normalen Leiden kommen dann noch die Lichtmangeldepression und die Kältestarre dazu. Ich überlege, ob ich im Fasching als Klagemauer gehen kann?

Das Leben läuft wie in einem langen, finsteren Tunnel und kein Licht ist in Sicht. (Und wenn doch, sind es vielleicht die Scheinwerfer des entgegenkommenden Zuges?) Also versuche ich mich zu motivieren und treffe mich mit einer Freundin auf einen Stadtbummel und einen Kaffee. Die Stadt ist schnell abgebummelt, da uns der eisige Wind aus den Gassen fegt. Trotz Daunenjacke und Schal und dickem Winterpulli. Also ab ins nächste Großkaufhaus. Im ersten Stock wickeln wir uns aus dem Schal, im zweiten aus der Jacke und im Dritten noch aus dem Pulli. Bis zum Café im letzten Stock kommen wir gar nicht, weil die Gute auf der Rolltreppe fast einen Kreislaufkollaps kriegt. Wir flüchten zurück in die eisige Kälte und überlegen uns, wie man bei diesen Saunatemperaturen überleben kann, geschweige denn, den Winterschlussverkauf durchprobieren. Draußen wechselt ihre Gesichtsfarbe von grünweiß wieder kurzfristig ins gesunde Rosige, um dann gleich wieder einem blauvioletten Ton, besonders an der Nase zu weichen. Also Flucht ins nächste Café. Dort schütten wir erst mal Mineralwasser in uns hinein, um dann trotz Eiswürfeln gleich wieder mit dem Striptease zu beginnen. Diesmal halten wir es etwas länger aus, als im benachbarten Kaufhaus. Aber auch nur, weil wir im Trägerleiberl dasitzen und unauffällig die Pelzstiefelchen von den Füßen gestreift haben. Wir sind zwar erst um die vierzig, aber könnte das schon der Beginn der Menopause sein? Besorgt erkundigen wir uns nach dem jeweils anderen Hormonstatus. Alles paletti. Also muss es doch etwas mit der Raumtemperatur zu tun haben. Der Kellner erklärt uns auf unsere Frage, dass sie im Winter die Temperatur auf mindestens 24 oder 25 Grad eingestellt hätten. Na toll. Wozu das denn? Damit auch die von uns, die es sich nicht leisten können, im Dezember nach Mauritius zu fliegen ein delta T von 35 Grad erleben dürfen?

Mich macht das ziemlich sauer. Nicht nur, weil ich meine wunderschönen Strickpullis nie mehr tragen kann, sondern weil ich diese Hitze für genauso bescheuert halte, wie in Dubai in der Wüste Schi zu fahren. Wir jammern ständig von Energiekrise, Wirtschaftskrise, Umweltkrise und überhaupt Rundumkrise. Ängstlich beäugen wir, wie die Ölfässer sich dem Ende zuneigen und haben noch keine wirklichen Alternativen für danach. Wieso auch, Hauptsache es wird verbraucht und verheizt und die Kohle stimmt.

Warum kann man sich nicht in kuschelige Wollpullis hüllen wie in ein Winterfell? Ich finde nicht, dass die Möglichkeit, im Jänner im Trägerkleidchen im Restaurant zu sitzen, so viel zu unserer verbesserten Lebensqualität beiträgt. Genauso wie die Forderung, dass man auch im Winter nackt in der Wohnung herumlungern können muss. Wer darauf nicht verzichten will, sollte ernsthaft erwägen, auszuwandern. Allerdings ist es dort dann wieder umgekehrt. Kaum ist ein Land schön sonnig und dauerwarm, laufen die Klimaanlagen auf Hochtouren. Wenn man es sich leisten kann, in Banken, Restaurants und Kaufhäusern im Sommer Eiszapfen von der Decke hängen zu sehen, hat man der Welt gezeigt, wie gut man es hat. Wir können uns jede Temperatur leisten, heiß oder kalt, je nach gewünschtem Statussymbol. Denn alles ist machbar, alles ist leistbar und unsere Energiereserven werden nie versiegen. Und wann sind wir aufgewacht?

Wünsche an das Christkind

Es ist wieder mal so weit: Weihnachten steht vor der Tür. Eigentlich ist ja erst November und draußen ist es grau und nebelig und regnerisch und grauslich. Die Leute haben angefangen, etwas von Depressionen zu jammern und in den Kaufhäusern werden wir schon mit Christmas Carols beschallt. Ach ja, und der eh schon zähflüssige Verkehr in der Stadt kommt immer mehr zum Stehen. Und trotzdem beginnt für mich jetzt die schönste Zeit im Jahr. Ein ganzes, genüssliches Monat der Vorfreude auf das Weihnachtsfest. Ich kann zwar Jingle Bells schon seit Jahren nicht mehr hören und den Weihnachtsmann mochte ich noch nie, aber trotzdem.

Weihnachten hat was, was kein anderer Tag im Jahr kann. Ein Stück Hoffnung und Erwartung, eine Möglichkeit, wieder von vorne durchzustarten. Ich blicke also in den Pritschelregen hinaus und überlege mir, was ich mir am meisten wünsche. Da ich beim Sprechen oft (keiner glaubt es mir) ein wenig schüchtern bin, schreibe ich lieber. Außerdem hat das Christkind dann auch mehr Zeit, meine Wünsche zu bearbeiten oder Dinge, die vielleicht dringlicher sind, vorher zu erledigen. Ob das Christkind E-Mails empfangen kann? Oder soll ich lieber mit der Hand schreiben? Bei meiner Sauklaue bekomme ich dann bestimmt ein paar Dinge, die ich nie im Leben brauchen werde. Trotzdem, ich entscheide mich für die traditionelle Schreibvariante und damit es schön stilvoll wird, nehme ich ein Stück altes Pergament und eine hölzerne Füllfeder. Ich zünde ein paar Kerzen mit Schokoaroma an und beginne zu schreiben:

Liebes Christkind!
Ich weiß nicht, ob du auch noch Leute wie mich betreust. Immerhin bin ich schon über vierzig. Aber ich kann sehr kindisch sein, vielleicht zählt das ja etwas. Da mir gerade wieder einmal eine Bandscheibe aus ihrem angestammten Plätzchen geflüchtet ist und ich beim Versuch, mir die Schuhe alleine anzuziehen, meine Umgebung zu Lachkrämpfen reize, bitte ich dich: Sorg bitte dafür, dass die anderen schön brav an ihrem Platz bleiben! Erstens will

ich mir die nächsten 30 Jahre noch die Zehennägel selber schneiden können und zweitens muss ich arbeiten.

Ich weiß nicht, ob du davon gehört hast, dass es für selbstständige kleine Unternehmer im Moment immer schwieriger wird. Vielleicht hat dir auch irgendein Engel etwas von unserer anstehenden Gesundheitsreform geflüstert? Wahrscheinlich hast du die diversen Ideen unserer Politiker vernommen und nur ungläubig den Kopf geschüttelt. Ich muss dir aber leider sagen, dass die das ernst gemeint haben. Das Einzige, was Hoffnung macht, ist, dass sich diese Regierung auch nicht ewig halten wird und einer neuen weichen. Ist es vermessen von mir, wenn ich mir eine neue wünsche, gebildet aus hart arbeitenden, verantwortungsvollen und vorausschauenden Menschen? Ich wünsche mir, dass in unserem Land Krisen gemeistert und nicht nur verlagert werden. Ich wünsche mir, dass wir Verantwortung übernehmen und nicht Sündenböcke suchen und dass wir endlich anfangen können, klar zu denken. Ich wünsche mir auch, dass wir statt Geld für Fotos auf der E-Card oder wahnsinnige EDV-Vernetzungsprojekte ohne gesicherten Datenschutz auszugeben, in die Behandlung unserer Patienten investieren können. Und ich wünsche mir, dass ich das Beste für meine Patienten verordnen darf und nicht dabei überwacht werde. Und wenn ich Geld sparen helfe, wünsche ich mir, dass es nicht irgendwo zwischen Misswirtschaft und Ignoranz wieder verloren geht. Und ich …

Plötzlich spüre ich, wie etwas an mir vorbeiflattert. Es ist ein kleiner dicker Engel, er sieht mich ernst an und sagt: „Das sind viel zu viele Wünsche für einen Menschen." „Aber ich bin noch nicht fertig!" Der Engel will offensichtlich nichts mehr hören und meint: „Es reicht, als Nächstes kommt noch, dass du dir wünschst, Unmengen von Schokolade essen zu können, ohne fett zu werden!" Ich lege die Feder weg und frage mich: Sind meine Wünsche wirklich so unmöglich? Träume ich von warmen Eislutschern?

Stille Nacht, heilige Nacht

Wenn Sie ein Weihnachtskirchgänger sind, werden Sie alle Jahre wieder die ergreifenden Geschichten von Maria, Josef und dem Jesuskind auf Weitwanderschaft hören. Es ist die rührende Geschichte von Menschen, die in einem Stall übernachten mussten, umgeben von Ochs und Esel. Jeder, der einmal mit Beamten und Einwanderungsbehörden zu tun hatte, weiß auch, dass mit Ochs und Esel nicht unbedingt nur Vierbeiner gemeint sein können.

Schon damals bestand offensichtlich das bürokratische Bedürfnis, Menschen zu zählen und zu kategorisieren. Sie haben sich trotzdem immer um einige Tausend Köpfe verschätzt und nicht mal die Obrigkeit ist richtig in die Geschichte eingegangen. Das mit Augustus als Kaiser, Herodes als König und Quirinius als Statthalter geht zeitlich einfach nicht zusammen. Gut, dass wir jetzt EDV und E-Card haben bzw. ELGA kriegen, da kann solche Datenschlamperei einfach nicht mehr passieren. Blöd nur, wenn der Zentralcomputer abstürzt oder irgendein wenig motivierter Bürokrat vergessen hat, seine Einträge rechtzeitig und richtig zu tätigen. Da kann es dann schon sein, dass ein Mensch plötzlich aufhört zu existieren (oder zumindest sein Krankenversicherungsschutz.) Einstmals konnte man sich auf verloren gegangene Akte ausreden, oder zumindest plötzlich ein paar Jahre in der falschen Epoche weiterexistieren wie der gute Quirinius. Das ist in Zeiten der elektronischen Datenspeicherung längst Geschichte. Was wird in Zukunft sein? In welchem Limbus werden die namenlosen Nonexistenzen vor sich hinschweben, wenn sie trotz aller Verkabelung plötzlich buchstäblich durch das Netz gefallen sind? (Oder wenn dreißig Jahre alte Datenformate einfach nicht mehr lesbar sind?)

Das mit dem Stall dürfen Sie auch nicht so wörtlich nehmen. Wie gesagt, vierbeinige Rindviecher waren zu der Zeit selten und kalt war der Heiligen Familie sicher auch nicht. Das mit dem Schnee und dem Lodenmanterl sieht an Krippen herzig aus, dürfte aber wenig mit dem Original gemein haben. Da wiederholt sich schon eher die Geschichte als solche. Familien, die durch

Fehlorganisation kein Daheim mehr finden dürfen, um die sich nicht einmal mehr Ochs und Esel kümmern.

Die heißen dann Asylanten. Wenn nicht akut einer im Heimatland vor ihnen steht und sie erwürgen will oder erschießen oder vergewaltigen (Letzteres ist ja ohnehin nicht so schlimm, immerhin ist frau oder kind davon ja nicht gleich tot), dann haben sie kein Recht, sich auf Wanderschaft zu begeben. Denn dann heißen sie Wirtschaftsflüchtlinge. Wenn Österreicher nach Deutschland oder Skandinavien gehen, um bessere Berufschancen zu haben und mehr Kohle zu verdienen, dann heißen sie tüchtig. Obwohl in unserem eigenen Heimatland Arbeit da ist, Getreide auf den Feldern wächst und der letzte Krieg Gott sei Dank schon 70 Jahre her ist, ist Auswandern gut. Es heißt dann Karriere machen, Mobilität von Arbeitskraft, Flexibilität oder Weltoffenheit. Wenn Menschen, die aus zerbombten Städten flüchten, ihren Weizen nicht auf verminten Feldern züchten wollen oder ihren Kindern einfach eine bessere Zukunft geben möchten, mit Arbeit und so, heißt das Wirtschaftsflüchtling. Und so viele von ihnen sind tatsächlich schlecht integriert. Zum einen bestimmt, weil sie stur und ängstlich an dem festhalten, was sie aus dem bisherigen Leben kannten, zum anderen, weil ihnen Ochs und Esel auch nicht wirklich gute Alternativen bieten.

Und jetzt sind unsere Ställe voll mit fremdartigen Menschen mit artfremden Gebräuchen und Sprachen, die uns verunsichern und Angst machen. Da müssen wir uns wieder stärker auf unser Nationalbewusstsein, unsere Kultur und unsere Sprache besinnen. Deswegen sitzen wir ja auch jetzt vor Weihnachten in irgendeiner Shopping Mall im Starbucks oder bei McDonalds. Die Kids malträtieren den Gameboy oder leben eh schon im Cyberspace und wir chatten ein bisschen mit Freunden und – hohoho – warten, was der Weihnachtsmann uns heuer bringen wird.

Besinnliche Weihnachtsfeiertage

Ich liebe Feiertage: Weihnachten, Ostern, Pfingsten – ganz egal. Aber am liebsten habe ich Weihnachten. So viele Tage ohne Arbeit, ohne geöffnete Geschäfte und ohne Stress. Also kuschelten wir am Morgen des Weihnachtstages gemütlich im Bett, voll der Vorfreude auf Tannenbaum, Geschenke und das Weihnachtshuhn. Mein Liebster brät an jenem Abend alljährlich den zeremoniellen Gummiadler. Plötzlich ertönt offensichtlich aus der Wand kommend, ein tuckerndes Geräusch, so ähnlich wie ein entfernter Hubschrauberstart oder Maschinengewehrfeuer. Aber eben nicht entfernt genug, sondern genau neben unseren Köpfen. Wir verlassen fluchtartig das Bettchen und stürmen ins angrenzende Badezimmer. Die Armatur der Badewanne bebt in epileptiformen Krämpfen und der Wasserhahn rinnt sintflutartig. Das Ganze wird begleitet von eben erwähntem Geräusch. Nun haben wir keine gute alte Armatur, wie man sie früher hatte. So ein Ding, das man auch als Ärztin oder Jurist (sprich als Nicht-Gelernter irgendwelcher praktisch-sinnvollen Dinge) auseinanderschrauben konnte. Wo man dann, wenn keine Dichtung zur Hand war, ein Gummiringerl oder Kondom dazwischenklemmen konnte und das Wasser wieder abzudrehen vermochte. Nein, wir haben ein unterputz-verlegtes Ding, das aussieht wie ein Ufohinterteil. Derzeit sogar mit nicht abstellbarem Wasserfluss. Unser Weihnachtshahn sozusagen.

Wenn Sie ein fröhlicher, liebenswürdiger Mensch sind, der gerne schallendes Lachen um sich verbreitet, brauchen sie nur zu versuchen, am 24. Dezember einen Klemptner zu finden. Fortsetzungen des lustigen Erlebnisses sind auch noch am 25., 26., und so weiter möglich. In meiner Patientenkartei fand sich auch nichts Brauchbares. Warum hab ich bloß all die Intellektuellen in meiner Ordi? Ich habe Universitätsprofessoren, Ärzte, Richterinnen und Anwälte. Keiner hat was Gescheites gelernt, das man wirklich brauchen könnte. Nur Herr E. Der ist Tischler, ein wunderbarer Tischler. Er hat auch unsere halbe Einrichtung gemacht, aber auch der ist kein Klemptner.

Das Rattern in der Wand war mittlerweile lauter geworden. Man fühlte sich unwillkürlich an Filme über den Vietnamkrieg erinnert:

Das Geräusch von Hubschraubern und Maschinengewehrfeuer. Also drehten wir den Hauptwasserhahn ab und es wurde Stille Nacht. Nur, wo jetzt duschen? Bei minus zehn Grad mit dem Gartenschlauch? Keine gute Idee. Gut, dass es der Tag der Familie ist und man keine fremden Menschen zu sehen braucht. Da kann man in vertrauter Umgebung ausdünsten und einander gegenseitig anstinken. Da wir aber hygieneliebende Menschen sind, zogen wir aus. Bis zum nächsten Arbeitstag. Der Tag, an dem der erste Klemptner kam. Beim Wiederaufdrehen des Haupthahnes machte uns die Armatur die Freude, wieder mit ihrem „Grand mal"-Anfall anzufangen. Fand ich sehr fair. Denn normalerweise spinnen einen diese Dinge nur im stillen Kämmerlein an und wenn endlich ein Handwerker kommt, benehmen sie sich mustergültig. Das Einzige, was dann bleibt, ist eine hohe Anfahrtsrechnung, eine Mechanikerstunde (zum Eintreten und wieder Gehen braucht er schließlich mindestens zweieinhalb Minuten und damit ist die Stunde gnadenlos begonnen) und ein mitleidiger Blick auf meine blonden Haare. Nicht so diesmal. Das Ding ratterte und krampfte. Es war der Tag, an dem der Installateur sprach, so etwas noch nie gesehen zu haben und den Kollegen rief. Wir bekamen also eine Rechnung für zweimal Anfahren und Stunden arbeiten und bei Art der Reparatur stand: Konnte nicht repariert werden. Außerdem wurde uns mitgeteilt, dass der Kollege, der die Bestellungen macht, erst nach Dreikönig wieder da sei. Und nur der erkennt unseren Ufohintern, der kein Markenprodukt ist und deshalb auch nicht auf einen wohlklingenden Namen hört, unter dem man ihn im Katalog finden würde. Wir drehten den Haupthahn zu und zogen wieder aus. Und seit 10. Jänner können wir endlich wieder in Frieden leben. Es kommt auch keiner unserer Freunde mehr vorbei und schreit ins Badezimmer: Gooood morniiiing Vietnaaaam! Ich für meinen Teil bin einfach froh, dass jetzt monatelang kein Feiertag mehr ansteht. Dass wir arbeiten können ohne Pause, hackeln ohne Punkt und Komma!

Ich träume noch von Weihnachten

Was wäre, wenn wir heute ein Brainstorming zum Thema Weihnachten machen würden? So ganz spontan: Was fällt Ihnen ohne nachzudenken zum Thema Weihnachten ein? Ich bin mir sicher, dass die Antwort in den meisten Fällen relativ unromantisch wäre und schon gar nicht irgendwie spirituell. Spitzenreiter bei der Anzahl der Nennungen wäre wahrscheinlich Stress, gefolgt von Weihnachtsfeiern.

Wenn man dies einem Uneingeweihten mitteilen würde, fände der das wahrscheinlich gar nicht so schlimm. Stress kann man bewältigen und Weihnachtsfeiern klingt ja recht positiv. Schön wäre es auch, wenn wir dabei wirklich Weihnachten feiern würden. Tun wir aber nicht. Im besten Fall bekommen wir die Feiern timetablemäßig irgendwie mit all den anderen pseudoweihnachtlichen Dingen unter einen Hut, ohne zeitlich und nervlich völlig dabei zu dekompensieren. Wer es trotz Stress, Jahresabschluss, Bilanz, Suche nach einer Urlaubsvertretung und Kaufrausch im vorweihnachtlichen Verkehrschaos bis zur Weihnachtsfeier schafft, hat allerdings wirklich einen Grund zum Feiern. Nämlich, dass er diesen Tag lebend überstanden hat. Sonst aber auch nichts. Die meisten Menschen, die ich kenne, hassen ihre Firmenweihnachtsfeiern. Die anderen stehen sogar drauf, schließlich kann man sich gratis anfuttern und niederkübeln. Was sowohl das eine als auch das andere mit Weihnachten zu tun hat, konnte ich bisher nicht herausfinden. Trotzdem halten wir Jahr für Jahr konsequent an diesen ganz speziellen Ritualen fest. Und wahrscheinlich werden wir Weihnachten längst vergessen haben, jedoch Punsch und Magenverstimmung werden die Zeiten überdauern.

Und was die Bedeutung von Weihnachten angeht, so kann ein Uneingeweihter auch nur mehr den Schluss ziehen, dass es das Fest zu Ehren des heiligen Mammon ist. Wie sonst wäre es zu erklären, dass es längst nicht mehr darum geht, ein paar schöne Dinge zu finden, mit denen man lieben Menschen Freude machen kann. Es ist auch längst nicht mehr so, dass das Christkind Geschenke bringt. Ja, nicht einmal mehr so, dass der Weihnachtsmann seine Produktion in den Dienst von Weihnachten stellt. Nein, umgekehrt: Weihnachten ist ein Wirtschaftsfaktor geworden und steht im Dienste der Umsätze und Gewinne. Und am 24. Dezember wartet keiner mehr gespannt, dass endlich das Christkind kommt. Wie die Geier lauern alle auf die Ergebnisse nach Geschäftsschluss des letzten Ladens: Interessant ist einzig und alleine, ob der Umsatz im Vergleich zum Vorjahr gestiegen ist und ob die Gewinne ein paar Prozent zugelegt haben. Das Christkind betet wirklich keiner mehr an, und obwohl ich den Weihnachtsmann gar nicht gerne mag, wäre es mir doch lieber, die Leute würden einem lieben alten Mann mit weißem Bart und dickem Bauch huldigen, als Mammon anzubeten. Oder Bacchus zu huldigen und sich anschließend besoffen in ihre Autos zu setzen.

Aber da Weihnachten offensichtlich das Fest diverser Götter ist, darf auch die Göttin der Zerstörung nicht fehlen. Kali ist nur einer ihrer Namen. Sie lebte von den kaputten Knochen und schwermetallvergifteten Eingeweiden südostasiatischer Kinder, die Lametta und anderen Weihnachtskitsch produzieren. Sie frisst jetzt die Arbeiter in Billiglohnländern, die unsere edlen Fetzen nähen und sie erstickt die Hersteller von all unserem Plastikschrott in giftigen Dämpfen. Kleine asiatische Kinder, die mit kleinen geschickten Fingern unsere alten PCs, Handys und Laptops ausschlachten, gehen langsam an den giftigen Schwermetallen zugrunde. (Zusammen mit ihren Eltern und Großeltern, Wirtschaftswachstum für alle!) Dabei haben wir den alten Elektronikschrott in gutem Gewissen zum Recyceln gespendet und nicht einmal illegal weggeschmissen. Außerdem ist dadurch dann wieder Platz fürs neue Smartphone. Alle Jahre wieder muss ein neues Teil her, alle Jahre wieder ein neuer Computer, eine verbesserte Playstation und neues Zubehör. Alle Jahre wieder stirbt dafür ein Kind, ein Baum, ein Tier.

Trotzdem träume ich noch von Weihnachten. Ich träume von Weihnachten, weil in Weihnachten ein Versprechen liegt. Nicht das Versprechen, den besten Jahresumsatz gemacht, die tollste Weihnachtsfeier besucht oder den geilsten Urlaub erlebt zu haben. Auch nicht das Versprechen, das neue iPhone oder eine Designerjacke zu bekommen. Nein, Weihnachten verspricht ein Licht in der Dunkelheit, eine Hoffnung, eine Zukunft. Weihnachten kommt immer wieder, treu und pünktlich. Jedes Jahr. Und Weihnachten schaut bei uns daheim vorbei und schaut nach, ob das Licht schon leuchtet. Und wenn nicht, kommt Weihnachten einfach wieder und wieder, bis es hell und warm wird.

Die Geschichte von meinem Nikolaus

Auf unserer Hütte am Berg haben wir eine Katze, die ist ein ganz besonderes Wesen. Immer guter Laune, immer anschmiegsam, verspielt und verschmust, ein echter Sonnenschein also. Und obwohl das kleine Pelzmonster selbst nicht einmal drei Kilo wiegt, wurde es Mama von vier Pelzminis. Ich verbrachte den ganzen Tag damit, das immerhungrige Vieh zu füttern, sie verbrachte die Zeit damit, vier noch hungrigere Kleinviecher zu säugen.

Eines Tages erschien ein unheimlich dürres, kohlrabenschwarzes Katzentier vor unserer Haustür. Das dürre Ding schien noch nicht einmal acht Wochen alt, und offensichtlich mutterlos. Aufgrund seines finsteren Aussehens und seiner spitzen Öhrchen, die wie Hörner aussahen, nannten wir es Krampus. Während wir noch überlegten, was wir wohl mit Krampus anstellen sollten, hatte meine Katze bereits eine Lösung gefunden. Sie adoptierte Krampus und hatte nun fünf Säuglinge. Am nächsten Tag brachte Krampus seinen Bruder mit. Mein Mann meinte: „Schau, ein großer, grauer Dicker, der mit dem Krampus unterwegs ist!" Also nannten wir ihn Nikolaus. Meine Katze adoptierte auch Nikolaus. Ich begann mir Sorgen um die ausgemergelte Stillmutter zu machen.

Krampus kam, fraß und verschwand. Nikolaus kam, fraß alles, was er finden konnte, und blieb. Er terrorisierte die anderen Katzen und verursachte Aufruhr im Katzennest. Ich versuchte, ihn zu vertreiben, sprühte Wasser auf ihn, machte Krach und bewarf ihn mit leeren Dosen. Meine Katze erwischte mich dabei und schaute mich sehr vorwurfsvoll an. Dann teilte sie mir mit, dass sie mein Verhalten überhaupt nicht guthieß. Verhungerte, von ihrer Mami verlassene Halbstarke musste man füttern und liebhaben, meinte sie. Und nicht noch mehr erschrecken. Na ja, sie war erwachsen und musste wissen, was sie sich zutrauen konnte. Sie wurde immer dünner und Nikolaus wuchs täglich um einen Zentimeter in die Länge und zwei in die Breite. Da mir meine Katze erklärt hatte, dass das adoptierte Balg gut zu behandeln wäre, nahm ich mir ein Beispiel an ihr und versuchte es mit Liebe. Diese ging ja bekanntlich durch den Magen. Also versuchte ich Nikolaus zu füttern. Er gab dem Wort „handfeeding" eine ganz neue Bedeutung und seitdem fehlt mir ein kleines Stückchen Daumenkuppe links. Ich versuchte ihn zu streicheln und verbrachte zwei Wochen im Betaisodonabad.

Nichtsdestotrotz säugte, putzte und wärmte meine Katze auch Nikolaus weiterhin. Und Nikolaus begann sich zu verändern. Er begann mit den Babys zu spielen, stundenlang und mit einer Engelsgeduld. Ganz sanft, da sie noch viel kleiner und jünger waren als er. In der Nacht, wenn Mamakatze auf die Pirsch ging, kuschelte er sich ins Katzennest und wärmte und putzte die Kleinen. Die Babys vergötterten ihren großen, starken Bruder. Meine Katze fand das großartig und kam nur noch ganz selten einmal auf ein genüssliches Stillerlebnis vorbei. Die Arbeit von Putzen, Wärmen, Erziehung und Spielen hatte Niki übernommen.

Ich beäugte die Idylle argwöhnisch und Nikolaus beäugte mich. Mit großen, gelben Kulleraugen verfolgte er mein Tun. Streichelte oder knuddelte ich eines der anderen Tiere, so saß er daneben und blickte mich sehnsüchtig an. Wenn ich ihm die Hand hinhielt, fauchte er und zog sich zurück. Irgendwann begann er, mich auf Schritt und Tritt zu begleiten. Mein Kater, der Hund. Kein Spaziergang ohne ihn. Und eines Tages fing er an, von sich aus Kontakt aufzunehmen. Überflüssig zu sagen, dass es dabei zu Missverständnissen und zu Verletzungen auf meiner Seite kam, zumal er mittlerweile riesig und ziemlich fett war.

Doch gestern früh wurde plötzlich Weihnachten. Zögerlich ließ sich Nikolaus erst das Köpfchen kraulen und sich danach unter lautem Schnurren so richtig knuddeln. Ich war total überrascht und dann begeistert: Der kleine Streuner hatte den weichsten, seidigsten Pelz, den ich mir jemals hatte vorstellen können. Weder Nerz noch Wuschelkunstfaser hätten die geringste Chance im Vergleich dazu. Meine Katze schlich vorbei und ich schwöre, dass sie zufrieden gegrinst hat, stolz darauf, dass sie mir eine Lektion in Sachen Vertrauen, Zuneigung und Offenheit erteilt hatte.

Nachwort

E s hat mir große Freude gemacht, meine Erfahrungen als Ärztin mit Ihnen zu teilen. Was einem als Medizinerin so übers Jahr verteilt widerfährt und worüber man bzw. frau sich den Kopf zerbricht, was einen piesackt und worüber man und frau sich freuen können. Sozusagen Medizin von Analekzem (Ausschlag, wo, wollen Sie jetzt nicht so genau wissen) bis Zöliakie. Oder Hausarzt sein zwischen Amtsschimmel und Zentralcomputer.

Ich wünsche Ihnen jedenfalls viel Gesundheit, und falls Sie doch einmal krank sind: einen wundervollen Hausarzt. Einen gescheiten und geduldigen Doktor oder eine intelligente und einfühlsame Kollegin, die immer dann für Sie erreichbar sind, wenn Sie sie brauchen. Und falls die doch irgendwann Urlaub machen sollten oder einmal kurz angebunden sind: Seien Sie nicht böse: Ihr Hausarzt, Ihre Hausärztin ist eben auch nur ein Mensch!